생활과 윤리

생활과 윤리

19명 주요 사상가들의 텍스트와 함께 읽기

초 판 1쇄 발행일 2017년 8월 29일
개정판 2쇄 발행일 2023년 3월 20일

지은이 문종길
펴낸이 양옥매
디자인 표지혜 송다희
교 정 조준경

펴낸곳 도서출판 책과나무
출판등록 제2012-000376
주소 서울특별시 마포구 방울내로 79 이노빌딩 302호
대표전화 02.372.1537 **팩스** 02.372.1538
이메일 booknamu2007@naver.com
홈페이지 www.booknamu.com
ISBN 979-11-6752-087-6 (03190)

개정판

생활과 윤리

• 문종길 지음 •

책과나무

19명 주요 사상가들의 텍스트와 함께 읽기

◇ 머리말

교과로서 '생활과 윤리'가 지금처럼 이렇게 고등학생들로부터 큰 관심과 애정을 품게 되리라고 생각했던 사람들은 많지 않았을 것이다. 이 글을 쓰고 있는 나 자신은 물론, '생활과 윤리' 교과를 처음 기획했던 분들도 '생활과 윤리'가 고등학교 사회 탐구 교과목들 중에서 지금과 같이 압도적 지위를 차지할 것이라고는 예측하지 못했을 것이다. 그렇다면 왜 우리 학생들은 교과로서 생활과 윤리에게 반가운 손님을 맞이하듯 마음을 열어 주었을까?

무엇보다 생활과 윤리에서 다루는 핵심 주제들이 생활 속 도덕 주제들로 이루어져 있어 다른 교과들에 비해 학생들의 관심을 이끌어 내기에 매력적인 요소들이 많다는 점 때문이다. 물론, 이와 같은 친숙한 주제들만으로 학생들이 생활과 윤리 교과를 선택하지는 않았을 것이다. 여기에는 더욱 중요하고 실질적인 이유가 있는데, 그것은 수능 시험과 관련이 있다. 친숙한 주제들로 이루어진

만큼 수능에서도 유리하리라는 판단 때문이다.

하지만 현실은 학생들의 기대와 언제나 조금 어긋난다. 학생들이 품었던 기대는 어김없이 고득점 심화 문제를 극복하는 단계에까지 나아가지 못하곤 했기 때문이다. 또한 이것이 이 책을 쓰게 된 가장 중요한 동기이자 이유이다. 다시 말해, 이 책은 수능에서 생활과 윤리를 선택하는 학생들에게 고득점 심화 문제를 어렵지 않게 해결할 수 있도록 내용의 측면과 학습의 질적 측면에서 도움을 주려는 의도를 갖고 썼다. 이 책은 이와 같은 의도를 담아 사상가들의 원전에 있는 내용을 더 쉽게 읽고 이해할 수 있도록 쓰면서도, 문장의 흐름 속에서 원전의 내용이 필요한 경우에는 원전의 내용을 인용하는 형식을 빌림으로써 독자의 입장에서 무난하게 읽히도록 노력했다.

이 책에 제시되어 있는 19명의 사상가들은 지금까지 수능 시험에서 1등급과 2등급을 가르는 고득점 심화 문제에서 주로 다뤄 왔던 인물들이다. 따라서 이 책에서 다루고 있는 인물들에 대한 심화 학습과 독서를 한 학생이라면, 그만큼 수능 시험에서도 자신감을 갖게 되리라 믿는다. 이를 위해 이 책에서는 플라톤, 토마스 아퀴나스, 베카리아, 칸트, 벤담, 밀, 마르크스, 롤스, 노직, 싱어, 레건, 테일러, 레오폴드, 네스, 요나스, 소로, 하이데거, 아도르노, 베버 등 생활 윤리의 핵심 사상가들 19명을 다룬다. 이들 중 몇몇은 단일한 한 가지 주제만을 주장하고 있지만, 대부분의 인물들은 두 개 이상의 여러 주제들을 주장하고 있으며, 그런 만큼 그 중요성 또한 더욱 크다고 할 수 있다.

아무쪼록 이 책이 생활 속 윤리적 주제들을 다양하고 포괄적으로 다루고 있는 생활과 윤리 교과를 배우는 학생, 그리고 이 교과를 수능 시험에서 선택하는 학생들, 나아가 생활과 윤리 교과를 교육 현장에서 가르치는 선생님들께도 추구하는 목표를 이루는 데 유익한 자료로 활용되었으면 하는 바람이다.

항상 한결같은 마음으로 공부하는 데 세심한 보살핌과 격려를 해 주는 김윤경, 그리고 매번 원고의 내용보다 더한 가치를 입혀 세상에 내놓는 출판사 책과나무의 양옥매 실장님, 조준경, 송다희 선생을 비롯한 편집진에게도 감사의 마음을 전합니다.

자연의 정원, 익산고 교정에서

한정(閑庭)

차례

1

플라톤

BC 427 - BC 347

핵심 주제어

예술 : 절대적 도덕주의

훌륭한 덕(성격·성품), 절제, 용기, 이데아, 건강한 혼, 이성, 검열, 시인 추방, 가상의 모방

죽음 : 갇힌 영혼의 육체로부터 영원한 해방

지혜, 이데아, 철학

예술에서의 절대적 도덕주의 :
덕(성격·성품), 건강한 혼, 검열, 시인 추방

신, 침대 제작자(목수), 화가, 이 셋은 세 종류의 침대를 관장하는 자들이다. 신은 본질적 의미의 침대, 즉 침대 그 자체의 침대(침대의 이데아)를 오직 하나만 만든다.(참된 침대의 제작자) 왜냐하면 침대 그 자체는 하나일 뿐 둘일 수 없기 때문이다. 이 점에서 신은 본질의 창조자이다. 한편, 목수는 침대의 장인인 반면, 화가는 장인이나 제작자도 될 수 없다. 왜냐하면 장인이 만든 것들을 '모방하는 사람'이기 때문이다. 화가는 본질로부터 세 번째 단계에 해당하는 '모방자'인데, '비극 작가'도 여기에 해당된다. 화가가 모방하고자 하는 침대는 화가가 보는 위치(관점)에 따라서 달리 보이게 되는데, 이것은 실재를 상대로 모방하는 것이 아니라 보이는(현상) 것을 상대로 위치에 따라 그대로 모방하기 때문이다. 즉, 진리(실체·진실)의 모방이 아니라 '보이는 현상'의 모방이기 때문이다. 따라서 모방술은 진실된 것에서 멀리 떨어져 있으며, 부분만을 건드리면서도, 그것마저 영상(모상)만을 상대한다. 이 때문에 모방자는 자기가 모방하는 것들에 대한 훌륭함(아름다움)이나 나쁨에 대해 알지 못하며, 옳게 판단하지도 못한다.[1]

1 플라톤 지음, 박종현 역주, 『국가 · 정체』, 서울 : 2005. 616-625쪽.

> 우리의 모든 욕구의 부분들, 예를 들어 성욕이나 격정, 그리고 우리의 모든 행위에 뒤따르는 혼의 괴로움과 즐거움들은 시(詩)를 모방할 때에도 그대로 적용된다. 이 때문에 (그러한) 시를 모방하는 것을 말려야 함에도 오히려 물을 주어 키워서 지배받아야 할 것들이 우리의 지배자가 되도록 들여앉히는 (것은 잘못된 일이다.) 우리가 더 못하고 더 비참해지는 것이 아니라 우리가 더 낫고 더 행복해지기 위해서는 이것들을 (이성의) 지배 아래 두어야 한다. 또 시 중에서도 신에 대한 찬가나 훌륭한 사람들에 대한 찬양은 받아들여야 하지만, 서정시이든 서사시이든 단지 즐거움을 위한 시가는 언제나 최선의 것인 이성이나 나라의 법 대신 즐거움과 괴로움이 지배자(왕 노릇)가 되게 한다. 그러므로 이 나라에서 시(호메로스, 비극 시인)를 추방하는 것은 합당하다 할 것이다.[2]

'예술에서의 (절대적) 자유주의', 즉 예술 지상주의('예술 그 자체를 위한 예술', 심미주의)와는 반대로 '예술에서의 (절대적) 도덕주의'를 말할 때 가장 중요하게 언급되는 인물이 플라톤이다.

그런데 우리에게 익숙한 이야기처럼 플라톤이 '시인 추방'을 주장했다는 내용을 근거로 그가 '예술 무용론'을 주장했다는 것으로 이해해서는 안 된다. 첫 문장에서 이미 밝힌 것처럼, 즉 '예술에서의 (절대적) 도덕주의'라는 표현에 이미 규정되어 있는 것처럼 플

2 위의 책, 636–637쪽.

라톤은 예술 그 자체를 부정한 것이 아니라 예술의 의미와 가치를 도덕규범과의 연관성 아래에서만 이해했던 인물이기 때문이다. 무엇보다 플라톤은 『국가』에서 예술가들은 자신의 작품 속에서 훌륭한 덕(인품)과 아름다운 형식을 그려 낼 수 있어야 하고, 젊은 수호자들은 이들의 작품을 통해 유익함, 즉 혼 안에 절제나 용기, 고매함과 같은 훌륭한 성격을 얻을 수 있어야 한다고 주장한다.

플라톤은 이것을 이렇게 표현한다. "모든 것을 모방할 수 있고, 어떤 것도 할 수 있는 재주가 뛰어난 사람이 이 나라(이상 국가)에 들어와 자신의 이런 능력과 작품을 보여 주고자 한다면, 우리는 그를 거룩하고 재미있는 사람으로 경배는 하되, 이 나라에 그런 사람이 생기는 것은 합당하지 않기 때문에 그의 머리에서부터 발끝까지 향이 나는 즙을 부은 다음, 양털로 관을 씌워 다른 나라로 보내야 할 걸세. 반면, 우리는 우리의 유익함을 위해 더 딱딱하고 덜 재미있는 시인과 설화 작가(이야기꾼)를 채용하여 그가 우리에게 훌륭한 사람의 말투를 모방해 들려주며, 이야기를 할 때도 우리의 군인을 교육할 때 했던 규범들에 맞도록 하게 할 걸세."

세 개의 엄격한 신분계층(통치자 · 보조자 · 생산자), 그리고 철학자왕(철인통치)이 지배하는 플라톤의 이상 국가에서는 '저마다 타고난 성향에 따라' 각자가 자신의 고유한 역할을 충실히 수행하기 때문에 서로 다른 역할을 넘보거나 역할 교환(신분의 자유로운 이동)이 일어나지 않는다. 따라서 모든 것을 모방하고 모든 부분에 걸쳐 능력이 뛰어난 사람은 불필요하다.

또 이상적인 국가를 만들어 가는 과정에서는 어린 시절부터 여러 단계의 교육과 훈련에 의한 적절한 규제 및 활동이 필요한데, 이 모든 과정은 가장 완벽한 수호자(통치자)가 될 사람들을 선별하는 시험 과정이기도 하다. 따라서 '훌륭한 말투를 모방해 들려주는' '덜 재미있는 시인과 이야기꾼'은 "용감한 사람의 어조와 억양"을 들려주고, "부상과 죽음의 문턱에서도 꿋꿋하며 인내심을 갖고 견디어 내는 억양과 어조를 모방하여" 들려주는 사람이다. 즉 "모든 경우에 절제 있고, 절도 있게 행동하며, 결과에 만족하는 그런 사람을 모방할 수 있도록 어조와 억양을 가장 훌륭하게 모방해 들려주는 사람이다."

왜냐하면 슬픔이나 게으름, 나약함 같은 나쁜 리듬과 나쁜 모습, 그리고 부조화는 나쁜 말씨와 나쁜 성격(성품)을 닮아 가게 하지만, 그 반대는 절제 있고 좋은 성격을 닮도록(모방하도록) 해 주기 때문이다. 따라서 "우리는 오직 시인들을 감시하고, 그들로 하여금 좋은 성격(성품)의 상(이미지)을 자신들의 시 속에 반영하도록 강요하거나, 아니면 이를 부정하는 시를 짓지 못하도록" 하는 것이 바람직하다. 이것은 장차 우리의 수호자들이 나쁜 풀밭에서 양육되어 결국엔 자신들의 혼(마음) 안에 나쁜 것들이 형성되지 못하도록 하고, 건강에 좋은 곳(아름다운 작품들)에 거주하게 하여 어린 시절부터 자신도 모르는 사이에 아름다운 언어를 닮아 가고 이것들과 친근함을 느끼며 조화를 이루도록 하기 위해서이다.

우리에게 '시인 추방'과 (예술 및 언론의 자유에 대한) '검열'을 정당화하는 주장으로 더 잘 알려진 위의 인용문은 사실 이처럼 중요한 내용들을 담고 있다. 또 이를 통해 알 수 있는 것처럼, 플라톤은 예술에서의 '모방'을 두 가지 의미로 이해하고 있는 것으로 보인다. 하나는 '가상[3]의 모방'이고, 다른 하나는 '진리(이데아)의 모방'이다. 예를 들어 뛰어난 목수가 만든 침대를 보고 화가가 이것을 그림으로 표현한다면, 이것은 '가상의 모방'으로 진리(실체)로부터 두 단계나 떨어진 행위이다. 플라톤은 마치 거울에 비친 감각적 대상으로서 겉모습만을 그려 내려고 하는 이와 같은 예술 행위를 비판한다. 즉, 플라톤은 회화로서 예술 그 자체를 부정하는 것이 아니라 참된 지식(진리)과 단순한 모방을 구분하지 못하는 모방 행위, 그리고 그러한 예술(회화)을 비판하는 것이다.

플라톤은 예술의 모방적 성격을 잘 모르는 사람들(어린아이들, 당시 폴리스의 일반인들)에게 가상의 모방에만 충실한 예술(시 · 회화)이 신과 영웅들의 참된 이미지가 아니라 나쁜 이미지를 모방해 들려줌으로써 혼에 나쁜 영향을 미치게 된다면, 건강하지 못한 시민의 덕(혼 · 성품)을 형성하는 데에도 영향을 미칠 것으로 생각했다. 플라톤의 이러한 생각은 예술이 미치는 교육적 · 도덕적 영

3 가상(假象)이란 주관적으로는 실제 있는 것처럼 보이나 객관적으로는 존재하지 않는 거짓 현상.

향의 중요성에 대한 '기수–제작자–화가', 즉 '사용술–제작술–모방술'[4]의 위계적 비유에서도 잘 드러난다. 그것은 말고삐와 재갈을 만드는 '제작자', 또 그것의 존재 이유와 용도를 정확히 인식하고 이를 사용하는 '기수', 그리고 그것들의 겉모습을 그려 내는 '화가'의 관계로 설명된다. 플라톤에게 하나의 사물을 인식한다는 의미는 그것이 존재하는 이유, 그것이 사용되는 곳을 정확히 안다(그것에 대한 지식을 갖고 있다)는 뜻이다. 즉, 그 사물의 탁월성, 선(善), 올바름을 안다는 뜻으로 이 비유에서는 '기수'를 말한다. 그리고 '제작자'는 고삐와 재갈에 대해 올바른 의견은 갖고 있지만 이에 대한 지식을 갖고 있지는 않으며, 단순히 모방하는 화가는 지식이나 의견 그 어떤 것도 갖고 있지 않다는 의미로 읽힌다.

"화가는 고삐와 재갈을 그리고, 가죽 재단사나 대장장이는 이것들을 만든다. 하지만 이들 모두는 고삐와 재갈이 어떤 것이어야만 하는지에 대한 지식을 갖고 있지는 않다. 이것들에 대한 지식은 이것들을 이용할 줄 아는 바로 그 사람, 즉 말을 타는 사람만이 갖고 있다. 이 때문에 각각의 도구와 생물 및 행위의 훌륭함(탁월함)과 아름다움, 옳음은 그것의 용도(쓰임새)와 관련이 있다. 그리고 이것들을 사용하는 사람이 가장 경험이 많은 사람이며, 이것을 실제로 사용하면서 어떤 제작자가 더 잘 만들었는지를 정확히 알고 있는 사람이다. 따라서 도구를 만드는 사람은 그

4 사용하는 기술–제작하는(만드는) 기술–모방하는 기술

것을 아는 사람(기수)과 함께하면서 그로부터 좋은 도구에 대해 듣지 않을 수 없으며, 그것의 훌륭함과 아름다움, 나쁨에 대해 올바른 믿음을 갖게 되지만, 이것은 그것들을 사용하는 사람이 갖고 있는 그것에 관한 지식 때문이다. 이것은 훌륭한 악기의 경우에도 마찬가지이다."

이러한 입장은 '거울'의 비유에서도 그대로 나타나는데, 플라톤에게 거울은 눈에 보이는 현상 세계의 모든 것들을 있는 그대로 보여 주지만, 현상이나 사물의 실체(참된 모습, 본질)를 제대로 보여 주지는 못한다. 마찬가지로 모든 것들을 그대로 그려 내는 화가(회화)의 단순한 모방 솜씨 또한 사물들의 겉모습에 지나지 않는 것일 뿐, 사물의 참된 모습 그 자체는 아니다. 플라톤은 이것을 이데아(참된 관념, 실재)로서의 침대와 이것을 모방하여 만든 목수의 침대, 그리고 목수의 침대를 보고 정교하게 그려 낸 회화(예술)로서의 침대라는 위계적 비유를 통해서도 설명한다.

나아가 플라톤은 정교하게 그려 내는 솜씨를 갖고 있는 화가의 침대를 보면서 어린아이나 지식이 부족한 사람들이 '화가는 실제로 침대에 대한 참된 지식과 선(善)을 완전히 알고 있으며, 이에 따라 현실의 사물인 침대도 실제로 잘 만들 수 있다'는 혼동된 생각을 가질 수 있다는 점을 경계한다. 즉, 지식과 모방의 차이를 분별하지 못하게 되는 상황을 경계한다. 이는 보통 사람들이 시인에 대해 생각하는 것에도 그대로 적용되는데, 이는 곧 시인은 자신들이 표현하는 모든 것들에 대해 실제로 오류가 없을 것이란 생각,

즉 시인은 모든 기술 · 덕(德) · 선(善) 그리고 인간의 삶에 대한 지식을 갖고 있으리라는 잘못된 생각을 하게 된다는 것이다.

하지만 플라톤은 사람들의 이런 생각은 원형(이데아)과 모사(copy)를 구분할 줄 모르기 때문에 일어나는 근거 없는 믿음이라고 보았다. 오히려 플라톤은 철학만이 덕, 선, 인간의 삶 전반에 대해 올바른 지침을 제공할 수 있고, 시(예술)가 이러한 목적에 기여하기 위해서는 시인들이 철학에 의해 인도되어야 한다는 생각을 갖고 있었다.

이처럼 플라톤은 우리의 지성에 고귀한 기쁨을 주고 보편적이고 불변하는 참된 것의 재현(모방 · 미메시스)과, 감각적이고 현상적이며 잠깐 동안의 만족을 주는 것에 대한 재현으로서의 예술을 구분하고 있다. 이 때문에 그는 정의로운 이상 국가에서 후자를 추방하고자 했던 것이다. 왜냐하면 예술은 단순한 겉모양의 모사가 아니라 실체에 대한 재현일 때 의미를 갖기 때문이다. "(시와 회화를 포함해) 모방하는 사람은 자기가 모방하는 것들의 가치를 제대로 알지 못하는 모방이기 때문에 진지하지 못한 일종의 놀이일 뿐이다." 따라서 플라톤에 의하면, 모방적 시인은 훌륭하게 다스려질 나라에서는 받아들여지지 않는 게 정당하다.

왜냐하면 그는 시를 통해 혼의 이성적인(헤아리는) 부분을 파멸시키기 때문이다. 즉, 진실에서 멀리 떨어진 영상을 만들어 냄으로써 개인의 혼 안에 나쁜 '통치 체제'가 생기게 하기 때문이다. 예를 들어 호메로스[5]나 비극 시인들은 슬픔에 잠긴 영웅이 비탄 속에서 길게 늘어놓은 사설을 모방하거나 노래하면서 자신의 가슴을 치는 행동을 모방하게 만든다. 그런가 하면, 이러한 행동을 즐기면서 스스로를 이런 감정 상태에 내맡기도록 가르친다. 그리고 우리가 이런 상태에 최대한 취하도록 해 주는 시인을 훌륭한 시인으로 받아들이게 만든다. 하지만 우리가 훌륭하다고 칭송해야 할 것은 슬픈 일이 생겼을 때 침착함을 유지하면서 이를 견디어 내는 태도(남성적임)이다. 그럼에도 호메로스나 비극 시인들은 수치스럽게도 이와 반대되는 감정을 갖는 것을 칭송한다.

플라톤처럼 예술에 대해 (절대적) 도덕주의를 주장하는 입장은 예술을 곧 선(善)으로 주장한다. 이에 따르면, 예술은 교훈이나 모범, 또는 완전한 형식의 미(美)라는 특성을 통해 사람들에게 품위 있는 영향력을 미침으로써 사람들이 고결한 품성과 올바른 행위를 표현하고 형성하는 데 도움을 주어야 한다. 따라서 예술은 언제나 '선에 관한 이미지', 즉 우리가 우리의 성품(성격)과 행위의 본보기로 삼을 수 있는 도덕적 선의 이미지를 본받게 하거나, 아니면 그것이 직접적이거나 특별한 의무를 가리키지는 않더라도 그것의 영향을 받아 언제나 고귀한 존재로 남을 수 있도록 영향을 미칠 수 있

5 그리스의 최고 서사 시인으로 서구 문학이 이로부터 시작한다고 평가받는다. 기원전 10세기에 활동한 것으로 전해지며, 대서사시 『일리아스』와 『오디세이아』 작자로 알려져 있다.

는 표현으로 정의될 수 있다. 선(善)과 아름다움[미(美)]을 동일시하는 이 입장은 플라톤의 주장처럼 "진정으로 훌륭하고 고귀한 영혼은 도덕적 성질로 구성되어 있다."는 사고에 기초해 예술(음악)은 "훌륭한(좋은, eu) 말, 훌륭한 조화로움, 우아함(고상함), 훌륭한 리듬을 통해 성격(성품, ēthos)을 진정으로 잘(eu), 그리고 훌륭하게 갖추도록 도움을 주는 활동이어야 한다."고 인식한다.

하지만 이 입장은 '예술을 위한 예술'이라는 절대적 심미주의(예술 지상주의, 예술을 도덕으로부터 독립시키려는 입장), 즉 예술이란 아름다움 그 자체를 추구하는 활동이기 때문에 예술이 도덕적 선을 위해 봉사할 필요가 없다는 입장과는 상반된다. 이 입장은 예술(아름다움)에 도덕 원리와 판단을 적용하여 예술과 도덕을 일치시키려는 모든 시도를 부정한다. 이를 대변하는 가장 유명한 문장은 오스카 와일드(『도리안 그레이의 초상』)의 "어떤 예술가도 윤리적 동정심을 지닐 필요가 없다. 예술가에게 윤리적 동정심은 양식(style)과 관련해 용서할 수 없는 매너리즘이다."라는 표현이다. 한편, 스핑건은 "시가 도덕적 혹은 비도덕적이라고 평가하는 것은, 정삼각형은 도덕적이고 이등변 삼각형은 비도덕적이라고 말하는 것처럼 무의미하다. 적절하지 않은 기준을 가지고 그것과는 아무런 상관이 없는 목적을 지닌 어떤 것을 평가하는 것은 어리석은 짓이다. 이것은 마치 '왜 내 파이가 맛있는지 아세요? 그것은 내 파이는 결코 거짓말을 하거나 여자를 유혹하지 않기 때문이에요.'라고 말하는 것과 같은 것이다."라고 말했다. 이처럼 '절대적 심미주의'는 '절대적 도덕주의'와는 반대로 도덕규범으로부터 미적 영역의 절대적 자율성을 강조한다.

죽음 :
갇힌 영혼의 육체로부터의 해방

죽음에 관한 플라톤의 생각은 소크라테스의 죽음에 대한 입장과 같다. 소크라테스는 "영혼은 신적인 것을 가장 닮고 영원불멸하며, 예지(叡智, 사물의 이치를 꿰뚫어 보는 지혜롭고 밝은 마음)적이며, 분해되지 않고 불변하는 것이지만, 육체는 사멸할 인간을 닮아 분해(썩음 · 소멸)되고 변화하며, 가변적인 것"라고 주장한다. 그러므로 영혼은 죽음이 오면 "순수하고 영원한 곳, 선하고 지혜로운 신이 계신 곳"으로 간다는 것이다. 이 점에서 일생을 육체의 감옥으로부터 자유롭고자 했던 영혼, 즉 진정으로 철학하는 영혼은 언제나 죽음을 연습해 온 영혼이다. 이것이 "철학은 죽음을 연습하는 것"이라는 말의 참된 의미이다.

소크라테스는 영혼이 가장 자유롭지 못한 때를 육체에 의해 쾌락과 고통의 감정이 격렬하게 일어나 영혼을 속박하고 있는 상황이라고 묘사한다. 그는 "모든 쾌락과 고통은 마치 뾰족한 못과 같아서 영혼을 육체에 결박해, 마침내 영혼을 육체와 닮게 함으로써 영혼을 육체가 이끄는 대로 따라가게 한다."고 지적하면서, 이를 물리치기 위해서는 "참으로 지식을 사랑하는 사람으로서 절제와 용기가 필요"하다고 강조한다. "나의 벗들이여, 영원불멸하는 영혼을 소홀히 하는 것은 매우 위험한 일이다. 만약에 죽음으로 모든 것이 끝나 버린다면, 악인(惡人)은 오히려 죽음 때문에 더 많은 이익을 얻게 된다는 말이 된다. 왜냐하면 죽음과 함께 육체와 영혼이 모두 끝나버리기 때문이다. 하지만 영혼이 불사라면, 구원을 얻는 길은 가장 선하고 가장 지혜롭게 되는 것밖에 없다. 영혼이 하데스(unseen, 보이지 않는)에게 갈 때는 그의 교양과 그가 수련한 것만을 가지고 갈 것밖에 없기 때문이다." 이 때문에 소크라테스가 삶의 마지막 순간에 자신의 벗들에게 한 말, 즉 "자신을 잘 돌보라."는 말은 자신의 영혼을 잘 돌보라는 뜻의 다름 아니다.

2

토마스 아퀴나스

1224 – 1274

핵심 주제어

의무론적 윤리 : 영원법, 자연법, 인간법, 자연적 성향, 이성, 선의 경향성(성향), '선은 추구하고 악은 피하라', 공동선

정의의 전쟁 : 합법적 권위, 정당한 원인(명분), 전쟁 수행자들의 정당한 의도

여성과 성(性) : 불완전한 남자로서의 여성, '낙태는 살인'

의무론적 윤리 :

영원법, 자연법, 인간법, 자연적 성향, 이성

> 자연법이란 이성적인 피조물이 신의 영원한 법에 참여하고, 공유하는 것이다.[1]

> 무엇보다 인간 안에는 인간이 모든 실체와 공통적으로 갖는 본성에 일치하는 선에 대한 경향이 있다. 모든 실체가 자신의 본성에 따라서 자신의 존재를 보존하려고 추구한다. 그리고 이러한 경향 때문에 인간의 삶을 보존하거나 그것을 방해하는 것을 제거하는 방법은 무엇이든지 자연법에 속한다. 두 번째로 인간 안에는 그가 다른 동물과 공통적으로 갖는 본성에 따라 더욱 특별히 인간에 속하는 것에 대한 경향이 있다. 이러한 경향에 의해서 성(性)의 교류, 자손의 교육 등과 같은 것들은 자연이 모든 동물에게 가르치는 자연법에 속한다고 할 수 있다. 세 번째로 인간 안에 인간에게 적절한 본성인 이성에 따르는 선에 대한 경향이 있다. 그래서 인간은 신에 대한 진리를 알고자 하며, 즉 사회에서 살아가는 자연적 경향을 갖는다. 이와 관련해 이러한 경향에 속하는 것은 무엇이든 자연법에 속한다. 예를 들어 무지를 피하고 함께 살아

1 요난네스 힐스베르거 지음, 강성위 옮김, 『서양 철학사(상)』, 서울 : 이문출판사, 2002. 659쪽.

야 하는 사람들을 공격하지 않으며, 위의 경향을 고려하는 다른 그러한 것들을 말한다.[2]

의무론과 공리주의 윤리는 도덕 이론이나 도덕 원리의 탐구를 중시하는 대표적인 전통 규범 윤리학(이론적 성격이 강한 규범 윤리학)이다. 그리고 의무론적 윤리는 구체적으로 자연법 이론과 칸트의 의무론적 윤리로 분류한다. 어떤 행동이 윤리 · 도덕적 행위인지를 규정하는 보편적이고 근본적인 하나의 원리(원칙)를 강조하는 이론 규범 윤리(전통적인 규범 윤리학)에서 공리주의 윤리는 이것을 유용성이라는 효용 또는 쾌락(행복)에서 찾고자 하는 반면, 의무론적 윤리 중 자연법 이론은 '자연적 성향(경향)'으로부터 보편적이고 근본적인 하나의 기준(원리 · 근거)을 찾는다. 자연법 이론의 이러한 특성은 일반적으로 다음 내용들에 기초하고 있다.

첫째, 인간은 자신을 규정하고 있는 방식이 있으며, 또 이 규정된 방식에 따라 살아가도록 예정되어 있다. 더 정확히 말하면, 신은 인간을 규정하며, 인간은 (신이 부여한 또는 신적인) 이성적 본성을 갖고 있다.

둘째, 인간은 본성인 이성을 통해 자신에게 필연적인 법칙을 발견할 수 있다.

2 서병창, 『토마스 아퀴나스의 윤리학』, 서울 : 누멘, 2016. 310쪽.

셋째, 자연법은 보편적이며 불변한다. 사회·정치 공동체와 실정법의 적절성은 자연법과 양립하는가에 따라서 결정된다.[3]

그런데 이러한 자연법 이론[4]은 서양의 고대 스토아학파의 주장에서 구체적으로 표현되고 있다. 스토아학파의 주장에 따르면, 자연의 모든 존재는 섭리(로고스 · 신)에 의해 오이케이오시스(자연적 성향, 자연에 알맞은 방향)가 부여되어 있기 때문에 이것을 따르는 행동은 옳고, 그 반대되는 행동(격정 같은 파토스)은 그릇되다는 것이다. 따라서 이성적 존재인 인간은 전체 우주의 로고스(신 · 자연 · 이성)와 하나가 되는 '자연과 일치하는 삶'을 도덕적 의무와 도덕적 행위의 근본 원리로 삼아야 한다고 주장한다. 그런가 하면, 스토아 사상가인 키케로[5]는 이성을 지닌 모든 인간은 '신 앞

3 루이스 포이만 지음, 박찬구 외 옮김, 『윤리학』, 서울 : 울력, 2010. 77쪽.

4 노모스(nomos), 즉 규범을 인위적 산물로 보느냐 아니면 자연(physis)의 반영으로 보느냐에 따라 규범의 성격이 달라진다. '인위적 산물'로 보게 되면 규범은 상대적(소피스트)이게 되고, '자연의 반영'으로 보게 되면 객관적인 기준(헤라클레이토스, 스토아학파)을 지니게 된다. 후자라면, 자연은 규범과 인간 본성의 실현을 위한 중요한 기준이 되기 때문에 자연 안에 인간이 지켜야 할 것들이 들어 있게 된다. 그리고 이 지켜야 할 것들로 파악된 내용들이 곧 자연법이다. 정리하면, 자연법은 인간이 지켜야 할 것들로 자연이나 인간 본성에서 이끌어 낸 규범을 말한다. 따라서 인간은 자연법을 지켜야 하며, 인간이 만든 실정법 또한 자연법을 어겨서는 안 된다. 이로써 자연법은 인위적인 실정법의 기준이자 근거가 되며(자연법주의), 도덕의 기준이 되며, 인간의 내적 · 외적 활동의 기준이 된다. 서병창, 『토마스 아퀴나스의 윤리학』, 서울: 누멘, 2016. 266-267쪽.

5 세네카에 의하면, 이성은 자기 안에 있는 자연법을 파악하는 능력을 지니고 있다. "이성보다 더 훌륭한 것은 없으며, 이것은 인간에게도 신에게도 존재하는 것이다. 인간과 신의 최초의 결속은 이 이성의 토대 위에서 이루어진다. 이성을 공통적으로 갖고 있는 인간은 올바른 이성도 공통적으로 갖고 있다. 그런데 이것이 자연법이므로 인간은 이

에서 도덕적으로 평등한 동료 시민'이라는 주장을 내놓는다. 그의 이런 생각의 바탕에는 인간은 신적인 이성을 공유하며, 따라서 모든 인간은 하나의 법(자연 · 신)의 지배 아래 놓인다는 인식이 자리하고 있다.

한편, 중세의 토마스 아퀴나스는 키게로의 자연법 이론과 아리스토텔레스의 목적론적 관점을 이어받아 자연법 이론을 더욱 체계화한다. "니코마코스 윤리학 중에서 그(토마스 아퀴나스)가 이용하지 않은 것은 거의 없다."는 평가까지 받는 토마스 아퀴나스는 아리스토텔레스가 그랬던 것처럼, 모든 활동과 행위를 최고선으로서 최고의 목적에 조직적으로 구속시키고 있다. 즉, 그는 모든 존재의 덕과 가치는 그것들에게 본성을 부여한 최고선인 신에 이르는 것에 달려 있다고 주장한다. "스스로의 본성을 기준으로 삼아 알맞게 행동하는 하나하나에 그 사물(존재)에 알맞은 선(善)이 있다."[6]는 뜻이다. 보다 쉽게 말하면, 인간에게 선이란 인간의 본성과 이념에 알맞게 존재하고 행동하는 것이다.

토마스 아퀴나스의 이와 같은 생각은 다음과 같이 정리할 수 있다. 제일원리이자 자족적 존재이며, 어떤 것에 의해 생성되지 않

법을 통해서도 신과 결합되고 결합되어야만 한다. 이러한 법을 공통적으로 갖고 있는 인간은 하나의 공일한 국가의 시민으로 여겨진다. 인간은 이 신성한 법질서, 신성한 이성, 전능한 신에 순종해야 하며, 따라서 이 세계는 신과 인간이 함께하는 하나의 국가로 간주되어야 한다. 위의 책, 281쪽.

6 서병창, 『토마스 아퀴나스의 윤리학』, 서울 : 누멘, 2016. 310쪽.

는 영원하고 절대적 존재, 그리고 살아 있는 정신으로서 신은 모든 것(피조물)의 질서의 근원이자 세계의 통치자이다. 인간은 이 같은 신으로부터 자신의 본성, 즉 올바른 이성(양심)을 부여받았기 때문에 이것을 자연법에 알맞도록 행사함으로써 궁극의 원리인 영원한 법과 하나가 되도록 해야 한다. 그의 표현처럼, "인간의 이성적 본성은 인간의 원리인 영원법에 알맞게 참여"할 때 "신의 가치와 신의 진리에 참여하고 있는 것이다." 그러므로 토마스 아퀴나스의 자연법 이론에서 인간의 윤리적 행위란 "이성적인 피조물이 신의 법칙에 참여한다."는 의미이다.

이에 따라 토마스 아퀴나스에게 신의 영원법-자연법-인간법(실정법)의 관계는 다음과 같이 설명될 수 있다. 영원법은 신의 계획과 이념을 반영하는 신적 이성의 명령이며, 우리가 우주라고 부르는 완전한 공동체를 다스리는 신의 섭리로서 명령이다. 따라서 우리(인간)가 신의 섭리라는 영원한 법칙 아래 놓여 있는 한 우리 안에는 자연법의 흔적이 있으며, 우리가 합리적 피조물로 존재하는 한 우리는 이것에 알맞은 방식으로 영원법을 따라야 한다. 왜냐하면 우리는 영원법을 알고 그것을 의욕할 수 있기 때문이며, "우리 안의 자연법은 바로 우리가 합리적 피조물로서 영원법을 함께 갖고 있음을 의미"하기 때문이다. 그리고 인간법(실정법)이란 공동체의 공동선을 보장할 책임과 권위를 지닌 사람들이 공표한 실천 이성의 규정들이다. 따라서 인간이 만든 이 법은 공정할 때 신의 영원법과 함께할 수 있다.

이렇게 볼 때, 신의 이념과 계획에 의해 창조된 세계의 질서는 '자연(본성)', '이성', '의지'의 세 가지 요소로 이루어져 있는 것으로 이해할 수 있다.[7] '자연(본성)'이란 자연법의 형이상학적 측면으로 인간은 본성상 자신의 존재를 완성하고자 하는 자연적 성향(경향)을 지니며, 이것은 자연법의 제1계명인 "선은 추구하고, 악은 피하라."로 규정된다. 이것은 또한 신의 영원한 법을 반영하는 것이기도 하다. 다음으로 인간은 자신에게 새겨 놓은 '신의 빛', 즉 '이성'을 가지고 자신이 해야 할 구체적인 실천 계명을 인식한다는 것이다. 마지막으로 '의지'는 인간의 자유 의지와 관련된 것으로 인간은 신의 영원법과 정의의 원리(신은 각각의 피조물들에게 각각에 해당하는 몫을 돌려주려는 영원한 의지를 표현하고 있음)를 구현하기 위해 법을 제정하고 실현하려는 노력을 한다. 즉, 공동선의 실현을 위해 법을 제정하고 행사한다.

인간은 신이 자신의 계획을 인식하도록 인간에게 의도적으로 '새겨 넣은(각인)' 본성, 즉 이성에 따라 선과 악을 구분할 줄 알며, 제1계명을 실현할 수 있는 '자연적 성향', 즉 자연법을 구체적으로 실현하고자 애쓰는 삶을 살아간다. 자연적 성향으로서 자연법에 따라 "무엇보다 인간 안에는 인간이 모든 실체와 공통적으로 갖는 본성에 일치하는 선에 대한 경향이 있다. 인간 또한 자신의 본성에 따라 자신의 존재를 보존하려고 추구한다. 이러한 경향 때

7 이진남, 「자연법과 생명윤리」, 『범한철학』, 제57집. 179쪽.

문에 인간이 자신의 삶을 보존하거나 그것을 방해하는 것을 제거하는 방식은 무엇이든지 자연법에 속한다. 두 번째로 인간 안에는 그가 다른 동물과 공통적으로 갖고 있는 본성에 따라 더욱 특별히 인간에 속하는 것에 대한 경향이 있다. 이러한 경향에 의해 성(性)의 교류, 자손의 교육 등과 같은 것들은 자연이 모든 동물에게 가르치는 자연법에 속한다고 할 수 있다. 세 번째로 인간 안에는 인간에게 적절한 본성인 이성에 따르는 선에 대한 경향이 있다. 그래서 인간은 신에 대한 진리를 아는, 즉 사회에서 살아가는 자연적 경향을 갖는다. 이와 관련해 이러한 경향에 속하는 것은 무엇이든 자연법에 속한다. 예를 들어 무지를 피하고 함께 살아야 하는 사람들을 공격하지 않으며, 위의 경향을 고려하는 다른 그러한 것들을 말한다."

토마스 아퀴나스의 이와 같은 주장에는 다음과 같은 의미들이 함축되어 있다. ① 인간이 자신의 자연적 본성을 실현하는 데 부합하는 것은 모두 자연법에 속하며, ② 인간은 본성적으로 자기를 보존하고 자손을 산출하려 한다는 것이다. 또 ③ 인간은 사회 속에서 공동체의 구성원으로 살아가며, 진리를 추구하고 신과 하나됨을 추구하며, ④ 인간은 이런 모든 목적들을 실현하려는 경향을 갖고, 이를 따라야 할 의무를 지닌다는 것이다. 마지막으로 ⑤ 인간이 이런 의무를 지닌다는 것을 이성이 인식한다는 것, 그리고 이에 따라 이성이 자신의 본성에 근거해 파악된 자연법을 갖게 된다는 것이다.

간단히 말해, 토마스 아퀴나스의 자연법은 인간에게 자신의 생명을 보존하려는 성향, 종족을 보존하려는 성향, 알고자 하는 성향, 사회적 삶을 위한 성향을 제시하고 있다. 그리고 이 모든 것들은 신의 영원한 법을 표현하고 있는 '선은 추구하고 악은 피하라.'는 자연법 계율을 구체적으로 실현하기 위한 지침들에 해당한다.

정의의 전쟁 :
합법적 권위, 정당한 원인(명분), 전쟁 수행자들의 정당한 의도

> 전쟁은 신법(神法)을 지키고 공동선과 평화를 위한 것이다. 전쟁이 정의롭기 위해서는 적법한 권위를 지닌 군주에 의해서만 수행되어야 하며, 공격의 정당한 이유와 올바른 의도가 있어야 한다. 전쟁은 한 국가가 백성들에게 가한 나쁜 짓을 바로잡기를 거부하거나, 부당하게 차지한 것을 돌려주기를 거부할 경우 그 악을 징벌하는 것이어야 한다. 처음부터 적을 죽이려는 의도가 아니어야 하고 필요 이상의 폭력을 가해서도 안 되며, 개인의 적개심이 아닌 공공선을 위한 것이어야 한다. 교전 중 자기 생명을 지키려는 목적 이상의 많은 희생을 야기하는 행위는 신법을 거스르는 것이다.[8]

8 채이병, 「토마스 아퀴나스와 평화 문제」, 『철학』, 제78호.

평화를 가르치는 종교가 전쟁을 어떻게 바라보는가의 문제는 흥미로운 주제이다. 왜냐하면 우리 역사에서 승려들로 구성된 비정규군인 '승군'이 있었던 것처럼, 서양에서는 성지 탈환을 목적으로 11세기 말에서 13세기 말까지 십자군 전쟁이 있었기 때문이다. 전쟁이 군사력에 기초해 상대방(전쟁 상대인 다른 국가)의 의지를 물리력으로 꺾는 행위임을 고려할 때, 전쟁은 신 앞에서의 평등과 생명을 존중하라는 종교의 근본 가르침과 상반되는 현상임이 분명하다.

공동선의 실현, 즉 '본성적으로 지배받아야 마땅한 자들을 지배하기 위한' 전쟁의 필요성을 인정한 아리스토텔레스 이후, 중세의 신학자인 아우구스티누스는 전쟁에 대해 그것이 '정의로운' 것인 한 정당화될 수 있다고 주장한다. 그는 '인간의 교만에 대해 책임을 묻는' 전쟁이 정당화될 수 있기 위해서는 전쟁의 명분이 정당(전쟁의 정당한 원인)하며, 적절한 권위(신의 합법적 권위)에 의해 지지될 수 있어야 한다고 강조한다. 이에 따르면, 비록 전쟁이 대량 살상을 수반한다 하더라도, '전쟁을 하는 것이 하지 않는 것보다 해악을 줄일 수 있기 때문에' 정당하다는 논리이다.

이후 정의로운 전쟁에 관한 논의는 토마스 아퀴나스에 의해 한층 구체성을 갖추게 된다. 그는 정의로운 전쟁에 관한 세 가지 조건으로 (1) 합법적(정당한) 권위, (2) 정당한 원인(명분), (3) 전쟁 수행자들의 정당한 의도를 제시한다. 먼저, 합법적 권위에 근거한다는 말은 "전쟁이 정의롭기 위해서는 최고의 합법적인 권위를 지닌

자(군주)에 의해서 선포되어야 하며, 개인에게는 전쟁을 선포하고 국민을 소집할 권한이 없다"는 뜻이다. 공적이고 공동체에 관한 최고의 책임은 군주에게 있으며, 따라서 공동체를 방어할 책임도 군주로부터 나온다. 그렇기 때문에 외부의 적으로부터 공동체의 이익을 지키기 위해 전쟁을 선포할 권한은 군주에게 있으며, 그것은 공적인 것으로 사적인 개인의 권한을 넘어서 있다. "군주에게는 국가를 관리할 권한이 있으므로 군주는 공적 권한과 동시에 강력한 공권력을 지닌 최고의 재판관이다. 군주는 국가의 질서와 안전을 위협하는 내부의 적(범죄자 처벌권)은 물론 외부의 적을 처벌할 권한이 있는데, 후자를 처벌하는 행위가 바로 전쟁이다."

다음으로 정당한 원인에 근거해야 한다는 말은 "전쟁에서 공격을 받은 자들은 그들이 어떤 잘못을 저질렀기 때문에 공격을 받아 마땅하다는 정당한 이유가 있어야 한다는 뜻이다. 정의로운 전쟁은 한 국가가 징벌을 받아 마땅하다거나, 국민에게 저지른 잘못을 바로잡기를 거부하거나, 부당하게 차지한 것들을 되돌려주기를 거부할 경우, 이런 악들을 징벌하는 것으로 이해할 수 있다." 즉, 정의로운 전쟁은 평화와 정의의 질서를 회복하기 위해 상대방의 명확한 잘못에 대한 징벌적 성격과 외부 공격에 대한 방어적 성격을 지닌다. "정의로운 전쟁을 통해 부당함은 처벌받는다. 따라서 한 민족이나 한 국가가 자기 구성원이 부당하게 행한 것을 징벌하는 데 소홀하거나, 부당하게 강탈한 것의 배상을 소홀할 경우, 그런 국가나 종족은 처벌받아야 한다. 이 경우 가해 국가가 저항하는 것은 부당하다."

마지막으로 전쟁 수행자들의 정당한 의도에 근거해야 한다는 말은 처음부터 적을 죽이려는 의도를 지녀서는 안 되며, 적으로부터 나를 지키기 위해 적을 죽이게 되는 불가피한 상황이어야 한다는 뜻이다. 또 자신을 지키기 위해 적의 폭력을 압도하는 과잉의 폭력을 행사해서는 안 되고(비례의 원칙), 적을 죽이는 행위는 적개심이 아니라 공공의 선을 의도해야 한다는 의미이다. 그뿐만 아니라 정당한 의도로 시작한 전쟁이더라도, 사악한 의도를 지닌 채 전쟁을 수행한다면 국가나 군인은 이미 죄를 저지르고 있다는 뜻이기도 하다. 따라서 전쟁 수행자들의 정당한 의도는 선을 증진하고 악을 피하려는 의도로 표현된다.

전쟁은 불의를 바로잡기 위해 수행하는 것이기 때문에 불의를 그대로 두는 것보다 전쟁이 초래하는 손실이 더 커서는 안 된다. "전쟁 중에 동반되는 악한 감정은 적에 대한 분노와 관련이 있으므로 절제되어야 한다. '해악을 끼치고자 하는 욕심', '반격하고자 하는 야만성', '보복하려는 잔인성', '권력을 향한 충동' 같은 악한 감정은 부당한 보복을 초래하기 때문에 이를 미리 방지하기 위해서는 전쟁 수행자들에게 관용과 온유함 같은 절제의 덕이 필요하다."

여성과 성(性) :

불완전한 남자로서의 여성, '낙태'

토마스 아퀴나스는 여성을 '불완전한 남자', '우연적 존재', '남성에게 복종하도록 창조된 존재', '공적으로 무엇인가를 가르칠 지혜가 부족한 존재'로 보았기 때문에 여성은 "자녀들을 가르치는 데 필요한 지식과 지혜를 쌓아야 한다."[9]고 주장한다. 여성에 관한 이와 같은 보수주의적 관점은 성(性)에 관한 주장에서도 그대로 나타난다.

그는 자위행위를 '정액의 무분별한 방출'이라 규정하면서 '피임'은 살인에 버금가는 인간에 대한 범죄라고 주장한다. 토마스 아퀴나스는 임신 과정에서 남성만이 능동적 작용을 한다고 보았다. 왜냐하면 정자-배아-태아-유아를 거치면서 인간이 성장한다고 보았기 때문이다. 특히 그는 배아를 유아와 같은 개별적 인간으로 보아 임신하기에 부적절한 상황에서 정액을 방출하는 행위에 대해 규모가 작기는 하지만 유아를 방치하거나 굶겨서 죽이는 일과 같다고 보았다. 이 때문에 그는 자위행위를 '곤궁한 사람이 저지르는 살인'이라고 비판한다. 또 그는 낙태는 살인죄에 해당하기 때문에 임신한 여성을 때린 사람은 살인죄를 면할 수 없다고 주장한다.

9 앤서니 케니 지음, 김성호 옮김, 『중세철학』, 서울 : 서광사, 2010. 406쪽.

수정의 순간이 곧 한 개인의 시작이라는 그의 생각은 오늘날 낙태와 관련한 찬반 논쟁에서 주요 쟁점을 제공하고 있다.

3

체사레 베카리아

1738 - 1794

핵심 주제어

범죄와 형벌 : 계약론, 공리주의, 해악 방지, 최대 다수의 최대 이익, 범죄 예방, 범죄와 형벌 사이의 비례, 지속성, 종신 노역, 행복의 극대화, 불행의 최소화

범죄와 형벌 :
계약론, 공리주의, 해악 방지, 최대 다수의 최대 이익, 범죄 예방, 범죄와 형벌 사이의 비례, 지속성, 종신 노역, 행복의 극대화, 불행의 최소화

> 형벌의 목적은 오직 범죄자가 시민들에게 새로운 해악을 입힐 가능성을 미리 방지하고, 일반인들이 유사한 범죄 행위를 할 가능성을 억제하게 만드는 것이다.[1]

『범죄와 형벌』에서 체사레 베카리아(Ceare Beccaria, 1738-1794)가 『범죄와 형벌』(1764)에서 견지하고 있는 원칙은 사회계약론과 공리주의적 관점이다. 그의 계약론적 입장은 그가 형벌은 어디로부터 비롯되는가라는 형벌의 기원을 주장할 때 그 윤곽이 드러난다. 즉 "각 개인은 자기가 갖고 있는 자유의 일부를 희생해서라도 나머지 모든 자유를 안전하고 평온하게 누리고자 한다."는 것이다. 그리고 국가의 주권(또는 주권자)이란 각자가 자신의 자유를 희생한 몫을 모두 합한 것(총합)이기 때문에 주권자는 정당하게 위임받은 자유의 관리자로서 책무를 다해야 한다.

이렇게 형성된 그의 형벌에 관한 사회계약론적 관점은 다음과 같은 구체적 표현으로 그러난다. "첫째, 범죄에 대한 형벌은 반드

1 체사레 베카리아 지음, 한인섭 신역, 『범죄와 형벌』, 서울 : 박영사, 48-49쪽.

시 법률을 통해서만 이뤄져야 하며, 형벌권은 오직 사회계약에 의해 사회 전체를 대표하는 입법자에게만 있다." "둘째, 사회계약으로 각 개인은 사회의 구속을 받지만, 사회 또한 각 개인에 대해 똑같이 계약을 준수해야 할 의무를 진다. 계약은 쌍방 모두에게 구속력을 갖는다."이다.

그는 계약론적 입장에 따라 계약을 지켜야 할 의무는 신분의 높고(그것이 비록 왕족이나 귀족이라 할지라도) 낮음에 관계없이 평등하게 적용되어야 한다고 강조한다. 왜냐하면 "최대 다수에게 이익이 되는 계약을 준수하는 것은 모든 사람에게도 이익이기 때문이다." 그렇기 때문에 한 사람이라도 이 계약을 위반하게 된다면 사회는 무정부 세계로 들어가게 된다고 경고한다. 이처럼 공정한 법 적용을 강조했던 베카리아는 재판관은 물론, 누구든지 그것이 비록 공공복리를 명분으로 하더라도 법률로 정해진 형벌보다 더 가혹한 처벌을 해서는 안 된다고 강조한다.

베카리아가 형벌의 잔혹성에 대해서 강하게 비판할 때에도 그의 기본 입장은 사회계약론에 기초하고 있었다. "셋째, 잔혹한 형벌이 공공의 복리나 범죄 예방의 목적에 직접적으로 위배되지 않는다고 할지라도, 그 형벌이 특별히 쓸모 있는 것은 아니라는 점을 밝힐 수 있다면, 그 잔혹한 형벌을 부과해서는 안 된다." 왜냐하면 필요 이상의 잔혹한 형벌은 박애의 덕(즉 계몽된 이성)에 비추어서도 비난받아야 할 뿐만 아니라 정의를 부정하고, 사회계약의 본질과도 상반되기 때문이다.

한편, 베카리아는 사회계약론의 연장선에서 법관의 의무와 한계에 대해서도 규정하고 있다. "넷째, 법관은 (사회계약론에 의한) 입법자가 아니기 때문에 형법을 해석할 어떤 권한도 없다." 왜냐하면 법관은 사회와 주권자로부터 단지 법률을 위임받은 것이기 때문에 법관의 감정, 피고인의 지위나 상황, 법관과의 사적인 관계로부터 영향을 받을 수 있는 어떤 조건으로부터도 영향을 받아서는 안 된다는 것이다.

베카리아의 공리주의적 형벌관은 그가 형벌의 기원을 "공동선을 위해 각 개인이 자신의 자유를 희생한 몫을 모두 합한 것"에서 찾는 데서, 그리고 "공동선에 반하는 개인의 강렬한 욕망에 대해 반대 균형을 잡아 주는 것"이 형벌이라고 주장하는 데서 그 단서를 찾을 수 있다. 무엇보다 베카리아 형벌관의 공리주의적 관점은 인간의 피할 수 없는 본성에 대한 그의 설명으로부터 도출된다. 그는 인간의 보편적 특성을 "욕망의 충족을 향한 투쟁"이라고 규정한다.

그런데 이러한 인간의 욕망과 자신의 이익 추구는 항상 공익(사회 전체의 이익)과의 충돌 가능성을 안고 있다. 그럼에도 이것이 인간의 보편적 특성인 한, 갈등과 혼란을 완전히 예방(방지)한다는 것은 사실상 불가능하다. 여기에 각자의 이해관계가 복잡하게 얽혀 있고, 사회가 복잡해진다면 더욱 그렇다. 인간의 이러한 보편적 속성을 완전히 제거하는 것이 불가능하다면, 이제 이것이 초래할 해로운 문제들을 미리 예방하고 제거하는 방향으로 관점을 옮겨 가는 것이 현명한 방법이다. 이에 따라 베카리아는 "형벌은 인간의 본성과 떼어 놓을 수 없는 인간 행동의 근본 원인(동인)은 그대로 두면서 그로 인해 생겨나는 악영향을 제거하려는 것"이라고 주장한다.

이것은 마치 숙련된 건축가가 중력을 부정하기보다는 오히려 그 중력을 이용해 더욱 견고한 건축물을 만들어 내는 계기로 활용하는 것처럼, 훌륭한 입법가에 의한 형벌 또한 숙련된 건축가처럼 욕망을 충족하고자 하는 인간의 본성을 사회 전체에 이익이 되는 방향으로 활용해야 한다는 것이다. 즉 형벌을 통해 인간이 갖고 있는 '압제(壓制, 권력이나 폭력으로 남을 꼼짝 못하게 강제로 누름)적 성향'이나 욕구 충족의 성향이 사회를 원초적인 혼란 상태로 빠져들지 않도록 막으면서 공공의 자유와 복지를 방어하는 계기로 활용하면 된다는 뜻이다. 또 정당한 형벌이 이러한 기능을 잘 수행해 줄수록 시민의 자유 또한 더욱 증진되리라는 것이 그의 입장이다. 한마디로, 형벌을 통해 "사회에 큰 해악을 초래하는 범죄가 적게 발생하면 할수록 그것은 공익과는 일치"한다는 공리주의적 입장이다.

한편, 그는 공리주의적 관점에서 "범죄와 형벌 사이의 비례"에 대해서도 강조했다. 이에 따르면, 사회에 끼치는 해악이 서로 다른 두 범죄에 대해 동일한 형벌을 적용하게 되면, 더 심각한 범죄가 일어날 수 있는 억지력이 사라지게 된다. 이 경우 사람들은 더 심각한 범죄를 저지르는 것이 자기에게 더 큰 이익을 가져다줄 것이라는 판단이 서면 기꺼이 그 범죄를 저지르게 될 것이다. 그러므로 형벌은 서로 다른 범죄에 대해 서로 다르게 배분되어야 한다.

모든 것을 종합할 때, 형벌의 목적은 "오직 범죄자가 시민들에게 새로운 해악을 입힐 가능성을 미리 방지하고, 일반인들이 유사한 범죄 행위를 할 가능성을 억제하게 만드는 것이다." 이를 위해서는 "범죄와 형벌 사이에 비례 관계를 유지해야 하며, 인간의 정신에는 가장 효과적이면서도 지속적인 인상(impression)을 만들어내는 형벌이어야 한다." 그뿐만 아니라 "감옥의 수형자의 신체에는 가장 적은 고통을 주어야 한다.(고문 반대)" 왜냐하면 "형벌의 목적은 감각적인 존재인 인간에게 고통을 주고, 고문하는 데에 있는 것도 아니고, 이미 저질러진 범죄를 원래 상태로 되돌려 놓자는 것도 아니기 때문이다."[2]

그렇다면, 사형제도에 대해 그는 어떤 태도를 견지했을까? 이에 대해서도 베카리아는 계약론적 관점과 공리주의적 관점에 기초해 반대한다. 그의 기본 입장은 "형벌의 쓸모없는 남용을 통해서는 결코 인간을 개선시킬 수 없다."는 것, 그리고 "누구도 자신의 생명

2 "누구도 자신의 생명을 빼앗을 권능을 타인에게 기꺼이 양도하지 않는다. 형벌은 자신의 노동으로 그가 사회에 끼친 손해를 속죄하게 하는 것이며, 이런 모습을 일반인들이 오랫동안 보게 하는 것이 더욱 효과적인 범죄 예방책(억제책)이다."

을 빼앗을 권능을 타인에게 기꺼이 양도하지 않았다는 것”에 있다.

사형제도를 계약론적 입장에서 반대하는 그의 논거는 이렇다. 법은 각 개인의 개별적 의지인 특수의지(특수의사)를 모두 모아 놓은 것, 즉 일반의지(일반의사)를 표현한 것인데, 이 개별적 의지에 누군가(또는 주권자)가 자신의 생명을 빼앗아도 좋다고 누구도 양도할 내용에 동의하지 않을 것이기 때문이다. “어떻게 모든 가치들 중에서 가장 중요한 가치인 생명 그 자체를 자신이 양도할 최소한의 자유의 내용에 포함시킬 수 있겠는가?”[3] 우리가 자살, 즉 자기 스스로를 죽일 권리는 자기 자신에게도 없다고 주장하면서 사회가 자신의 생명을 박탈해도 좋다는, 즉 사형을 수용하겠다는 의사를 공개적으로 표현한다는 것은 자기모순일 뿐이다. 한마디로 사형은 자살을 금지하는 원칙과도 모순된다.

한편, 베카리아가 사형제도를 공리주의적 관점에서 반대하는 이유는 이렇다. “형벌은 일반인들에게 범죄를 저지르지 않도록 하게 하는 데 충분한 정도의 강도(强度)를 지닐 경우에만 정당화된다.” 즉 형벌의 정당성은 범죄를 억지하거나 예방하는 효과에 있다. 그러므로 형벌은 범죄자를 위해서가 아니라 벌을 받고 있는 광경을 바라보고 있는 일반 시민의 이익을 고려하여 이뤄져야 한다. 이 말은 감각을 지닌 모든 존재(인간)는 습관의 지배를 받기

3 베카리아는 법은 공공 의사의 표현이며, 살인을 미워하고 처벌하는 것이 법이라고 주장한다. 그럼에도 법이 스스로 살인죄를 범한다는 것은 어리석은 일일 뿐만 아니라 시민에 대해 살인하지 말 것을 요구하는 것은 자기모순이라고 주장한다.

때문에 반복적이고 지속적으로 일어나고 있는 현상에 대한 인상(impression)이 우리의 정신에 영향을 미치고, 이것이 도덕관념을 형성한다는 뜻이다.

마찬가지로 형벌이 우리의 정신에 미치는 더욱 큰 영향(효과)은 형벌에 담긴 강도가 아니라 지속성('지속적인 본보기')에서 나온다. 이 때문에 강력하지만 일시적인 충동의 감정을 일으키는 사형이 약하더라도 반복적으로 지속되는 종신노역형 같은 형벌이 주는 인상보다 우리의 마음에 오랫동안 영향력을 행사하지는 못한다. 사형을 주장하는 사람들은 순간적으로 격렬한 공포의 감정을 일으키는 사형을 통해 교훈의 본보기로 삼기를 바라지만, 오히려 사람들은 사형제도의 끔찍함에 대한 경멸과 혐오감, 그리고 동시에 사형을 당하는 사람에 대한 연민과 동정이라는 모순된 감정을 경험한다. 이 때문에 사형제도는 유용하지 않으며, 그렇기 때문에 필요하지도 않다. 사형제도는 국가가 한 사람의 시민을 파괴하는 데 유용하고 필요하다고 판단할 때, 그와 벌이는 일종의 전쟁일 뿐이다.

"장기간 혹은 종신토록 노역형으로 고통을 당할지도 모른다는 것을 눈앞에서 바라보고, 한때 친근하게 지냈던 이웃들에게 자신의 처지가 노출되고, 한때 자신을 보호해 주었던 그 법률의 노예로 살아간다고 생각하게 된다면, 어떠할까? 그는 범죄 성공 가능성의 불확실성, 범죄의 성공이 주는 짧은 동안의 기쁨을 이 모든 고통의 불행과 비교하게 될 것이다." 그러므로 본보기로 사형이라는 처형을 하기보다는 본보기로 오랫동안 강한 인상을 남기는 종신노역형 같은 형벌이 바람직하다. 그리고 법은 공공의 의사 표현이며, 살인을 혐오하는 것인데, 그런 법을 통해 (국가가) 사형으로 살인죄를 범한다는 것은 얼마나 어리석은 일인가? "범죄를 처벌하는 것보다 범죄를 예방하는 것이 더 바람직하다. 이것은 모든 훌륭한 법의 근본 목적이다. 모든 훌륭한 입법은 가능한 행복의 극대화 또는 가능한 불행의 최소화로 이끄는 기술에 있다."[4]

결론적으로 형벌은 어떤 경우이든 한 시민에 대해 한 사람 또는 다수가 저지르는 폭력행위가 되어서는 안 되며, 형벌은 공개적이고 신속하며 필요한 것이어야 한다. 또 형벌은 주어진 여건 아래에서 최소한에 그쳐야 하며, 범죄에 비례해야 한다. 마지막으로 형벌은 성문법에 의해 규정되어야 한다.[5]

4 그렇더라도 베카리아에 의하면, "한 시민의 죽음이 필요한 예외적인 두 가지 경우가 있다. 하나는 그의 존재가 기존의 정부에 위험한 혁명을 일으킬 수 있다면, 그의 죽음은 불가피하다. 즉 그의 자유가 박탈되었음에도 그가 국가의 안전을 위협할 정도의 힘과 조직을 갖고 있음이 명확한 경우에 그의 죽음은 불가피하다. 다른 하나는 한 사람을 죽이는 것이 다른 사람들의 범죄를 억제할 수 있는 유일한 방법인 경우이다."라고 주장함으로써 사형의 예외적 경우에 대해 언급한다. 이 점은 벤담의 경우에서도 나타난다. 위의 책, 113쪽.

5 위의 책, 192쪽.

4

칸트

1724 - 1804

핵심 주제어

형벌의 법칙 : 정언명령, 동등성 원리, 보복적 응보주의

국제 관계와 영원한 평화 : 시민적 정치 체제, 공화정, 국제 연맹

의무론적 윤리 : 선의지, 이성, 도덕법칙, 실천이성, 정언명령

인간의 동물에 대한 의무 : 간접적 의무

형벌의 법칙 :

정언명령, 동등성 원리, 보복적 응보주의

사법적 형벌은 범죄자 자신을 위해서, 또는 사회를 위해서, 아니면 다른 어떤 선을 증진하기 위한 단지 수단으로서만 행사되어서는 안 되며, 오히려 범죄를 저질렀다는 오직 그것만으로 그에게 행사되어야 한다. 인간은 결코 다른 사람의 목적을 위한 수단으로 취급되어서는 안 되고, 물권[1]의 대상이 될 수 없기 때문이다.[2]

형벌을 받는 사람은 누구나 형벌을 받아야 할 행위를 의욕했기[3] 때문에 형벌을 받는 것이지, 그가 형벌을 의욕했기 때문에 형벌을 받는 것이 아니다. 살인을 했거나, 또는 그에게 협력했던 살인자는 누구든 사형에 처해져야 한다. 이것은 사법권의 이념인 정의가 보편적 선험적으로 정초된 법칙들에 따라 의욕하고 있는 것과 일치한다.[4]

1 물권이란 소유권이나 점유권처럼 특정한 물건을 직접 지배하여 이익을 얻을 수 있는 배타적 권리를 말한다.

2 칸트 지음, 백종현 옮김, 『윤리 형이상학』, 서울 : 아카넷, 2015. 293쪽.

3 의욕(意欲)이란 일정한 목표를 향하여 의지가 적극적으로 작용하는 일을 말한다.

4 위의 책, 297, 298쪽.

사법적 형벌[5]에 관한 칸트의 입장은 공리주의(벤담)와 베카리아의 입장과 대비된다. 이들에게 사법적 형벌이란 교화와 범죄 예방이 주요 목적이지만, 칸트에게 형벌이란 정의의 저울(천칭)이라는 비유처럼 '동등성(평등)의 원리'를 실현하는 일이기 때문이다. 칸트의 동등성의 원리는 누군가가 아무런 잘못이나 죄가 없는 사람에게 해악을 끼쳤다면, 그것이 무엇이든 그것은 자기 자신에게 해악을 가하는 것이라는 그의 주장에 기초한다.

예를 들어 네가 누군가에게 인격을 무시하는 욕을 한다면 그 행위를 통해 당신은 당신 자신을 욕하는 것이며, 네가 누군가의 물건을 훔친다면 그 행위를 통해 당신은 당신 자신을 훔치는 것이다. 또 네가 누군가에게 폭력을 행사한다면 그 행위를 통해 당신은 당신 자신을 때리는 것이며, 네가 누군가를 죽인다면 그 행위를 통해 당신은 당신 자신을 죽이는 것이다. 따라서 개인적인(사적인) 판단에 의해서가 아니라 법적인(공적인) 심판에 의한 '보복법(동해보복법)'[6]을 통해서만 형벌의 양과 질이 결정되어야 한다.

5 칸트는 사법적 형벌과 자연적 형벌을 구분한다. 자연적 형벌이란 자신의 잘못된 행동으로 스스로 고통을 초래하는 것이다. 예를 들어 상한 음식을 먹고 식중독이나 배탈이 나는 경우이다.

6 보복법(동해보복법)은 '보복적 응보주의'로 이해할 수 있으며, '눈에는 눈, 이에는 이, 손에는 손, 발에는 발'이라는 말에 잘 표현되어 있다.

이에 따라 만약 누군가가 한 사람의 생명을 빼앗는 살인을 저질렀다면 그는 마땅히 죽어야 하는데, 그 이유는 죽는 것 이외에 "정의를 충족하는 다른 대체물이 없기 때문이다." 생명과 죽음[7] 사이에서 이것들과 동등한 가치를 지니는 다른 어떤 것은 없으며, 따라서 살인을 한 범죄자에게 사형 말고는 다른 어떤 형벌도 동등한 보복이라는 의미를 갖지 못한다. 따라서 한 시민 사회가 모든 구성원의 동의를 거쳐 자신들의 시민 사회를 내일 당장 해체하기로 했을 때조차도, 만약에 그 시민 사회에 한 사람의 사형수가 남아 있다면 반드시 그를 사형하지 않으면 안 된다. 만약에 그를 사형하지 않는다면, 이는 그 시민 사회의 모든 구성원들은 '정의를 공적으로 침해하는 데 참여하고 있는 것'이 된다. 왜냐하면 칸트에게 형벌이란 행해진 범죄의 사악성과 동등한 비례 관계의 실현이라는 의미를 지니기 때문이다. 따라서 살인에 대한 공적 정의이자 최상의 균형은 사형뿐이다.

칸트는 "형벌의 법칙은 정언명령"이라고 말한다. 따라서 그가 자신의 의무론적 윤리 이론에서 주장했던 무조건적 명령으로서 오직 옳기 때문에 행해야 하는 '정언명령'이 형벌의 법칙에도 그의 도덕

7 한편, 칸트는 '자살'이라는 죽음에 대해서도 자신의 의무론적 관점을 일관되게 적용한다. 이에 따르면, "자살, 즉 자신을 죽이는 행위는 그것이 일반적인 자살이든, 미화된 영웅적 행위로서 자결(自決)이든 상관없이 더 이상 자신에 대한 의무를 수행할 가능성을 없애 버린다는 점에서, 그리고 자신의 인격을 자신의 입장에서 어떤 적당한 목적을 위해 한낱 수단으로 처분하는 것으로 간주된다."

법칙처럼 그대로 적용된다. 또 그가 정언명령을 가언명령과 대비시켜 강조했던 것처럼, 형벌도 이 원칙을 그대로 적용받는다. 다시 말해 형벌은 범죄자의 개인적 이익을 위해서, 사회 전체의 이익을 위해서, 아니면 다른 어떤 목적을 이루기 위해서 행사되어서는 결코 안 되며, 오직 단지 형벌의 법칙인 정언명령으로서 '공적 정의를 실현'하는 것이어야만 한다. 이 때문에 감옥에 갇혀 있는 범죄자와의 흥정(예를 들면 의학 실험에 참여하는 조건으로 감형해 주기로 하는 것)이나 다른 어떤 의도가 개입되어서는 안 된다. "정의가 무너지면 인간이 사는 세상에서 어떤 것도 가치를 갖지 못하기 때문이다."

칸트 자신의 '보복적 응보주의' 형벌관에는 베카리아의 계약론적이고 범죄 예방이라는 공리주의적 형벌관에 대한 비판이 담겨 있다. 칸트는 "사형은 시민의 근원적 계약에 포함될 수 없다. 왜냐하면 누구든지 사람을 죽이면 자신의 생명을 잃는 것에 동의해야 한다는 것인데, 이에 동의할 사람은 없기 때문"이라는 베카리아의 주장은 형벌의 법칙을 왜곡하는 궤변이라고 비판한다. 왜냐하면 형벌을 받아야 할 행위를 했기 때문에 형벌을 받는 것이며, 따라서 그 형벌은 그가 범죄를 저질렀다는 그 사실과 같아야 하기 때문이다. 이 때문에 칸트에게 베카리아의 형벌관은 '과도한 인도주의에서 발견되는 감상적 동정심'에 기초한 부적절한 형벌로 받아들여졌다. 칸트에게 법의 보편적 원리는 다음과 같다.

어떤 행위, 또는 그 행위의 준칙을 따르는 각자의 의사의 자유는 보편적 법칙에 따라 모든 사람의 자유와 공존하는 행위일 때 법적이며, 권리가 있으며, 정당하다. 따라서 나의 행위, 또는 나의 상태가 보편적 법칙에 비추어 다른 사람의 자유와 공존할 수 있을 때, 이를 방해하는 다른 사람의 행위는 나에게 불법이며 부당함을 행하는 것이다. 왜냐하면 이러한 방해 행위는 보편적 법칙에 따라 자유와 공존할 수 없기 때문이다. 그러므로 보편적인 법의 법칙은 "너의 의사의 자유로운 사용이 보편적 법칙에 따라 어느 누구의 자유와도 공존할 수 있도록 그렇게 행위 하라."이다.

국제 관계와 영원한 평화 :
시민적 정치 체제, 공화정, 국제 연맹

자연은 먼저 인간으로 하여금 (전쟁 같은) 불완전한 시도들을 감행하게 하여 결국에는 수많은 황폐화와 몰락에 빠뜨린다. 이처럼 인간의 모든 힘을 고갈시킨 후에야 비로소 이성의 인도를 통해, 즉 야만의 무법 상태에서 벗어나 국가들 간 연맹을 이루도록 이끈다. 이렇게 형성된 국가 연맹에서는 비록 가장 작은 국가일지라도, 모든 국가가 자신의 안전과 권리를 보장받을 수 있다. 그것은 자신의 힘과 고유한 판단에 의해서가 아니라 거대한 국제 연맹이라는 하나의 통일된 힘과 의지의 법칙에 따른 결정에 의해

그렇게 된다.[8]

> 국제법은 자유로운 국가들 간의 연방(federation)에 기초해야 한다. 평화란 국가들 사이의 보편적 동의가 없으면 시작도, 보장도 할 수 없다. 따라서 평화적 연방으로서 연맹은 모든 전쟁을 종식하기 위해 필요하다. 모든 국가는 이 연방의 구상 아래에서 영원한 평화에 이르게 될 것이며, 이것의 실현은 가능하다.(제2항)

"국가는 하나의 도덕적 인격이기 때문에 다른 국가에 대해서는 자연적 자유의 상태에 있으며, 따라서 영속적인 전쟁 상태에 있는 것으로 간주할 수 있다." 이 상태에서 국가는 전쟁의 권리, 전쟁 중의 권리, 전쟁 후의 권리는 물론, 전쟁으로부터 벗어날, 즉 평화 체제를 확립할 권리(또는 법)를 지닌다. 그렇다면 국가 간의 관계에서 '자연적 자유의 상태'를 넘어서는 '영원한 평화'는 불가능한 과제일까? 흥미롭게도 칸트는 당시 묘지명에 주로 쓰였던 이 '영원한 평화' 개념을 국제 관계로 확장해 그 가능성을 탐구한다. 결론부터 말하면, 칸트는 국제 관계에서 "영원한 평화는 결코 헛된 이상이 아니며, 영원한 평화는 점점 해결되면서 꾸준히 목표를 향해 접근해 가야 할 과제이다."라고 주장한다.

8 칸트 지음, 이한구 옮김, 『칸트의 역사철학』, 서울 : 서광사, 2003. 34쪽.

칸트는 국제법의 요소들을 다음과 같이 제시한다.[9] (1) 각각의 국가들은 외적 관계라는 관점에서 보면 본성상 비(非)법적인 상태이다. (2) 이런 상태는 현실적으로 전쟁이 없더라도, 그리고 지속적인 적대적 행위가 없더라도 전쟁 상태이다. 하지만 이런 상태는 그 자체로 가장 불법적인 상황이기 때문에 서로 이웃한 국가들은 이로부터 벗어날 책무가 있다. (3) (이를 위해) 근원적(원초적)인 사회 계약의 이념을 실현할 국제 연맹이 필요한데, 그것은 다른 나라에 개입하기 위해서가 아니라 외부의 공격에 대한 방위를 위해서이다. (4) 하지만 이 결합체는 동료관계(연방관계)로서 연맹체이기 때문에 언제든 해체될 수 있고, 그렇기 때문에 적절하게 갱신되어야 한다. 이것은 전쟁 상태로 휘말리지 않기 위해서이다.

칸트는 개별 인간들 사이의 자연 상태에서와 마찬가지로 국가들 사이의 자연 상태 또한 벗어나야 할 상태이며, 진정한 평화 상태는 오직 국가들 사이의 연합에 의해서만 가능하다고 생각한다. 따라서 국제법의 최종 목표인 '영원한 평화'는 전쟁 상태를 통해서는 실현될 수 없는 이념이며, 오직 평화를 유지하기 위한 국가들 간의 '상설제', 달리 말해 동참하는 것은 인접국들의 재량에 맡기는 연합을 통해서만 실현할 수 있다는 뜻이다. 그렇기 때문에 이 경우 연합은 단일한 하나의 세계 정부(또는 국가), 즉 하나의 단일한 헌법체계에 기초한 해체될 수 없는 결합을 의미하지 않는다.

9 칸트 지음, 이한구 옮김, 『칸트의 역사철학』, 서울 : 서광사, 2003. 34쪽.

그렇다면 더 구체적으로 연합으로서 연맹을 맺기 위한 개별 주권 국가들은 어떤 정치체제에 기초하고 있어야 하는가? 이에 대해 칸트는 "가장 적절한 것으로 보이는 그러한 체제는 (독립된 주권적 지위를 지닌) 공화정"[10]이라고 주장한다. '영원한 평화를 위한 확정 제1항'에서 칸트는 "모든 국가의 시민적 정치체제는 공화정체여야 한다."[11]고 규정한다. 왜냐하면 이 헌법 아래에서 시민들은 불가피하게 전쟁을 선포할 것인지를 결정해야 할 때, 자기가 감당해야 할 전쟁의 재앙을 생각하면서 그렇게도 위험한 전쟁을 할 것인지에 대해 신중할 수밖에 없기 때문이다. 이에 반해 공화제가 아닌 체제에서는 전쟁을 결정하는 문제가 매우 주관적으로 쉽게 이뤄질 뿐만 아니라 한낱 즐거운 유희로 결정할 수도 있기 때문이다. 따라서 '대의주의' 정신을 실현하는 '공화정체'가 가장 바람직하다.

칸트는 개별 국가들의 공화정체에 기초해 논의를 국제 관계로 확장해 간다. 이것은 역사에 대한 그의 입장과도 긴밀한 관계를 형성한다. 칸트는 자연은 인간에게 자유를 주었고, 또한 그 의지의 자유를 규제할 이성을 주었기 때문에 인간은 이성의 계발을 개인적 차원이 아니라 인류(類)의 보편적 차원에서 완전히 계발하지

10 공화정체란 자유의 원칙이 구성원인 국민을 지배하고, 국민이 제정한 헌법에 나타난 평등의 원칙이 지배하는 정치체제이다. 칸트는 "공화정제는 인간의 권리에 완전히 적합한 유일한 체계"라고 주장한다.

11 칸트 지음, 이한구 옮김, 『영구 평화론』, 서울 : 서광사, 2010. 26쪽.

않으면 안 된다고 본다. 또 이에 따라 역사의 목적은 개인의 완성이 아니라 인류의 이성의 계발이라고 본다. 따라서 "최고의 도덕적 선이란 도덕적 완성을 지향하는 모든 개인들이 동일한 목표를 지향하는 전체로 통합되는 것을 요구하며, 그런 통합을 통해서만 최고의 도덕적 선은 성취될 수 있다."고 주장한다.

그런 다음, 인류의 과제인 "완전한 시민적 정치체제를 확립하는 일은 합법적인 국제 관계를 형성할 수 있느냐에 달린 문제"라고 주장한다. 또한 이것은 국가의 규모와 상관없이 모든 국가가 자신의 안전과 권리를 보장받을 수 있는 국가들 간의 관계를 어떻게 만들어 내느냐에 달려 있는 문제이기도 하다. 칸트에 의하면, 이것은 국가들 간의 합의에 의한 국제법에 따른 연맹의 형성을 통해서만 실현 가능하다.

자연 상태의 개인들이 자신의 안전과 자유를 위해 형성한 것이 시민 사회인 것처럼, 경쟁 관계에 있는 국가들이 전쟁 상황을 방지하고 자국의 안전과 자유를 위해 형성하는 것이 국제 연맹, 즉 세계 시민적 공동체인 것이다. 하지만 이것이 하나의 거대한 초민족적 국가 형태인 '국제 국가' 또는 단일한 '세계 정부'를 의미하는 것은 아니라는 점도 명심해야 한다. 평화 연맹의 특성은 자유의 유지와 보존을 위해 공화정에 기초한 한 개별 주권 국가가 다른 주권 국가들과 결합하는 것이기 때문에 동맹국들은 국제법에 복종하지 않으면 안 된다. 그리고 이 연맹의 이념은 마침내 모든 국가에 확대됨으로써 국제 관계는 궁극적으로 영원한 평화에 이를 수 있다는 것에 기초하고 있다. 칸트는 '영원한 평화를 위한 확정 제2항'에서 "국제법은 자유로운 국가들의 연방 체제(국제 연맹)에 기초해야 한다."고 규정하고 있다.

칸트는 계속해서 '영원한 평화를 위한 확정 제3항'에서 "세계 시민법은 보편적 우호의 조건들로 제한된다."고 규정한다. 제3항은 윤리나 박애가 아니라 '권리'를 규정하고 있다는 점에 유념해야 한다. 즉, 칸트는 자연이 목표로 삼고 있는 '보편적인 세계 시민적 상태'인 '국제 연맹'으로 나아가기 위해서는 무엇보다 국가와 국가들 사이를 자유롭게 오갈 수 있는 '방문권'이 보장되어야 한다는 점을 강조한다. 칸트는 이것을 "자신이 다른 나라 사람들로부터 적으로 대우하지 않을 권리", "교류에 관한 보편적 법칙의 관점에 기초한 통합 체계", 즉 '세계 시민법'이라고 규정한다.

이처럼 영원한 평화를 위한 확정 제3항은 세계 시민법의 '방문권'에 대해 설명하고 있으며, 세계 시민법은 보편적인 우호 조건의 제약을 받는다. 이제 지구의 모든 사람들은 보편적 공동체에 다양한 형태로 속하게 되며, 세계 시민법의 구상을 통해 명문화되지 않은 국제적 권리는 인류의 보편적 권리가 된다. 무엇보다 다른 나라의 사람(이방인)이 낯선 땅에 도착했을 때 적으로 간주되지 않을 권리를 가지며, 이런 우호적 조건에 기초해 세계의 모든 지역은 평화적 관계를 형성한다. 나아가 인류는 세계 시민적 체제에 들어서게 된다.

이외에도 칸트는 영원한 평화를 위한 예비 조항에서 "전쟁의 원인이 될 수 있는 내용을 유보한 채 맺은 평화 조약은 평화 조약이 아니고, 어떤 국가도 다른 국가의 소유로 전락될 수 없으며, 전쟁을 염두에 둔 상비군은 조만간 곧 폐지되어야 한다. 또 전쟁을 위해 국채를 발행해서는 안 되고, 폭력으로써 다른 나라의 헌법과 통치에 개입하거나 간섭해서는 안 된다."고도 주장한다.

> 인류의 역사는 국내적으로도 완전하며, 국제적으로도 완전한 체제를 만들어 내고자 하는 자연의 숨겨진 계획을 실현하는 과정으로 볼 수 있다. 자연은 영원한 평화를 보증해 주는 참으로 위대한 예술가이다.[12]

의무론적 윤리 :
선의지, 이성, 도덕법칙, 실천이성, 정언명령

> 이성은 외부의 영향으로부터 독립적이며, 그 자신을 자신의 원리들의 창시자로 간주해야만 한다. 따라서 이성은 실천 이성이며, 이성적 존재자로서의 의지이며, 그 자신에 의해 자유롭다고 간주

12 위의 책, 45쪽.

되어야만 한다. 다시 말해 이성적 존재자의 의지는 오직 자유의 이념 아래에서만 자신의 의지일 수 있으며, 그런 의미에서 의지는 모든 이성적 존재자들에게 부여되어야 한다.[13]

순수 실천이성의 원칙 : 너의 의지의 준칙이 항상 동시에 보편적 법칙 수립의 원리에 타당할 수 있도록 그렇게 행위 하라.(정언 명령 : 마치 네 행위의 준칙이 네 의지에 의해 보편적 자연법칙이 되어야 할 것처럼 그렇게 행위 하라.)[14]

네 인격 안의 인간성뿐만 아니라 모든 사람의 인격 안의 인간성까지 결코 단지 수단으로만 사용하지 말고, 언제나 (수단과) 동시에 목적으로도 사용하도록 그렇게 행위 하라.[15]

칸트는 자신의『윤리 형이상학 정초』(『도덕 형이상학을 위한 기초 놓기』)의 첫 문장을 "이 세상 안에서는 물론, 밖에서조차도 아무런 제약 없이 오직 선하다고 할 수 있는 것은 선의지뿐이다."로 시작한다. 이 말은 선의지란 오직 옳다는 이유만으로 어떤 행위를 하려는 의지라는 뜻이면서 동시에 '옳다'는 것에 대한 판단이 전제

13 칸트 지음, 백종현 옮김,『윤리 형이상학 정초』, 서울 : 아카넷, 2014. 183쪽.

14 칸트 지음, 백종현 옮김,『실천이성비판』, 서울 : 아카넷, 2014. 91쪽.

15 칸트 지음, 이원봉 옮김,『도덕 형이상학을 위한 기초 놓기』, 서울 : 책세상, 2002. 84쪽.

되어 있다는 뜻이기도 하다. 또 어떤 행위가 옳은 것인지를 이미 전제하고 있다면, 그 행위가 왜 옳은 것인지가 중요해진다.

칸트는 이에 대해 그것은 경험이나 자연적 경향이나 정서, 욕구, 충동을 통해서는 불가능하고, 오직 이성적 존재인 인간의 '순수 이성의 이념'에 의해서만 가능하며, 그리고 그것을 행위로 이끄는 '순수 실천 이성'의 명령에 따름으로써만 규명된다고 주장한다. 다시 말해 선의지는 순수 실천 이성의 명령을 무조건 따르고자 하는 것을 의무로 인식하고, 이를 실천하려는 의지이므로 그 자체로서 무조건 선이라는 뜻이다. 또 이렇게 볼 때, 선의지는 자연 발생적인 것이 아니라 건전한 지성 안에 이미 들어 있는 것을 이성이 일깨우고 계발만 하면 되는 것이다.

한편, 선의지가 순수 실천 이성의 명령을 따르려는 의지라는 점에서, 그리고 오직 그것으로부터 비롯된 행위이기 때문에 (무조건) 선이라는 주장을 통해 우리는 행위의 도덕성을 판단하는 기준이 '무조건적인 명령의 이행'과 관련된다는 점을 알 수 있다. 칸트는 이것을 '가언명령'에 대비되는 용어로 '정언명령', 또는 도덕 법칙이라고 정의한다.

가언명령은 어떤 행위를 해야만 하는 이유가 어떤 것을 이루어지도록 도움을 주기 때문이라는 데에 있다. 따라서 어떤 행위가 단지 다른 것에 대해 수단으로서만 선하다면, 그 명령은 가언적이다. 이와 달리 어떤 행위가 그 자체로서 선하다고 판단되고, 따라서 실천 이성의 명령에 따르는 의지가 필연적이라고 생각한다면, 그 명령은 정언적이다. 즉, 정언명령은 어떤 행위가 그 자체로서 다른 목적과 상관없이 객관적으로 필연적인 실천 원칙이다. 이 점에서 정언명령은 단 하나뿐인데, 그것은 "(행위의) 준칙을 통해 네가 그것을 동시에 보편적 법칙으로 삼으려고 할 수 있는 그런 준칙에 따라서만 행위 하라."이다.

이렇게 볼 때, 칸트의 윤리 이론은 '준칙(準則, 격률, 행위자의 주관적 행위 규칙, maxim)의 보편화(universal law)' 성격을 띤다. 이성적 존재인 인간은 '자기애의 원칙'에 의해서가 아니라, 오직 정언명령을 따라야 할 의무의식에 의해서만 행위 해야 하며, 이 경우에 한해서만 그 행위는 도덕적(선)이라 말할 수 있다. 칸트는 행위의 순수 동기와 의무만을 도덕 판단의 기준으로 삼았을 뿐, 행위의 결과에 대해서는 아무런 관심을 두지 않았다. 이 때문에 칸트는 자기애(self-love)의 원칙에 따라 다른 사람을 수단으로 이용하는 것은 그의 인격을 자기 자신의 이익과 욕망을 충족시키려는 수단으로 삼는 것이기 때문에 옳지 않다고 보았다. 이것은 자신의 의도된 목적의 실현(결과)을 미리 염두에 둔 행동이기 때문이다. 칸트에게 인간이란 오직 인격 그 자체, 목적 그 자체로서 보편적 존엄성을 지닌 존재이다.

마지막으로 칸트가 행복을 부정하지는 않았지만, 행복이 그 자체 목적이라는 아리스토텔레스의 주장에는 동의하지 않았다. 아리스토텔레스는 중용의 덕(德)으로서 행복을 강조하면서 습관과 정서(감정)의 역할에 대해 말하지만, 칸트는 이런 것들은 '병적인 것(pathological)'이며, 의지의 자율성과는 무관한 것이라고 주장한다. 칸트에게 덕이란 오직 '의무에 복종하려는 인간의 준칙'과 관련된 문제였다. 따라서 칸트에게 행복이란 "경험에 기초한 상상력의 이상이기 때문에" 직접적인 목적이 될 수 없지만, 도덕적인 삶(행위)을 살아가는 데 도움은 될 수 있는 것이었다. 이 점에서 행복이 의무가 될 수는 없다. 물론, 부유함이나 명예, 건강함이 도덕 법칙을 따르는 데 도움을 줄 수는 있다는 것이다.

정리하면, 행복이 도덕 법칙과 항상 충돌하는 것은 아니며, 행복이 도덕 법칙과 일치할 수도 있다. 도덕 법칙과 행복이 일치한다면, 그것은 최고선이 될 것이다. 하지만 "행복이 자신의 의지를 규정하게 될 때 그 결과는 도덕성의 원리와는 정반대가 될 것이다."

아름다움[미(美)]과 도덕성 :
반성적 판단능력, 자연의 미=선한 영혼의 표지

자연은 자신이 만들어 낸 일체의 것들에 대한 관심으로부터 독립된 우리의 만족과 합법칙적으로 일치한다고 할 만한 그 어떤 근거를 자기 속에 포함하고 있다는 어떤 흔적이나 암시를 줌으로써 이성의 관심을 끈다. 이 때문에 이성은 자연이 표출하는 유사한 일치에 관심을 갖지 않을 수 없다. 이 관심은 친족성의 측면에서 보면 도덕적인 것이다. 자연의 아름다움에 관심을 갖는 사람은, 그에 앞서 이미 도덕적 선에 대한 자신의 관심을 기초로 충분히 확립하는 한에서만, 자연의 아름다움에 대해 그러한 관심을 가질 수 있다. 그러므로 자연의 아름다움에 관심을 갖는 사람은 적어도 도덕적 마음씨의 소질이 있다고 추정할 만하다.[16]

자연의 아름다움(미)에 직접적인 관심을 갖는다는 것은 언제나 선한 영혼의 표지이며, 이런 관심이 지속적이고 자연에 대한 정관(靜觀)과 결합하게 되면, 이런 관심은 적어도 도덕적 감정에 대해 호의를 지니는 마음 상태를 나타내는 것이다. 아름다움(미)은 도덕성의 유일한 상징이다.[17]

일반적으로 칸트 자신은 아름다움[미(美)]과 도덕성이 '기본적으로' 서로 독립된 것으로 이해되기를 바랐던 것으로 보인다. 즉, 이 둘은 서로 각각의 정당화 논리를 갖는다는 것이다. 따라서 이 둘이 서로 연관성을 갖기 위해서는 유비를 필요로 하는데, 칸트는 이것을 '반성적 판단능력(반성적 판단력)'이란 용어로 풀어 나

16 헬무트 벤첼 지음, 박배형 옮김, 『칸트 미학』, 서울 : 그린비, 2014. 243쪽 재인용.
17 위의 책, 241, 248쪽 재인용.

간다. 다시 말해, 우리가 체험하는 자연의 아름다움(미)은 인간과 세계에 대한 합목적적인 관계를 돌이켜 볼 줄 아는 주체의 '반성적 판단력' 때문에 가능하다는 것이다.

예를 들어 우리가 징그럽게 보이는 곤충의 형태를 보면서 동시에 자연의 합목적적 질서를 발견하게 되어 그 질서를 사랑하게 되고, 또한 이 모든 것이 누군가로부터 호의(은혜)를 입은 것이라고 생각하게 된다면, 이것은 최고선을 추구하는 도덕적 감정[18]을 통해 우리의 인식 능력이 확장되었기 때문이라는 것이다.[19] 즉, 도덕 이념을 향해 확장된 우리의 반성적 판단력은 행위에 대한 도덕적 관심과는 다른 방식으로, 이를테면 상상력과 지성의 자유로운 유희를 통해 자연의 형식이 주는 아름다움을 체험하게 된다.

이로써 아름다움과 도덕성 사이에는 밀접한 연관성 또는 유사성이 성립된다. 칸트는 이것을 가리켜 "자연의 아름다움(미)에 직접적인 관심을 갖는다는 것은 언제나 선한 영혼의 표지이며, 이런

18 칸트는 인간은 이성적인 존재자만이 아니라 이성을 갖춘 동물적 속성이 있다고 본다. 따라서 도덕적 감정(공감, 동정의 감각)을 능동적이고 이성적 호의(은혜, 은총)를 촉진하는 일에 사용하는 것은 비록 조건적이기는 하지만, 인간성의 이름 아래 특별한 의무라고 말한다. 칸트 지음, 백종현 옮김, 『윤리 형이상학』 위의 책, 566쪽. "도덕적 감정은 전적으로 이성이 산출한 것이다. 도덕적 감정은 행위의 판정(판단)에 쓰이지 않으며, 객관적 도덕법칙의 확립에도 쓰이지 않는다. 도덕적 감정은 오직 도덕법칙을 자신의 준칙으로 삼기 위한 동기로 사용할 뿐이다."

19 공병혜, 「자연미의 의미와 예술」, 『범한철학』, 제61집. 193쪽.

관심이 지속적이고 자연에 대한 정관(靜觀)[20]과 결합되면, 이런 관심은 적어도 도덕적 감정에 대해 호의를 지니는 마음 상태를 나타내는 것이다."라고 주장한다. 야생의 꽃과 새, 곤충이 갖고 있는 아름다운 형태를 바라보면서 이를 사랑하고 감탄하는 것은 설령 이들 때문에 다소의 손해를 입을지라도, 아니면 이들로부터 아무런 이익도 생기지 않는다고 할지라도, 이들이 자연에서 사라지는 것을 안타깝게 생각하는 사람은 자연의 아름다움에 대해 직접적이고도 지적인 관심을 지닌 사람이다.[21] 자연이 우리에게 이와 같은 아름다움을 만들어 내는 것은 우리의 반성적 판단력과 직관을 통해서이며, 우리는 이를 통해 우리가 자연과 부합하는 존재라는 생각을 갖게 된다.

칸트는 이것은 신 또는 자연이 우리에게 준 선물(축복 · 암호 · 신호)인 듯하며, 우리는 이로부터 '자유', '도덕성' 같은 우리의 내적 본성의 이념들과 더 높은 목적(인간이 도덕적 법칙 아래에서 함께 살고 있음)이 자연과 사회 속에서 실현될 수 있을지 모른다는 생각을 갖게 만든다고 주장한다. 그리하여 이성은 자유와 자연 사이를 서로 이어 줄 수 있는 역할에 관심을 갖게 되고, 아름다움과

20 정관(靜觀)이란 유한하고 불완전한 현상계 속에 있는 불변의 본체적 · 이념적인 것을 순수 이론적으로 살펴 바라보는 것을 말한다.

21 위의 책, 243쪽.

도덕성은 서로를 강화시켜 줌으로써 우리 인간은 더욱 발전할 수 있다. 이처럼 아름다움과 도덕성의 상징적 관계는 본질적으로 반성적 차원에 의존하지만, 그것은 또한 경험적 세계에서 우리가 아름답다고 여기는 대상들과 도덕 법칙 아래에서 조화를 이루며 살아가는 우리 인간에 의존하는 것이기도 하다.[22]

칸트는 이것을 가리켜 "아름다움(미)은 도덕성의 상징"이라고 말한다. 즉, 자연의 아름다움(자연미)을 체험하는 일은 감각적 자극이나 사회적 유용성으로부터 자유로운 체험이기 때문에 자연의 아름다움에 대한 체험은 지적이고 직접적인 관심을 일으켜 자연의 목적에 대한 반성을 수반하게 한다. 그리하여 자연의 아름다움에 대한 지적인 관심은 인간의 내적인 자연적 기질이 '인간성의 최종 목적'을 추구하는 선한 영혼(감각적 쾌락을 넘어서 순화된 고귀함을 체험)의 징표임을 판단하게 하는데, 이것은 "도덕적 감정을 느끼는 심정과 비슷한 내적인 상태"를 체험하는 것과 같다. 이렇게 볼 때, 우리는 우리가 아름답다고 여기는 것이 자연적 대상이든 혹은 예술적 대상이든 상관없이 아름다움이 도덕성의 상징임을 깨닫는다.

22 헬무트 벤첼, 위의 책, 248쪽.

인간의 동물에 대한 의무 :
간접적 의무

> 인간은 인간에 대한 의무 이외에는 어떤 존재자에 대한 의무도 가질 수 없다. 만약에 인간이 그런 의무를 갖는다고 표상한다면, 그것은 반성 개념들의 모호성 때문에 일어나는 것이다. 인간이 다른 존재자에 대해 의무를 진다는 것은 한낱 자신에 대한 의무인 것이다. 자신에 대한 의무를 이들 존재자에 대한 의무로 혼동하는 것이 반성 개념의 모호성이다.[23]

> 이성이 없는 동물을 학대하는 일은 인간의 자신에 대한 의무와 내면에서 배치된다. 왜냐하면 그로 인해 동물의 고통에 대한 공감이 인간 안에서 둔화되고, 그로써 타인과의 관계에서 요구되는 도덕성을 위한 자연적 소질이 약화되어 점차 소멸할 것이기 때문이다.[24]

칸트에게 "너 자신을 알라.(탐구하라)"는 명제는 자신을 도덕적 의무 또는 도덕적 완전성과의 관련성 안에서 살피라는 의미이다. 왜냐하면 칸트에 의하면, 인간의 인간에 대한 의무는 이성적 존재

23 칸트 지음, 『윤리 형이상학』, 위의 책, 546쪽.

24 위의 책, 546쪽.

인 인격으로서 자신에 대한 의무에서 시작하기 때문이다. 따라서 이성이 없지만 생명이 있는 자연, 예를 들어 동물을 학대하는 행위는 "인간의 자신에 대한 의무"에 배치된다. 그렇다고 해서 이것이 인간의 동물에 대한 '직접적 의무'를 규정하는 것으로 받아들여서는 안 된다. 비록 개나 말 같은 동물이 인간 자신을 위해 오랜 동안 도움을 주고 봉사해 왔으며, 이 때문에 우리가 그들에 대해 감사하는 마음을 갖고 있고, 또 이로부터 그들에 대한 우리의 '의무'를 말할 수 있을지라도, 그러한 의무는 '간접적 것'에 머무를 뿐이다. 왜냐하면 "우리는 우리의 모든 경험상 한갓 인간 이외에는 (능동적이든 수동적이든) 의무를 질 능력이 있는 다른 어떤 존재를 알지 못하기 때문이다. 따라서 인간은 통상 인간에 대한 의무 이외에는 다른 존재자에 대해 의무를 가질 수 없다."

한편, 칸트는 여기서 더 나아가 이러한 이유 때문에 생명이 없지만 자연이 주는 아름다운 것을 파괴하는 행위에 대해서도 인간의 자신에 대한 의무에 반하는 것이라 주장한다. 왜냐하면 그것들이 그 자체로서는 도덕적인 것이 아니지만, 그럼에도 우리의 도덕성을 촉진하고, 그것들이 지닌 유용성과는 상관없이 우리 안의 사랑의 감정을 약화시키거나 사라지게 할 수 있기 때문이다.

5

벤담

1748 - 1832

핵심 주제어

공리주의 : 도덕과 입법원리, 유용성, 쾌락과 고통, 쾌락과 고통의 계산, 양적 공리주의, 행동 공리주의

형벌 : 쾌락과 고통, 유용성, 최대 다수의 최대 행복, 본보기, 예방, 교화, 판옵티콘

공리주의 :
도덕과 입법원리, 유용성, 쾌락과 고통, 쾌락과 고통의 계산, 양적 공리주의, 행동 공리주의

유용성(공리)이란 어떤 대상이 이해관계 당사자에게 이익(이득), 쾌락, 좋음, 행복을 산출하거나 해악, 고통, 악, 불행을 막는 경향을 지닌 속성을 말한다. 만약 이해관계의 당사자가 공동체 전체라면 그 공동체 전체의 행복을 말하고, 만약 이해관계 당사자가 특정 개인이라면 그 개인의 행복을 말한다.[1]

성향(disposition)이란 결과와 관련된 개념이다. 즉, 공동체의 행복을 증가시키거나 감소시키는 데 그것(성향)이 미치는 결과에 따라서 좋은 성향이거나 나쁜 성향이다. 따라서 어떤 사람의 성향은 두 가지, 즉 자신의 행복에 미치는 성향, 다른 사람들의 행복에 미치는 성향을 생각할 수 있는데, 어느 한쪽 또는 두 쪽 모두에 대해 좋은 성향일 수 있고 있고, 나쁜 성향일 수도 있다.[2]

19세기 영국 사회는 새로운 시민 사회의 형성, 산업 혁명과 도시화, 그리고 자본주의 시장 경제의 발전에 의한 사회적 문제의

1 벤담 지음, 강준호 옮김, 『도덕과 입법의 원리』, 서울 : 아카넷, 2013. 49쪽.

2 위의 책, 266쪽.

등장과 함께 개인의 권익추구 현상이 하나의 흐름을 형성하고 있었던 시기이다. 그런데 산업 혁명과 도시화는 도시로의 인구 집중을 초래해 빈곤과 악취, 실업과 범죄 등 다양한 사회 문제들을 일으켰고, 정치에서의 시민 의식과 경제에서의 이윤 추구는 기존의 지배 계급과 새롭게 형성되고 있던 자본가 · 노동자 계급 간 갈등의 원인이 되기도 했다.

하지만 보수적인 귀족과 지배 계급은 자유주의적 개혁에 무관심했고, 이러한 상황 속에서 매우 실천적이고 개혁적인 '철학적 급진주의'가 등장했는데, 벤담(J. Bentham, 1748-1832)은 이런 철학적 급진주의의 전형이었다. 공리주의자 밀의 스승이기도 한 그는 감옥과 검열, 교육, 그리고 성적 활동 및 지배적인 법규범의 부패를 바꾸려는 자유주의적 개혁 운동의 중심에 서서 그 변화를 이끌었다.

벤담의 『도덕과 입법의 원리』 제1장은 공리주의의 가장 근본이 되는 원리인 '유용성(공리, 효용, utility)의 원리'를 설명하는 것으로 시작한다. 이에 따르면, "자연은 인류를 두 명의 군주, 즉 쾌락이라는 군주와 고통이라는 군주의 지배를 받도록 두었다. 우리가 어떤 결정을 할 것인지는 물론, 우리가 어떤 행동을 할 것인지는 모두 전적으로 이 두 명의 군주에 달려 있을 뿐이다. 한편으로는 옳고 그름의 기준이, 다른 한편으로는 원인과 결과에 관한 일련의 관계가 이 두 군주의 지배 아래 묶여 있다. 이 두 군주는 우리가 행동하는 모든 것과 우리가 말하는 모든 것, 그리고 우리가 생각하는 모든 것들을 지배한다."

이 때문에 우리가 만약 이 원칙, 즉 '쾌락과 고통'이 지배하는 원칙으로부터 벗어나기 위해 어떤 노력을 한다 해도, 그것은 오히려 쾌락과 고통의 원칙이 우리를 지배하고 있다는 사실을 확인시켜 줄 뿐이라는 것이 벤담의 생각이다. 따라서 벤담은 우리 이와 같은 지배와 종속의 관계를 받아들이고, 유용성(공리)이 이성과 법률의 손을 통해 최고의 행복(felicity)을 직조할 수 있는 사회(체계)의 기초임을 명확히 인식해야 한다고 주장한다.

이처럼 벤담은 인간의 자연적이고 현실적인 경험이나 상식에서 발견되는 자연적 경향성(성향)을 자기 사상의 출발점으로 삼으면서, 이를 기초로 공리주의의 근본 이념을 '유용성의 원리'로 규정하고 있다. 그에게 "유용성의 원리란 그것이 어떤 행동이든지 이익(이해관계)이 관련되어 있는 당사자들의 행복을 늘리거나 감소시키는 경향이 있는가에 따라 승인(시인, approve)되거나 부인(거부)되는 원리"이다. 다른 의미로, 그것은 당사자들의 행복을 증진하는지, 아니면 그것과 반대되는지를 기준으로 판단하는 원리이다. 또한 그것은 개인의 모든 행동은 물론, 정부의 모든 정책을 평가하는 원리이기도 하다.

즉, 유용성의 원리란 어떤 행동이 가치 있는 행동인지를 평가하려고 할 때, 언제나 그 행동이 행동의 당사자인 자신은 물론, 그 행동의 영향을 받게 되는 관련된 모든 사람들을 포함하여 그들의 행복을 늘리는 경향이 있는지, 아니면 행복을 감소시키는 경향이 있는지를 기준으로 삼아 그 행동의 좋고 나쁨, 선과 악, 해야 한다 또는 해서는 안 된다, 옳고 그름을 가늠하는 원리이다. 벤담이 주장하는 이와 같은 공리(유용성)의 원리 때문에 그의 공리주의를 '행위 공리주의'(각각의 행위가 산출하는 쾌락과 고통의 전체 값을 기준으로 그 행위의 도덕성을 판단해야 한다는 주장)라고 규정한다. 그리고 그가 주장하는 이러한 기준은 개인의 행동에 대해서는 물론, 사회(공동체) · 정부의 모든 정책에도 똑같이 적용된다.

벤담이 사회 · 정부의 모든 정책에 대해서도 유용성이라는 똑같은 기준을 적용한다고 해서 이것이 그 공동체를 구성하고 있는 개인을 넘어선 공동체 그 자체의 이익(행복)을 강조하고 있는 것으로 이해되어서는 곤란하다. 왜냐하면 벤담에게 공동체란 하나의 '허구적 실체'이기 때문이다. 즉, 공동체의 이익이란 그 공동체를 이루고 있는 개인들의 이익을 총합한 것이다. 이처럼 실재하는 것은 각각의 개인들이기 때문에 사회 · 공동체에 관한 주장은 언제나 각 개인들로 환원될 수 있는 개념이다. 그렇기 때문에 '최대 다수의 최대 행복'이란 명제 또한 이와 같은 맥락에서 이해하는 것이 바람직하다.

한편, 위에서 보는 것처럼 벤담은 유용성을 쾌락 · 행복 · 선(善)과 같은 의미로 이해하고, 이것들을 산술적으로 계산 가능한 것으로 이해하고 있다. 이 때문에 그의 공리주의를 '쾌락적 공리주의',

또는 '양적 공리주의'라고도 부른다. 즉 벤담에 따르면, 개인(또는 공동체)들의 이익(행복, 쾌락)이 얼마인지를 알기 위해서는 동일한 하나의 양적 기준을 적용해 계산해 봄으로써 알 수 있다는 것이다. 다시 말해, 쾌락 · 고통에 대한 주관적인 기준을 적용해서는 공정성과 객관성을 보장할 수 없다. 이 때문에 벤담은 '쾌락의 계산법'을 통해 유용성으로서 쾌락이 객관적으로 측정될 수 있는 것임을 주장한 것이다. 쾌락 또는 고통의 총량을 측정해 봄으로써 유용성에 관한 객관적인 기준을 마련할 수 있고, 나아가 이것을 도덕성과 가치를 판단하는 기준으로 삼을 수 있다는 것이다. 벤담이 제시하는 쾌락의 양을 측정하는 기준들은 다음과 같다.

(1) 강렬함(경험하게 될 쾌락은 얼마나 강렬한가?)
(2) 지속성(경험하게 될 쾌락은 계속해서 지속될 것인가?)
(3) 확실성 또는 불확실성(쾌락이 확실히 일어날 것인가?)
(4) 가깝고 멂(쾌락이 시간적으로 곧바로 일어날 것인가? 아니면 뒤늦게 일어날 것인가?)
(5) 생산성(같은 종류의 감각, 즉 쾌락 또는 고통이 뒤따라 일어나게 할 가능성은 어느 정도인가?)
(6) 순수성(반대되는 종류의 감각, 즉 쾌락에 반대되는 고통, 고통에 반대되는 쾌락이 일어나지 않게 할 가능성은 어느 정도인가?)
(7) 영향 또는 범위(쾌락 또는 고통에 의해 영향을 받는 사람들은 어느 정도인가?)

이처럼 벤담은 어떤 결정이나 행동을 하고자 할 때, 그리고 어떤 결정이나 행동을 했을 때는 물론, 정부가 어떤 정책을 시행하고자 할 때까지도 언제나 그것이 산출해 낼 결과로서 유용성(효용·쾌락·만족·행복)의 양을 계산(측정)해 보아야 한다고 생각했다. 그리고 계산의 결과로 산출될 고통보다 쾌락이 더 증진되는 경향이 있다면, 또는 어떤 행동(제도·정책)보다 다른 어떤 행동(정책)의 효용이 더 큰 효용을 가져올 것으로 기대된다면, 고통을 줄이고 쾌락을 극대화할 수 있는 행동(정책)을 하는 것이 바람직하다고 주장한다. 왜냐하면 그렇게 하는 것이 쾌락과 고통에 구속되어 있는 인간의 자연적 경향성(성향)에 부합하기 때문이다. 즉, 유용성을 극대화할 수 있기 때문이다. 물론, 이러한 절차가 모든 도덕 판단이나 법률적 행위에서 사전에 엄격하게 이행한다는 것이 어려운 일이기는 하지만, 그렇더라도 언제나 이와 같은 기준들을 염두에 두고 이를 준수하는 것이 바람직하다는 것이 벤담의 입장이다.

이 점에서 공리주의는 의도한 목적(목표)을 이루는 데 도움이 되거나 실제로 유용한 결과를 가져왔는가를 중시하는 '결과주의' 윤리라고 할 수 있다. 또 정부가 어떤 정책을 결정하고자 할 때 '비용-효용(편익)의 계산(분석)'을 한 다음, 가장 큰 효용을 증대할 수 있는 방안을 기준으로 삼아야 한다는 주장은 효율적 재정 운용이라는 측면에서 오늘날에도 타당한 주장으로 받아들여지고 있다.

위의 쾌락 계산법에서 특히 근대 공리주의와 관련해 주목할 기준은 마지막 '영향 또는 범위'이다. 왜냐하면 이것은 공리주의의 기본 강령인 "최대 다수의 최대 행복"의 원리를 가장 적극적으로 표현하는 것이기 때문이다. '영향'이란 쾌락을 계산할 때 행동(정책)으로부터 영향을 받는 각각의 사람들에게로 범위를 넓혀 고려해야 한다는 뜻이다. 다시 말해, "한쪽에는 (그 행동 · 정책에 따른) 모든 쾌락에 관한 가치평가(값)를 총합하고, 다른 한쪽에는 모든 고통에 관한 가치평가(값)를 총합한다. 그런 다음, 양쪽 사이의 균형 관계를 살펴보라. 만약에 고통 쪽보다 쾌락 쪽의 총합이 더 크다면, 이는 그 행위가 개인들의 이익과 관련해 전체에 대해 좋은 경향성(good tendency)을 지닌 것으로 판단할 수 있다. 만약에 반대로 고통 쪽의 총합이 더 크다면, 이는 그 행위가 개인들의 이익과 관련해 전체에 대해 나쁜 경향성(bad tendency)을 지닌 것으로 판단할 수 있다. 또한 전자의 행위는 관련된 사람들 모두 또는 개인들로 이루어진 공동체 전체와 관련해서도 일반적으로 좋은 경향성을 지니는 것으로 볼 수 있고, 반대로 후자의 행위는 이와 관련해 나쁜 경향성을 지니는 것으로 간주할 수 있다."

형벌 :
쾌락과 고통, 유용성, 최대 다수의 최대 행복, 본보기, 예방, 교화, 판옵티콘

> 모든 법이 공통적으로 지녀야 할 일반적인 목적은 공동체 전체의 행복을 증진하는 것이다. 그러므로 우선 (법은) 공동체 전체의 행복을 감소시키는 경향을 지닌 모든 것들은 가능한 제거해야 한다. 달리 말하면, 해악을 제거해야 한다. 그러나 모든 형벌은 그 자체로서는 해악이다. 오직 더 큰 해악을 제거하리라는 보장이 있는 한에서만 허용된다.[3]

> 모든 법의 일반적인 목적은 해악의 방지이며, 해악을 방지하기 위한 다른 수단이 없는 경우에 한해 형벌은 가치를 지닌다. 공리의 원칙의 지배를 받는 형벌의 네 가지 목적은 (1) 모든 위법 행위를 방지하고, (2) 가장 해로운 위법 행위를 방지하며, (3) 해악을 줄여야 하며, (4) 최소 비용으로 작동해야 한다. 이것이 공리를 기초로 입법자가 이루려고 하는 형벌의 원칙이다.[4]

19세기 영국 사회의 개혁을 이끌었던 벤담의 열정은 『도덕과 입

3 위의 책, 331쪽.

4 위의 책, 348쪽.

법의 원리』에서 형벌(제13장)에 관한 이야기로 한층 진전된다. 형벌에 관한 논의에서도 그의 유용성, 즉 쾌락과 고통의 원리는 중심을 차지한다. 즉, 법이란 최대 다수에게 최대의 행복을 추구함으로써 유용성의 원리를 충족해야 한다. 하지만 그렇더라도 벤담에게 형벌(처벌) 그 자체는 인간의 자연적 경향성인 쾌락과 고통의 원리에 근거할 때 바람직한 것이 아니다. 왜냐하면 "모든 법이 공통적으로 갖고 있거나 반드시 갖고 있어야 하는 일반적인 목적은 공동체 전체의 행복을 증진시키는 것이다. 따라서 무엇보다 구성원들의 전체 행복을 감소시키는 경향이 있는 것은 무엇이든지 배제(제거)해야 한다. 다시 말해, 해악을 주는 것은 무엇이든 배제해야 한다. 그렇지만 모든 형벌은 해악을 주는 행위이다. 그렇기 때문에 이 점에서 모든 형벌은 그 자체로서는 악이다. 만약에 유용성의 원리에 근거해 형벌이 승인되어야 한다면, 그것은 오직 더욱 큰 해악을 배제(제거)할 수 있으리라는 가능성(약속)이 있을 때로 제한된다."

벤담에게 형벌의 즉각적이고 중요한 목적은 행동을 통제하는 것이며, 이것은 범죄자의 행동은 물론, 범죄자가 아닌 사람의 행동도 포함된다. 즉, 형벌은 사람(범죄자)의 의지에 영향력을 행사해 행동을 통제하거나 '무력화'함으로써 행동을 바로잡는 '교정'의 역할을 해야 한다. 또 형벌은 범죄 의지가 있는 사람들에게 영향을 미치는 '본보기' 역할을 해야 하는데, 이것은 형벌이 지닌 모든 목적 중에서도 가장 중요한 목적이다. 이 모든 작용을 통해 형벌은 공동체 전체의 행복을 증진하는 데 기여하고, 사회적 해악을 제거하는 데 기여하는 역할을 한다. 벤담은 이것을 모든 법의 보편적인 목적은 해악의 방지에 있으며, 형벌은 해악을 방지할 수 있는 다른 수단이 없는 경우에 가치를 지닌다는 말로 표현한다.

그렇기 때문에 쾌락의 증진과 고통의 최소화라는 유용성(공리)의 원리를 부정하는 형벌이 허용되어서는 안 된다. 예를 들어 (1) 형벌을 주어야 할 명확한 근거가 없는 행위(해악을 미치지 않는 행위)를 처벌해서는 안 되며, (2) 형벌로써 효과를 기대하기 어려운 경우(해악을 예방하는 데 도움이 되지 않는 형벌)에도 형벌을 허용되어서는 안 된다. 또 (3) 형벌이 불필요한 경우(형벌보다 더 쉽게 해악을 예방할 수 있는 경우), (4) 형벌을 주는 것이 이익이 되지 않거나 비용이 지나치게 들어가는 경우(해악 예방 효과보다 오히려 더 많은 해악이 발생하게 되는 경우)에 대해서는 형벌을 허용해서는 안 된다.

나아가 벤담에게 형벌 그 자체는 형벌을 받을지도 모른다는 불안(우려)감 때문에 고통을 주는 것이나 다름없고, 법규를 준수하는 행위가 사실은 자신의 행동이 억압당한다는 의미로 받아들여지기 때문에 고통을 일으키는 원인이 된다. 이런 점을 고려할 때, 벤담은 형벌은 그 자체로서 악이라는 점을 놓쳐서는 안 된다고 주장한다.

공리주의는 법의 목적을 해악을 방지(예방)하여 공동체의 전체 행복을 증진하는 데 두기 때문에 형벌은 해악을 방지할 수 있는 다른 수단이 없는 경우에 허용되는 일종의 필요악이다. 공리주의가 유용성의 원리에 따라 법에 의한 형벌이 이루고자 하는 목적은 다음 네 가지이다. 첫 번째 목적은 가장 강력하고 적절한 목적으로 가능한 모든 종류의 범죄(위법 행위)를 예방(방지)하는 것이다.(prevent mischief) 즉, 범죄와 관련된 어떤 위법 행위도 일어나지 않도록 하는 것이다. 두 번째 목적은 가장 해로운 위법 행위를 방지하는 것이다. 그렇더라도 어떤 사람이 만약에 범죄를 저지를 수밖에 없다면, 더 큰 해악보다는 가능한 한 더 적은 위법 행위(해악)를 하도록 유도하는 것이다. 세 번째 목적은 해악을 줄이는 것이다. 범죄를 저지르는 사람이 꼭 필요한 만큼만 저지르도록 하는 것이다. 네 번째 목적은 가능한 한 적은 비용으로 해악을 방지하는 것이다.

형벌의 목적이 위법 행위를 예방(방지)하는 데 있으며, 그것은 최소 비용에 의한 최대 효과라는 유용성(공리)의 원리를 충족해야 한다는 벤담의 형벌관은 위법(범죄) 행위에 적용될 형벌의 기준을 비례의 규칙에 따라 제시하는 것으로 표현된다. 이에 따르면, 첫째, 형벌은 어떤 경우이든 위법 행위를 통해 얻은 이익의 가치를 능가해야 효과를 기대할 수 있다. 둘째, 작은 위법 행위보다 큰 위법 행위를 막는 데 투자해야 한다. 셋째, 두 개의 위법 행위 중에서 더 가벼운 쪽을 택하도록 유도해야 한다. 넷째, 형벌은 해악을 일으킨 각 부분에 대해 처벌해야 한다. 즉, 형벌은 위법 행위로 인한 해악의 각각의 부분마다 범죄자가 법을 위반하지 않도록 억제할 동기를 가질 수 있는 방식으로 각각의 위법 행위에 맞춰져야 한다. 다섯째, 특별한 이유 없이 절대 처벌해서는 안 된다. 왜냐하면 형벌의 목적은 범죄 동기를 무력화시킴으로써 해악을 일으킬 행위를 방지하는 데 있고, 그것은 가능한 한 최소 비용으로 달성해야 하기 때문이다.

이 모든 것을 고려할 때, 벤담은 칸트가 주장하는 응보주의적 형벌관이 아니라 예방과 교화주의적 형벌관을 지지하는 것으로 평가받는다. 비록 현실에서 실현되지는 못했지만, 벤담의 『판옵티콘』 구상은 이러한 예방과 교화라는 유용성의 원리에 기초한 그의 형벌관을 현실에 구현하려는 실천적인 노력이었다. 그에게 판옵티콘은 "감옥을 완전하게 개혁함으로써 죄수들이 올바른 행동을 할 수 있도록 교화를 보장하고, 지금까지 신체적 · 정신적 타락으로 오염된 건강과 청결, 질서, 근면을 확고하게 해 주며, 비용을 감소시키면서도 공공의 안전을 더욱 견고하게 하는 것이다." 벤담은 이 아이디어가 공리주의적 형벌관이 의도하는 모든 목표들을 가장 잘 실현해 주리라고 확신했었다.

벤담은 '감옥에 관한 새로운 원리'라는 부제의 『판옵티콘』(1791)을 통해 형벌로서 감옥의 목적이 범죄자들의 행동을 올바로 교화하는 '정신의 병원'이며, '범죄의 진정한 의무실'이어야 한다는 점을 명확히 한다. 또한 이런 과제는 '비용을 감소시키면서 공공의 안전을 더욱 견고하게' 함으로써 사회적 유용성의 원리도 충족해야 한다고 주장한다. 이렇게 볼 때, 감옥은 범죄자가 사회로 나왔을 때 사회를 위해서도, 그리고 자신을 위해서도 불행해지는 일이 없도록 '품성을 개선하는 교화 시설'이어야 한다는 것이 그의 한결같은 입장이다.

이와 함께 벤담에 의하면, 감옥은 범죄를 저지르지 않은 사람들에게는 범죄를 짓지 않아야겠다는 마음을 갖도록 하는 본보기 역할을 해야 한다. 즉, 감옥은 고통에 대한 본보기를 보여 줌으로써 모방 범죄 행위를 불식시키고, 필요한 교육과 노동을 통해 석방된 다음에는 생계 수단을 마련할 수 있도록 해 주며, 올바른 습관을 형성해 주는 기능을 담당해야 한다. 따라서 수감자들을 피곤하게 하고 그들에게 손실만을 주는 고통스런 작업은 하지 않아야 한다.

예를 들어, 감옥 마당의 한쪽 끝에 돌을 쌓아 놓고 수감자들로 하여금 반대쪽으로 반복해서 옮기도록 명령하는 것은 수감자들을 화나게 할 뿐 아니라 효율적이지도 못하다. "노동 때문에 감옥이 두렵다는 생각을 갖게 해서는 안 되고, 오히려 엄격한 규율과 굴욕적인 복장, 조잡한 음식과 박탈된 자유 때문에 두려움을 느끼도록 해야 한다. 작업은 고통이 아니라 수감자들에게 위안이 되고 쾌락이 되도록 해야 한다. 작업은 아무런 의미가 없는 노동이 되어서는 안 된다. 노동은 휴식과 교대를 번갈아 가면서 함으로써 경제성을 충족시켜야 한다."

이 점에서 감옥은 '품성을 교화하고', '노동의 생산성을 증대시키는' '하나의 학교'가 되어야 한다. 즉, 수감자들은 엄격한 교육 기간(수감 기간)을 마침으로써 노동에 익숙해지고, 종교 · 도덕 교육을 엄격하게 받은 결과 무력감에서 비롯된 부도덕한 습관들을 버리고 새로운 사람이 되도록 도움을 주어야 한다.

감옥, 즉 형벌이 이와 같은 효과를 달성하기 위해서는 지나치게 가혹해서도 안 되지만 관대해서도 안 되며, 과도한 비용이 지출되어서도 안 된다. 따라서 형벌은 다음의 세 가지 원칙을 지켜야 한다. 첫째, 고통 완화의 원칙이다. 이것은 수감자가 강제 노동을 통해 건강 · 생명에 치명적인 해악이나 신체적 고통을 겪게 해서는 안 된다는 원칙이다. 그렇게 하는 것은 형벌이 본보기가 되어야 한다는 원리에 위배되기 때문이다. 둘째, 엄격함의 원칙이다. 이것은 수감자가 죄를 짓지 않은 바깥의 가난한 사람들보다 더 좋은 조건을 제공받아서는 안 된다는 원칙이다. 마지막으로 경제성의 원칙이다. 이것은 수감자들 때문에 공공 비용이 지출되어서는 안 된다는 의미이다.

벤담의 『도덕과 입법의 원리』는 인간의 자연적 성향을 '쾌락의 극대화와 고통의 최소화'라는 전통적인 쾌락주의에 기초해 이를 근대적인 유용성(공리)의 원리와 결합함으로써 산업 혁명기에 영국이 안고 있었던 사회 · 정치적 문제들을 해결하려는 개혁 사상을 담고 있다. 이러한 의도의 연장선에서 이 책의 후반부(제13장–제17장)는 법규범과 관련된 형벌을 유용성의 원리에 입각해 다루고 있다. 칸트는 인간의 자연적 성향(쾌락과 고통)이나 경험적 요소는 도덕 원리에 도움이 되지 않을 뿐만 아니라 해롭다고까지 주장하지만, 벤담의 공리주의는 오히려 이것을 도덕과 입법의 원칙으로 승인한다. 특히 유용성의 원리에 따라 행복은 가능한 한 증진하고, 고통을 가능한 한 최소화시키라는 그의 주장은 공리주의가 우리의 일반적인 상식에 기초하고 있는 만큼, 설득력도 크다는 것을 보여 준다.

공리주의에 대한 가장 일반적인 비판은 '전체의 이익을 위해서 소수자 이익의 희생을 정당화할 수 있다'는 지적이다. 하지만 이런 비판은 공리주의 출발점이 근대 자유주의라는 사실[5]을 고려하지 않은 데에서 나온 오해의 측면이 있다. 벤담에게 사회적 이익이란 구성원 각 개인의 이익을 모두 합한 것으로, 그에게 사회란 '허구적 실체'였다. 나아가 공리주의를 비판하는 사람들은 이런 논리를 확장해 '무고한 개인에게 형벌을 내림으로써 사회 전체의 이익을 실현할 수 있다.'고 비판하기도 한다. 그렇지만 이것 또한 이미 벤담의 주장처럼 '모든 형벌은 해악이며', '근거 없는 형벌이 허용되어서는 안 된다.'는 그의 형벌관을 고려하지 않은 주장처럼 보인다.

그렇더라도 벤담이 거리에서 거지와 마주쳤을 때, 동정심이 많

5 벤담은 각자가 행복 추구에 대해 동등한 권리를 지닌다고 보았으며, 따라서 개인들은 자신의 행복을 추구하면서도 타인의 행복 추구를 방해하지 않는 상황을 고려했다. 그의 공리주의는 자신을 특별히 우대하거나 다른 사람들을 인종 · 성 · 사적인 관계 · 종교 등을 이유로 차별하지 않으며, 원리를 공평하게 적용한다.

은 사람은 고통을, 동정심을 느끼지 않는 사람에게는 혐오의 고통이 일어나기 때문에 거지를 구빈원에서 수용하도록 해야 한다고 제안한 것이나, 구빈원의 방을 배정할 때 창녀 옆방에는 기형적으로 생긴 사람을 배정하는 것처럼 서로에 대해 둔감한 사람들끼리의 교차 배정을 제안하여 '오직 쾌락의 총합'에만 집착했다는 비판을 스스로 초래했다고 할 수 있다. 벤담에 대한 이런 비판은 지금 우리에게 잘 알려진 공동체주의자 마이클 샌델이 특히 강조하는 내용인데, 벤담이 이런 주장을 18세기 말(1797)에 했다는 점을 고려할 때, 현재적 관점에서 진행되는 그에 대한 이러한 비판이 타당한 것인지에 대한 의문도 함께 든다.

쾌락 · 고통에 대한 객관적 계산이 가능한 것인지에 대한 비판을 차치하더라도, 이런 이유 때문에 공리주의는 롤스의 주장처럼 '좋음'을 '옳음'과 같은 의미로 해석함으로써 어려움을 초래하고 있다는 비판은 적절해 보인다. 예를 들어 약속을 어김으로써 여러 사람에게 이익을 가져온다면, 다시 말해 '최대 다수의 최대 행복'을 위해 약속을 어기는 행위가 정당화될 수 있는 개연성이 발생할 수 있다는 것이다. 이것은 '최대 다수의 최대 행복(이익)'이라는 관점에서 본다면 '좋은 것'일지 모르지만, 그렇다고 이것을 '옳은 것(정의로운 것)'이라고 주장하기는 어렵다는 의미이다. 이것은 공리주의가 '도덕적 선의 가치'를 '경제적 이익의 가치'에 종속시켰다는 비판을 받게 되는 이유이기도 하다.

6

밀

1806 - 1873

핵심 주제어

질적 공리주의 : 효용, 행복, 쾌락, 품위감, 지적 교양, 사회적 감정(일체감)

공리주의의 정의 : 사회적 효용

자유주의 : 개별성의 존중과 다수의 횡포 거부, 사고와 토론의 자유

성의 종속 : 남성과 여성의 자유롭고 공정한 경쟁

질적 공리주의 :
효용, 행복, 쾌락, 품위감, 지적 교양, 사회적 감정

> 공리주의 원리는 다음과 같다. 모든 개인의 행복 또는 이익이 전체의 이익과 가능하다면 최대한 조화를 이루도록 법과 사회 제도를 만들어야 한다는 것이다.[1]

> 공리주의 도덕 이론은 행위의 동기를 통해 그 행동을 하는 사람의 가치를 판별할 수는 있지만, 행위의 동기와 행위의 도덕성은 아무런 상관이 없다고 명확하게 주장한다.[2]

일반적으로 밀의 공리주의는 벤담의 '양적 공리주의'와 대비시켜 '질적 공리주의'로 규정되고 있다. 이를 이해하기 위해서는 우선 그의 책 『공리주의』를 살펴보는 것이 중요하다. 그는 이 책에서 공리주의의 핵심 명제는 "고통으로부터의 자유와 쾌락이며, 이것이야말로 바람직한 목적으로서 유일한 것"이라고 주장한다. 밀에게 어떤 것이 바람직하다는 말은 그 속에 들어 있는 쾌락이거나 아니면 그것이 고통을 막아 주고 쾌락을 늘려 주는 데 유익한 수단이 된다는 의미와 관련된다. 즉, 공리주의는 "효용과 최대 행복의

1 밀 지음, 서병훈 옮김, 『공리주의』, 42쪽.

2 위의 책, 43쪽.

원리를 도덕의 기초로 삼기" 때문에 어떤 행동이든 그것이 행복을 증진할수록 옳은 것이 되고, 행복과 반대되는 것을 만들어 낼수록 옳지 못한 것이 된다. 물론, 이때 행복이란 '쾌락 또는 고통이 없는 상태'를 말한다.

그의 공리주의에 '질적'이란 용어를 붙이는 이유는 그가 다음과 같이 주장하기 때문이다. 즉 "어떤 쾌락이 다른 어떤 쾌락보다 더 바람직하고 가치 있다고 주장한다고 해서 이것이 공리주의 원리와 결코 어긋나는 것은 아니다." 다시 말해 우리가 어떤 것을 평가할 때 양과 질을 모두 고려하듯이, 쾌락을 평가할 때도 양과 질을 고려한다고 해서 전혀 이상할 것이 없다는 것이다. 즉, 어떤 쾌락이 다른 어떤 쾌락에 비해 질적으로 더 가치가 있다는 말은 이런 뜻이다. 서로 비슷한 두 종류의 쾌락을 경험해 본 모든 사람 또는 대부분의 사람들이 '도덕적 의무' 같은 것과는 상관없이 어떤 한 종류의 쾌락을 선호한다면, 그리고 그것이 양적으로는 더 적음에도 사람들이 그것을 선호한다면, 바로 그 쾌락이 비교되는 다른 쾌락보다 더 바람직하다(질적으로 우월하다)는 것이다.

밀은 이것을 '인간으로서 품위감(sense of dignity)'이라는 용어로 정당화한다. 즉, 인간이라면 누구나, 그리고 품위가 인간의 행복을 구성하는 데 중요한 것임을 아는 사람이라면 누구나 단지 만족해하는 돼지보다는 불만족스러워하는 인간을, 그리고 단지 만족해하는 바보보다는 불만족스러워하는 소크라테스를 선호하리라는 것이다. 이것이 그의 주장을 벤담의 '양적 공리주의'와 달리 '질적 공리주의'로 규정하게 하는 근거이다.

공리주의의 핵심 요소가 '효용(행복)'이기는 하지만, 이것만으로 공리주의가 요구하는 모든 것이 충족되는 것은 아니다. 왜냐하면 밀의 공리주의는 적어도 고상한 인품의 소유자라면, 그것이 다른 사람들을 더 행복하게 하고, 그 결과 전체적으로 볼 때 이 세상에도 큰 도움이 된다는 사실을 결코 부인하지 않기 때문이다. 결론적으로 우리가 "최대 행복의 원리를 따를 경우, 우리가 자신의 이익을 고려하든 아니면 다른 사람의 이익을 고려하든 가능한 한 고통이 없고, 또 질적으로나 양적으로 최대한의 즐거움을 충족할 수 있는 존재 상태에 이르는 것이 궁극적인 목적이 된다." 이것이 공리주의에서 말하는 인간 행동의 목적이자, 도덕의 본질적 기준이다. 마찬가지로 공리주의자들에게 '덕'이란 쾌락과 고통으로부터 독립된 것이 아니라 쾌락을 얻거나 고통으로부터 벗어나게 하는 데 도움이 되는 성질과 관련된다.

이 모든 것을 종합할 때, '성숙한 감정의 소유자', "웬만한 수준의 도덕적 · 지적 교양을 갖춘 사람이라면" 누구든지 도덕적 또는 덕 있는 삶을 살아가지 못할 이유가 없다. 따라서 누군가가 자신의 행복을 온전히 희생하면서도 다른 사람의 행복을 가장 잘 증진시킬 수 있다면, 그것은 인간 사회에서 발견할 수 있는 최고의 미덕이라는 점은 명확하다.('사회적 감정')

"인간 정신의 발전과 양립하여 각 개인의 마음속에 사회의 모든 사람과 일체감을 느끼고 싶어 하는 이 마음은 지속적으로 성장하게 된다. 이런 일체감(즉 사회적 일체감)이 완벽해지면, 다른 사람을 배제한 채 자기에게만 유리하게 하려는 바람은 완전히 불가능해진다." 이렇게 볼 때, 공리주의에서도 '자기 헌신'과 같은 도덕성을 주장하지 못할 이유가 없다. 그리고 이로 미루어 볼 때, "모든 도덕률의 궁극적 제재는 우리 마음속의 주관적 느낌", 즉 (효용으로서) 인류의 양심적 느낌이 그 역할을 한다고 할 수 있다.

공리주의의 정의 :
사회적 효용

> 정의란 행동 규칙과 그 규칙에 강제력을 불어넣어 주는 감정, 두 가지 모두를 의미한다. 행동 규칙이란 모든 사람들에게 공통적으로 적용되고 이익이 된다는 것이고, 감정이란 규칙을 위배하는 사람은 처벌받아야 한다는 마음의 상태를 말한다.[3]

정의란 인간 삶을 이끄는 어떤 규칙보다 더 진지하게 인간의 참

3 위의 책, 107쪽.

된 복리에 관심을 갖는다.(care)[4]

공리주의자로서 밀은 '정의' 또한 사회 일반의 효용 개념으로 이해하기 때문에 그 자체로서 무엇인가 절대적이고 관념적이며 추상적인 어떤 것으로 이해하려는 주장을 거부한다. 공리주의적 관점에서 정의를 정당화하기 위해 밀은 정의감을 구성하는 두 가지 필수 요소에 대해서 먼저 말한다. 우선 해를 끼치는 사람에게 벌을 주고자 하는 마음이 있어야 하고, 또 그런 사람 때문에 피해를 입은 개인이나 집단(사회)이 존재한다는 믿음이나 지식이 있어야 한다는 것이다. 이것은 우리에게 자기 보호 충동과 동정심이라는 두 가지 자연적 감정으로부터 비롯된다. 그런데 이것은 모든 동물들에게서 나타나는 일반적인 현상이다.

하지만 인간은 매우 중요한 측면에서 일반 동물과 구별되는데, 그것은 "인간은 일부 고등 동물들이 갖고 있는 자기 종(種)에 대한 동정심을 넘어 모든 인간, 심지어 지적 능력을 지닌 모든 존재에 대해서까지 동정심을 품을 수 있다는 사실이다." 또 인간은 뛰어난 지적 능력을 지니고 있어 일반 동물에 비해 자신이나 다른 사람들을 배려할 수 있는 능력이 월등히 뛰어날 뿐만 아니라 자신이 속해 있는 사회에 공동 이익이 존재한다는 것을 인지한다는 점이다. 따라서 인간 사회를 위협하는 행동은 결국 자신에게도 위협이 될

4 위의 책, 107쪽.

수 있기 때문에 사회를 지키려는 보호 본능을 발휘하게 되는데, 이것이 인간의 우수한 지능과 인류에 대한 동정심과 결합할 경우, 해를 입히는 모든 행동에는 저항하고, 그로부터 피해를 입는 쪽에 대해서는 동정심을 표현하게 된다는 것이다.

이렇게 볼 때, "정의감에는 남을 처벌하고자 하는 마음이 어느 정도 담겨 있다." 하지만 정의감은 단순히 보복이나 복수를 가하려는 자연적 감정과는 다르다. 그것은 '사회적 감정', 즉 "사회적 동정심의 도덕의 지시를 받고, 그것에 종속된 상태이다." 자연적 감정이 임의적이고 자의적인 반면, 사회적 감정은 도덕적 인간이 지닌 감정으로, 사회의 일반적 이익에 도움이 되는 방향으로 행동하게 해 주는 감정을 말한다. 따라서 "정의로운 사람은 자신에게는 피해를 주지 않더라도 사회에 해로움을 가하는 행동에 대해 분노를 느끼기 때문에 단지 자신의 이익만을 위해서는 분노하지 않는다." 그러므로 도덕적인 이유 때문에 분노를 느끼는 사람은 자신은 물론 다른 사람들의 이익까지 함께 도모하는 어떤 규칙을 인지하고 있을 뿐만 아니라 추구하고 있는 사람이라고 할 수 있다. 이 때문에 정의가 사회적 효용과 상관없이 그 자체로 하나의 절대적 기준이 된다는 주장은 설득력이 없다.

예를 들어 공정한 몫(정의)에 대해 어떤 입장은 개인이 받아야 할 양(quantity)에 초점을 맞추어야 한다고 주장하는가 하면, 또 다른 입장은 사회가 얼마나 주어야 하는가에 초점을 맞추어야 한다고 주장한다. 이처럼 정의로운 몫에 대해 서로의 입장이 충돌할 때 어느 입장을 채택하는 것이 정의로운 것인가? 이에 대해 밀은 '사회적 효용' 개념을 도입함으로써 비로소 올바로 해결할 수 있다고 주장한다. 즉 "공리주의에 의존하는 것 외에 다른 방법은 없다."는 것이다.

이 때문에 밀은 사회적 효용에 기초하지 않은 정의에 관한 가상의 모든 기준을 거부하는 한편, "효용에 바탕을 둔 정의가 모든 도덕성의 중요한 부분이고, 그 어떤 것보다 더 신성하고 구속력도 강하다."고 주장한다. 밀은 분배 정의에 관한 최고 수준의 추상적 기준이 평등하게 잘 대우받는 것이라는 주장에 대해, 이러한 주장은 기껏해야 2차적(파생적)인 것에 지나지 않으며, "1차적인 도덕 원리는 바로 효용 또는 최대 행복의 원리"라고 강조한다.

자유주의 :
개별성의 존중과 다수의 횡포 거부, 사고와 토론의 자유

> 다수가 받아들이는 의견이 비록 올바른 기초 위에 서 있을지라도 부분적인 진리밖에 가지고 있지 않다면, 그런 통설(관행)이 빠뜨리고 있는 진리의 어떤 부분을 구현하는 다른 모든 생각은, 그것이 아무리 많은 오류와 큰 혼란을 초래하더라도 마땅히 소중히

> 다루어져야 한다.[5]

> 사람이 환경과 세상이 정해 준 대로 살아간다면, 원숭이와 같은 흉내 내는 그 이상의 능력은 필요 없을 것이다. 자신의 삶을 설계하고 선택하는 사람만이 본인의 타고난 모든 능력을 사용하고 있는 사람이다. 관찰을 위해 눈을 떠야 하고, 앞날을 예측하기 위해 이성에 따라야 한다.[6]

서양의 근대 자유주의가 밀에 이르러 완성된다는 주장은 타당하다고 할 수 있는데, 우리는 이 주장의 근거를 그의 『자유론』에서 찾을 수 있다. 자유에 관한 그의 신념은 "인간 사회에서 개인이든 집단이든 다른 사람의 행동의 자유를 침해할 수 있는 경우는 오직 한 가지, 즉 자기 보호를 위한 경우일 뿐이다. 다른 사람에게 해를 끼치는 것을 막기 위한 경우에 한해서만, 당사자의 의지에 반하는 권력의 사용이 정당화되며, 이 유일한 경우를 제외하고는 구성원의 자유를 침해하는 어떤 권력의 행사도 정당화되지 않는다."는 주장에서 명쾌하게 드러난다. 그에 의하면, 법에 따른 강제적 제재나 도덕적 의미에서의 사회적 비난 여론은 오직 이 경우에 한해서만 적용되고 정당화될 수 있다.

5 밀 지음, 서병훈 옮김, 『자유론』, 서울 : 책세상, 2005. 90쪽.

6 위의 책, 112쪽.

따라서 당사자 자신에게만 영향을 미치는 행위에 대해 개인은 절대적 자유를 보장받아야 한다. 왜냐하면 자신의 정신과 몸에 대한 주인은 오직 자기 자신이기 때문이다. 물론, 밀이 이와 같은 주장을 할 때, 그가 '성숙한 사람'이라는 점을 전제하고 있다는 것을 놓쳐서는 안 된다. 즉, 어린아이나 미성년, 아직 계몽되지 않는 사람은 이 원칙의 적용을 받지 않는다. 한편, 자유에 관한 밀의 이러한 주장의 근본 원리에는 그가 일관성 있게 채택하고 있는 '효용'의 원리가 작동하고 있다는 점도 매우 중요하다. 그가 이미 밝혔듯이 모든 윤리 문제의 궁극적인 기준은 '효용'이며, 이것이 인간의 영속적인 이익에 가장 부합하기 때문이다.

밀이 주장하는 인간 자유의 영역은 크게 세 가지이며, 이것이 지켜지지 않고 존중되지 않는 사회는 그 사회가 어떤 사회이든 자유로운 사회라고 할 수 없다. 따라서 이 세 가지 자유를 무조건적이고 절대적으로 누릴 수 있는 사회만이 '완벽하게 자유로운 사회'라 할 수 있다. 이 세 가지 자유 영역이란, 첫째, 내면적 의식의 영역에 해당하는 양심의 자유, 생각과 감정의 자유, 의견과 주장의 자유이다. 둘째, 자신의 기호를 즐기고 자기가 희망하는 것을 추구할 자유로, 자신의 개성에 따라 자신의 삶을 설계하고 자신이 원하는 삶을 살아갈 자유이다. 셋째, 결사의 자유로, 타인에게 해를 끼치지 않는 한 어떤 목적의 모임이든 자유롭게 결성할 수 있는 자유이다.

자유에 관한 이와 같은 생각에 기초해 밀은 인류의 생각과 행동이 지금처럼 놀라울 정도로 이성적인 방향으로 발전할 수 있었던 이유로 인간이 갖고 있는 정신적 특성, 즉 지적이며 도덕적인 존재인 인간이 지닌 '토론과 경험' 능력을 제시한다. 밀에 의하면, 인간은 이 능력 덕분에 의심스런 모든 경험과 관행들을 인간 정신의 법정 앞으로 불러낸 다음, 공개적 비판과 토론에 열린 자세를 보임으로써 잘못된 경험을 지속적으로 바로잡아 왔다는 것이다. 밀은 "심지어 물리학조차도 수많은 의문과 시험의 검증 과정을 받지 않았다면, 오늘날 우리가 느끼고 있는 신뢰를 받지 못했을 것이다."라고 주장하면서, 이것을 무시한 대표적인 잘못된 판단으로 소크라테스와 예수의 죽음을 제시한다.

그렇다면 우리가 어떤 의견이나 생각을 지켜 주어야 할 이유는 무엇 때문인가? 이에 대해 밀은 그 생각이 옳기 때문이 아니라 사회적 복리를 위해 유용하기 때문이라고 주장한다. 그리고 그것이 유용한 것인지를 판단하기 위해서는 '자유롭고 치열한 토론'의 과정이 필요하며, 마침내 그 생각이 옳은 것으로 인정받는다면, 그것은 그 생각이 지닌 '효용(유용성)' 때문이라는 것이 밀의 주장이다. 이처럼 밀은 다른 의견을 가질 자유, 그리고 그것을 표현할 자유를 모든 복리의 기초가 되는 인간 정신의 복리(인간의 지적인 발달)를 위해서라는 '효용'의 관점에서 정당화하고 있다.

자유에 관한 밀의 주장은 다음과 같이 요약할 수 있다.[7] "첫째, 침묵을 강요당하는 모든 의견은 그것이 어떤 의견이든지 진리일 가능성이 있으며, 이것을 부정하는 것은 우리 자신이 절대적으로 옳다는 것을 전제하는 것과 마찬가지이다." "둘째, 침묵을 강요당하는 의견은 그것이 틀릴지라도 일정 부분 진리를 포함하고 있을 가능성이 있다." 따라서 서로 충돌하는 의견은 반드시 토론과 비판의 과정을 거쳐야 한다. "셋째, 비록 통설(관행)이 진리라고 하더라도 진지한 검사 과정을 거치지 않는다면, 하나의 편견이라고 할 수 있다."

자유를 정신의 복리와 사회의 지속적인 발전과 연관 짓는 밀은 자유의 보장을 개별성(다양성)에 대한 존중으로 이어 간다. 밀은 "인간은 오류를 범하지 않는 절대적인 존재가 아니다."라고 전제한 다음, 다른 사람에게 피해를 주지 않는 한 각자의 개성을 다양하게 꽃피울 수 있는 다양한 삶의 실험이 필요하다고 강조한다. 왜냐하면 "각자의 고유한 개성이 아니라 전통이나 관습에 따른 행동은 인간의 행복한 삶을 위해 가장 중요한 것이자 개인과 사회의 발전을 위해 필수적인 개별성을 잃게 하기" 때문이다. "근육과 마찬가지로 사람의 정신이나 도덕적 힘도 자주 사용해야 커진다. 인간은 본성상 정해진 모형대로 찍어 내고 그것이 시키는 대로 따라하는 기계가 아니다. 그보다는 생명을 불어넣어 주는 내면의 힘에

7 위의 책, 101쪽.

따라 모든 방향으로 스스로 자라고 발전하려는 나무와 같은 존재이다."

밀의 개별성과 다양성에 대한 주장은 자연스럽게 검열에 대한 부정과 신의 의지에 대한 복종이라는 칼뱅주의에 대한 비판으로 이어진다. 밀은 검열을 당연시하면서 "개별성을 짓밟는 체제는 그 이름이 무엇이든, 그리고 그것이 신의 뜻을 따른다거나 인간이 만든 율법을 집행한다는 등의 명분을 내세우더라도, 최악의 독재"라고 비판한다. 왜냐하면 밀에게는 '개별성'의 존중과 보장이 곧 '발전(development)'이기 때문이다.

그러므로 "모든 인간의 삶이 어떤 특정인이나 소수 사람들의 생각에 맞춰져 정형화되어야 할 이유는 없다. 누구든지 어느 정도의 상식과 경험만 있다면, 자신의 삶을 자기 방식대로 살아가는 것이 가장 바람직하다. 물론 이것 자체가 최선이기 때문에 그런 것은 아니다. 그보다는 이렇게 하는 것이 자기 방식대로 사는 길이기 때문에 바람직하다는 것이다. 인간은 양 같은 동물과는 다르기 때문이다."

여성의 종속 :
남성과 여성의 자유롭고 공정한 경쟁

> 남성과 여성 사이에 존재한다고 알려진 모든 정신적 차이는 교육과 환경에서 비롯된 것에 지나지 않으며, 여성이 남성보다 열등하다는 주장은 물론 남녀 간에는 근본적인 차이가 존재한다는 생각도 근거가 없는 것이다.[8]

> 인간은 본성상 먹는 것과 입는 것이 해결되면, 자유를 추구한다. 인간의 이성이 가장 발달되고 사회적 의무의 이상이 가장 활짝 핀 곳에서는 개인의 행동의 자유, 즉 자신의 의무에 따라, 자기의 양심과 일치하는 법률과 사회적 규율에 따라 스스로의 행동을 규율하는 자유가 가장 활발하게 발전한다.[9]

각 개인의 개별성과 다양성의 존중을 강조하는 밀의 주장은 남성에 의한 『여성의 종속』을 부정하고, 남녀 사이의 평등과 공정한 경쟁을 중시하는 여성주의로 심화된다. 물론, 밀은 이런 주장을 하면서도 사회적 효용과 공리주의적 관점을 일관성 있게 채택한다. 그의 말을 빌리자면, "대개 사람들은 자연이 두려워 자연이

8 밀 지음, 서병훈 옮김, 『여성의 종속』, 서울 : 책세상, 2011. 109쪽.

9 위의 책, 184쪽.

하는 일을 가로막으려는 경향이 있는데, 이는 불필요하고 쓸모없는 일이다. 따라서 여성이 태어날 때부터 할 수 없는 일이라고 한다면, 그것을 하지 못하게 막는 것이야말로 가장 불필요한 것이다." 오히려 남성이든 여성이든 자유롭고 공정한 경쟁의 원리를 따르게 하는 것이 서로에게 가장 도움이 된다. 따라서 여성이 자신에게 가장 잘 맞는 일을 할 수 있게 될 때 남녀 모두, 즉 사회 전체적으로 가장 유익한 결과를 산출하게 된다고 주장한다.

밀은 무엇보다 '오직 정신적인 능력'만을 기준으로 한다면, 여성이 이르지 못할 분야는 거의 없다고 본다. 이렇게 볼 때 남녀 사이에 공정한 경쟁을 금지하는 것은 이치에 맞지 않는 폭력을 행사하는 것이고, 사회 전체에 크나큰 손실을 끼치는 것이 된다. 인류의 절반에게 부당한 족쇄를 채우고, 자신의 능력을 발휘할 기회를 처음부터 봉쇄하는 상황을 공정하다고 말할 수는 없다. 밀은 이미 앞에서 남에게 피해를 주지 않는 한 자신의 책임 아래 자신이 원하는 삶을 계획하고 살아가며, 어떤 직업을 선택하느냐는 평등한 도덕적 권리라고 주장한 바 있다.

만약에 이런 원칙에서 유독 여성만을 배제한다면, 이것은 능력을 발휘했을 때 혜택 받을 수 있는 모두에게 피해를 입히는 결과를 초래한다. 예를 들어 어떤 유형의 사람은 변호사나 의원, 의사가 될 수 없다고 주장한다면, 이것이 그들에게만 해를 주거나 상처를 주는 것이 아니다. 이것은 변호사나 의사, 의원들로부터 이익을 받을 모든 사람들, 그리고 상호 경쟁을 통해 더 뛰어난 능력을 발휘할 것으로 기대되는 당사자들 모두에게 피해를 주는 것이다.

밀은 인류의 역사 속에서 여성의 사회적 지위를 향상시키는 조치들과 더불어 사회와 인간의 역사 또한 한 단계씩 발전해 왔으며, 이것이 우리가 이뤄 놓은 문명의 발전 정도를 가늠하는 확실한 기준이라고 주장한다. 이렇게 볼 때, "아무리 보편적으로 승인되고 있는 관습일지라도 여성을 사회 · 정치적으로 구속하는 제도는 정당화될 수 없으며", 이는 역사의 진행 방향과 인간 사회의 발전 방향과도 정면으로 배치되는 것이라 할 수 있다. 이 점에서 모든 사회적 역할과 직업에서 여성은 남성과 동등하게 참여해야 한다. 왜냐하면 "개별적 독립성의 존중이 행복의 가장 중요한 요소이기 때문이다."

7

마르크스

1818 - 1883

핵심 주제어

노동 : 역사의 형성, 인간의 본질, 자기실현, 자본주의와 소외된 노동

노동 :
역사의 형성, 인간의 본질, 자기실현, 자본주의와 소외된 노동

(자본주의 사회에서) 노동은 노동자에 대해 외적인 (소외된) 것으로 존재한다. 노동은 노동자의 본질에 속하지 않는다. 노동자는 노동을 하지 않을 때 편안함을 느끼고, 노동을 할 때는 편안함을 느끼지 못한다. 따라서 그의 노동은 자발적인 것이 아니라 강제된 것(강제된 노동)이다. 노동은 욕구의 충족이 아니라 노동 이외의 욕구를 충족하는 하나의 수단에 불과하다. (생산 과정으로부터 소외)[1]

일정한 배타적 영역을 가진 노동의 분화와는 반대로, 아무도 배타적 영역을 갖지 않고, 각자가 원하는 어떤 분야에서나 스스로를 도야할 수 있는 공산사회에서는 사회가 전반적인 생산을 조절하기 때문에 사냥꾼, 어부, 양치기, 비판가가 되지 않고서도 자기가 마음먹은 대로 오늘은 이것을, 내일은 저것을, 또 아침에는 사냥을, 오후에는 낚시를, 저녁에는 목축을, 밤에는 자유로운 비판을 할 수 있게 된다.[2]

마르크스는 인류의 역사를 유물론적 관점에서 이해하기 때문에

1 마르크스 지음, 손철성 옮김, 「독일이데올로기」, 『철학사상』, 별책 제2권 11호. 168쪽.
2 위의 책, 176쪽.

사회와 역사의 발전 과정에서 무엇보다 물질적 생산양식을 중시한다. 그렇기 때문에 마르크스에게 물질의 생산 활동으로서 노동은 역사를 형성하기 위한 기본 조건이자, 인간의 본질을 이루는 가장 중요한 요소가 된다. 마르크스는 역사를 형성하기 위한 제1전제(모든 역사의 기본 조건)는 의식주처럼 생활에 필요한 수단들, 즉 물질적인 것들을 생산해 내고, 이를 충족하는 것이라고 주장한다. 이것은 역사란 역사의 주체인 인간의 생존을 통해 이루어지는데, 이를 가능하게 하는 조건이 물질적인 것을 만들어 내는 인간의 노동이라는 의미로 해석할 수 있다. "인간은 생존을 위해 자신에게 필요한 양식을 생산해 내기 시작하면서부터 자신을 동물과 구별하기 시작한다. 즉, 인간과 동물을 구분하는 최초의 역사적 행위는 사고 능력이 아니라 자신의 생존을 위해 필요한 양식을 생산해 내는 능력이다."

한편, 역사는 제1조건이 충족되면 더 발전적인 모습으로 전개되기 위한 새로운 조건을 필요로 하는데, 마르크스는 이것을 새로운 욕구를 만들어 내는 것과 관계 짓는다. 즉, 인간이 기본적인 의식주의 충족에 머문다면 동일한 생산 활동(노동)만이 단순 반복되기 때문에 사회와 역사의 발전을 기대할 수 없다는 뜻이다. 따라서 역사의 발전적 전개를 위해서는 새로운 욕구와 이를 충족하기 위한 생산 활동이 뒤따라야 한다는 것인데, 마르크스는 이것을 '역사의 제2조건'이라고 규정한다.

또 역사의 발전적 전개를 위한 인간의 능동적인 생산 활동을 중시하는 마르크스는 지속적인 역사의 발전을 위해서는 제3조건이 필요한데, 이것을 출산에 의한 사회 구성원의 재생산이라고 주장한다. 이에 따르면 인간의 새로운 욕구는 새로운 사회적 관계와 활동을 낳게 되어 처음의 가족 중심의 단순한 분업이 사회 중심의 복잡한 형태의 분업으로 발전된다. 또한 분업을 통한 생산력의 증가는 사회적 변화를 가져오는 중요한 원인이 된다. 따라서 사회적 구성원을 재생산하는 일은 인구 증가를 가져오며, 이것은 역사의 전개에서 중요한 요소가 된다.

그런데 마르크스에 따르면, 역사를 형성하는 이 세 가지 조건, 즉 물질적 생산 활동과 새로운 욕구, 그리고 사회 구성원의 재생산 중에서도 가장 근본이 되고 중요한 것은 제1조건인 물질적 생산 활동인 노동이다. 이것이 충족되지 못할 경우, 나머지 두 조건 또한 제대로 작동할 수 없기 때문이다. 이 점에서 물질적 생산 활동으로서 노동은 인간의 가장 고유한 본질이자, 역사 전개의 가장 근원적인 요소이며, 인간의 사회적 삶을 결정하는 가장 근원적인 힘이라고 할 수 있다. 마르크스는 이것을 “인간과 동물을 구분하는 최초의 역사적 행위는 사고 능력이 아니라 자신의 생존을 위한 필요한 양식을 생산해 내는 능력”이라고 규정한다. 결론적으로 인간에게 노동이란 인간의 근원적 본질(인류 존재의 본질)이며, 따라서 인간은 노동을 통해 자신을 실현하며, 노동은 역사를 만들어 내는 근원적 힘이라고 정리할 수 있다.

한편, 마르크스는 한 사회의 발전 단계를 판단하기 위해서는 그 사회가 만들어 내는 물질적인 것들에 대한 생산 양식과 생산력이 관건이 되는데, 이것은 "분업의 발전 정도에 따라 명확하게 나타난다."고 강조한다. 그런데 "한 국가 안에서 분업은 농업으로부터 산업 노동과 상업 노동의 분리를 가져오고, 그에 따라 도시와 농촌의 분리, 그리고 이 둘 사이의 대립을 가져온다. 그리고 분업의 발전 단계가 다양해지는 정도에 따라 소유의 형태도 다양해진다. 다시 말해, 분업에 의해 도달하게 되는 각각의 단계에 따라 노동의 도구, 재료, 생산물, 그리고 개인들 간의 상호 관계도 달라진다." 즉, 분업은 '소유 관계'와 개인 간 관계, 생산력의 발전 정도와 밀접한 관계를 맺고 있다.

또 생산을 위한 노동 수단을 누가 어떻게 소유하고 있는가, 분업과 협업의 과정에서 어떤 조직 형태를 이루고 있는가, 생산된 재화를 어떻게 분배하고 있는가는 인간의 본질인 노동의 성격을 규정하는 중요한 요소이다. 마르크스에 의하면, 이는 소유 관계에 기초한 계급의 발생을 의미한다. 특히 마르크스는 생산 수단의 소유의 관계(계급)에 기초해 역사의 발전 과정을 설명하면서 자본주의적 생산 양식의 단계에서 나타나는 생산 수단의 소유 관계에 주목한다. 왜냐하면 근대 자본주의 단계에 이르러 "노동자와 자본 사이에 화폐 관계가 발생하기" 때문이다.

달리 말하면, 노동자와 자본가 사이에 화폐를 매개로 임금 노동 관계가 성립되기 때문이다. 이로써 자본주의적 생산 양식의 단계에서는 대규모의 분업과 자동적 기계 장치가 중요한 특성이 되고,

계급 관계는 생산 수단을 소유한 자본가 계급과 임금을 받고 일하는 노동자 계급으로 나뉘게 된다. 그리고 이 단계에서 인간의 "노동력은 그것의 소유자인 임금 노동자가 살기 위해 자본(가)에게 팔지 않으면 안 되는 하나의 상품이 된다." 특히 분업은 "노동의 생산력, 사회의 풍요, 세련미를 높여 주지만, 노동자를 기계로 전락시킨다." 인간의 노동은 예술 · 문화 · 과학 기술 등 인류의 창조적 능력을 실현할 때 본질적 가치를 지니지만, 자본주의에서 인간의 노동이란 이처럼 생존 욕구를 실현하는 수단으로 전락하기 때문에 인간적 품위와 본질을 상실하게 된다.

> 기계의 사용과 노동의 분업이 증대함에 따라 프롤레타리아의 노동은 독특한 개성(individual character)을 상실하게 되었으며, 결과적으로 노동자로서 지녀야 할 모든 매력을 잃게 되었다. 프롤레타리아에게 요구되는 것은 가장 단순하고, 가장 단조로우며, 가장 쉽게 배울 수 있는 동작뿐이었고, 이로써 프롤레타리아는 기계의 단순한 부속품이 되고 말았다. 이 때문에 노동자에게 지출되는 생산비용은 거의 전적으로 자신의 생존과 자손을 번식하는 데 반드시 필요한 수단을 위한 것으로만 엄격하게 제한받는다.[3]

이로써 인간에게 자신의 고유한 본질의 실현이라는 의미를 지녔

3 마르크스, 엥겔스 지음, 이진우 옮김, 『공산당 선언』, 서울 : 책세상, 24-25쪽.

던 노동은 자본주의 사회에서 소외된 노동이 된다. 그 노동은 노동자 자신의 성장을 가로막음으로써 노동자는 자기 자신으로부터 소외되고, 자신이 만들어 낸 결과물로부터 소외되며[4], 경쟁 관계 속에서 사람들로부터 소외된다. 나아가 노동은 생존을 위한 물질 수단의 획득으로 전락하면서 인간의 본질로부터 소외된다. 마르크스는 자본주의에서의 이와 같은 '소외된 노동'[5]의 문제를 극복하기 위해 "각자의 자유로운 발전이 곧 모두의 자유로운 발전이 되는 인간의 연합체"인 공산 사회를 이상적인 사회로 그려 냈던 것이다.

> 공산주의 사회의 더 높은 단계가 되면, 즉 개인이 노예처럼 분업에 예속된 상태가 사라지면, 정신노동과 육체노동 사이의 대립이 사라지면, 노동이 생활을 위한 수단일 뿐만 아니라 그 자체가 삶의 제1차적 요구가 되면, 그리하여 개인들의 전면적 발전과 더불어 생산력도 성장하여 집단적인 부의 원천이 넘치게 되면, 사회는 자신의 깃발에 "각자는 자신의 능력에 따라, 각자에게는 자신의 필요에 따라!(필요에 따른 분배)"라고 쓸 수 있게 된다.[6]

4 즉 자본주의 사회에서는 임금 노동과 사적 소유로 말미암아 노동의 생산물(노동의 대상화)을 자본가가 소유하게 되어 노동자는 노동의 생산물에 대해 권리를 주장하지 못하게 된다. 마르크스는 결국 노동의 생산물은 노동에 대해 낯선 존재로 맞서게 되는데, 이것을 소외(또는 외화)라고 규정한다.

5 "소외된 노동은 인간으로부터 자신의 생산물을 빼앗아 버림으로써 인간으로부터 인간의 유적 생활(인간의 고유한 본질)을 빼앗아 버린다. 소외된 노동은 인간의 유적 본질을 단지 신체적 생존을 위한 수단으로 전락시킨다."

6 알렉스 캘리니코스 지음, 정성진 옮김, 『마르크스의 사상』, 서울 : 청년사, 238쪽.

8

롤스

1921 - 2002

핵심 주제어

정의로운 전쟁 : 자기방어로서 전쟁, 자유적 사회, 질서 정연한 만민의 사회, 적정 수준의 만민, 자애적 절대주의 사회

원조 : 고통을 겪고 있는 사회, 질서 정연한 만민의 사회, 차단점, 정치 문화, 인권

정의 : 평등한 자유의 원칙, 차등의 원칙, 기회 균등의 원칙, 순수 절차적 정의

시민 불복종 : 거의 정의로운 사회, 비폭력적, 양심적, 공공적 행위, 법에 대한 충실성

정의로운 전쟁 :

자기방어로서 전쟁, 자유적 사회, 질서 정연한 만민의 사회, 적정 수준의 만민, 자애적 절대주의 사회

> 만민은 자기를 방어할 권리가 있다. 그러나 자기방어 이외의 어떤 이유로도 전쟁을 일으킬 권리는 없다. 질서 정연한 만민은 상호 간에 전쟁을 수행하지 않는다. 하지만 질서 정연한 정체들의 안보와 자유로운 제도들을 위협하는 팽창주의적 목적들을 추구하는 질서 정연하지 않은 국가(예를 들어 무법 국가)들에 맞서는 경우에는 전쟁을 할 수 있다.[1]

> 어떤 국가도 그 국가의 합당한(reasonable) 이익이 아닌 합리적(rational) 이익을 추구하기 위해 전쟁을 할 권리를 지니지 않는다. 하지만 만민법은 모든 질서 정연한 만민(자유적 만민과 적정 수준의 만민)은 물론, 정말로 합당하게 정의로운 만민법을 준수하고 존중하는 사회는 자기방어를 위한 전쟁을 할 권리가 있다.[2]

롤스는 '자유주의적 정의관의 확장'으로서 '질서 정연한 만민의

1 롤스 지음, 장동진 외 옮김, 『만민법』, 서울 : 아카넷, 2009. 156쪽.

2 위의 책, 151쪽.

사회(society of well-ordered people)'[3], 즉 '자유적 만민과 적정 수준의 만민'을 '이상적인 이론(ideal theory)'으로 이름 붙인 다음, 이와 상반되는 '질서 정연하지 않은 만민(non-well-ordered people)'에 대해 말한다. 그는 이것을 '비이상적인 이론'이라 이름 붙이고, 여기에 '무법 국가(outlaw state)'와 '불리한 여건 때문에 고통을 겪는 사회(burdened society)'를 포함시킨다. 무법 국가는 자기 체제의 합리적 이익(따라서 합당하지 않은 이익)을 추구할 목적으로 전쟁을 정당화한다. 그리고 불리한 여건 때문에 고통을 겪는 사회는 자신들이 처한 역사적 · 사회적 · 경제적 상황들 때문에 자유적 정체(政體)나 적정 수준의 질서 정연한 정체에 이르지 못하는 사회이다.

롤스는 이미 칸트의 '영원한 평화'의 구상을 이어받아 자유롭고 평등하며 민주적인 질서 정연한 만민의 사회에서 자신의 행위를 규제할 정의의 원칙을 여덟 가지로 제시한 바 있다.

(1) 만민은 자유롭고 독립적인 존재이다. 다른 만민은 이들의 자

3 참고로 롤스는 '질서 정연한 사회'를 "공공적 정의관이 유효한 규제적 기능을 수행하는 사회"라고 정의한다. 즉, 모든 구성원들이 정의에 관한 동일한 원칙을 받아들이며, 다른 사람들 또한 그 원칙을 받아들인다는 것을 모두가 알고 있는 사회이다. 질서 정연한 사회는 사회의 기본 제도들과 이것들이 하나의 기본 체계(구조)로 배열되어 있는 사회이며, '공공성'이란 공적인 관점이 온당한 신념들에 기초하고 있다는 뜻이다. 따라서 공공성은 모든 구성원들이 동일한 종교적 · 도덕적 · 이론적 신념을 지닌다는 뜻이 아니다. 질서 정연한 사회의 구성원들은 자유롭고 평등한 도덕적 인격체이며, 스스로를 그렇게 판단하며, 다른 사람들에 대해서도 도덕적 인격체로 인정하는 사회이다. 질서 정연한 사회란 "구성원의 선을 증진하기 위해 세워지고, 공공적인 정의관에 의해 규제되는 사회이다." 롤스 지음, 황경식 외 옮김, 『공정으로서 정의』, 서울 : 서광사, 2006.

유와 독립성을 존중해야 한다.

(2) 만민은 조약과 약속을 준수해야 한다.

(3) 만민은 평등하며, 자신들을 구속하는 약정에 대한 당사자이다.

(4) 만민은 불간섭의 의무를 준수해야 한다.

(5) 만민은 자기를 방어할 권리가 있다. 그러나 자기방어 이외의 어떤 이유로도 전쟁을 일으킬 권리는 없다.

(6) 만민은 인권을 존중해야 한다.

(7) 만민은 전쟁 수행에 있어 특별히 규정된 제약 사항들을 준수해야 한다.

(8) 만민은 정의롭거나 적정 수준의 정치체제와 사회체제의 유지를 저해하는 불리한 조건 아래에 사는 만민을 원조할 의무가 있다.[4]

위에서 제시된 것처럼, 질서 정연한 만민에게는 '(5) 자기방어를 위한 전쟁권'이 인정되지만, 이것은 주권 국가의 '합당한 이익'과 관련된 것이지 '합리적 이익'을 추구하기 위한 전쟁을 의미하지는 않는다. 다시 말해 어떤 국가도 '합당한(reasonable)' 이익이 아닌 '합리적(rational)' 이익을 추구할 목적으로 전쟁을 할 권리는 없다. 정의로운 전쟁은 오직 '자유적 만민과 적정 수준의 만민, 즉 질서

4 롤스 지음, 장동진 외 옮김, 『만민법』, 서울 : 아카넷, 2009. 67-68쪽. 롤스는 '만민법'에 대해 "국내적 정치 체제에 해당하는 자유적 정의관을 만민의 사회로 확장하는 것이라고 말한다. 94쪽.

정연만 만민만을' 위한 자기방어로서의 전쟁만으로 제한된다.

따라서 자유적 사회가 자기방어로서 전쟁을 수행한다는 말은 시민의 기본적 자유와 입헌 정치를 지키기 위한 것이지, 자원의 획득을 통한 경제적 부의 실현을 위한 것이 아니다. 만약에 전자가 아니라 후자를 목적으로 전쟁을 수행한다면, 그 사회는 '무법 국가'임을 스스로 인정하는 것이 된다. 오직 자유 그 자체(자유적 정치관)를 위해서만 군사력의 증강, 강제 징집은 정당화될 수 있다.

또 '적정 수준의 만민'도 자기방어로서의 전쟁을 수행할 권리가 있다. 예를 들어 한 이슬람 사회가 자기 구성원들의 인권을 존중하고, 비이슬람 사회나 자유적 사회의 정치 제도와 인권을 존중한다면, 즉 합당한 만민법을 받아들이고 존중한다면 이들은 자기방어를 위한 전쟁의 권리를 지닌다. 마지막으로 '자애적 절대주의' 사회도 자기방어를 위한 전쟁권을 인정받는다. 비록 이들이 정치적 의사결정권을 자신들의 구성원들에게 주지는 않으므로 적정 수준의 사회는 아니지만, 비공격적이며 인권을 존중하는 사회라면 자기방어로서 전쟁권을 갖는다.

롤스는 자기방어로서의 전쟁을 주장한 다음, 정의로운 전쟁 행위에서 반드시 고려되어야 할 요소들에 대해서도 꼼꼼하게 검토한다. 무엇보다 "정의롭고 질서 정연한 국가가 수행하는 정의로운 전쟁의 목적은 만민 간의 정당하고 지속적인 평화를 유지하는 것"이라는 점을 염두에 두어야 한다. 다음으로 "질서 정연한 만민끼리는 상호 간에 전쟁을 수행하지 않는다." 정의로운 전쟁은 질서 정연한 정체들의 안보와 자유의 제도들을 위협하는 팽창주의적 무법 국가에 맞서는 자기방어로서의 전쟁이어야 한다.

또 전쟁 행위에 대한 책임을 물을 때 무법 국가의 관료들, 그 국가의 군인들, 그 국가의 민간인들을 서로 구분할 필요가 있다. 왜냐하면 전쟁은 한 국가의 지도자나 관료들이 일으키며, 따라서 전쟁에 대한 책임은 바로 이들에게 있기 때문이다. 무법 국가의 일반 군인들은 국가가 일으킨 전쟁에 강제 징집되어 전쟁에 임하도록 강요받고, 군인의 덕목과 애국주의를 주입받았으며, 자신을 지킬 목적으로 전쟁에 참여하기 때문에 전쟁 가담에 대한 책임이 없다. 민간인 또한 전쟁에 대한 책임이 없다.

다음으로 질서 정연한 만민은 적대국의 민간인이나 군인의 인권을 존중해야 한다. 이들 또한 만민법에 따라 인권이 있고, 이들에 대해 인권의 내용을 가르쳐 주어야 하기 때문이다. 마지막으로 전쟁에 대한 공리주의적 평가(비용-편익)나 국익에 대한 판단 같은 목적과 수단은 언제나 이와 같은 원칙과 가정들에 의해 제약받아야 한다.

원조 :

고통을 겪고 있는 사회, 질서 정연한 만민의 사회, 차단점, 정치 문화, 인권

원조의 목적은 고통을 겪고 있는 사회가 자신의 문제들을 합당하게 합리적으로 관리할 수 있도록 도와줌으로써 결과적으로 그 사회가 질서 정연한 만민의 사회의 구성원이 되도록 하는 것이다. 따라서 이 목적이 달성되면, 심지어 현재의 질서 정연한 사회가 여전히 상대적으로 빈곤한 상태에 있을지라도, 더 이상 원조를 할 필요가 없다. 원조의 궁극적 목적은 고통을 겪고 있는 사회들이 자유와 평등을 확립하는 것이다.[5]

(상대적으로) 질서 정연한 사회들의 장기적 목표는 무법 국가에 대해서와 마찬가지로 고통을 겪고 있는 사회들을 질서 정연한 만민들의 사회로 편입시키는 것이어야 한다. 질서 정연한 만민은 고통을 겪고 있는 사회들에 대해 원조할 의무가 있다. 하지만 원조를 실행하는 유일한 또는 최선의 방법이 분배 정의의 원칙, 즉 사회들 간의 사회적·경제적 불평등을 규제하는 것이라 생각할 필요는 없다. 왜냐하면 이런 원칙들은 명확하게 규정된 목적이나 목표, 차단점(cut-off)이 없기 때문이다. (하지만 내가 주장하는) 원

5 위의 책, 181쪽.

조는 이러한 명확한 목표나 차단점을 넘어서면 중단될 수 있다.[6]

롤스가 구상하고 있는 '원조'에 대해 이해하기 위해서는 먼저 '불리한 여건 때문에 고통을 받고 있는 사회'에 대한 이해가 필요하다. 롤스에 의하면, 이 사회는 팽창적이거나 공격적이지 않지만, 정치 · 문화적 전통들(예를 들면 인적 자본, 기술 수준, 물질적 · 과학 기술적 자원들)이 없는 사회이다. 그렇기 때문에 롤스는 (상대적으로) '질서 정연한 사회'의 만민은 자신들의 지배력과 종교 · 문화적 영향력 강화에 집중하는 '무법 국가'들을 장기적 관점에서 질서 정연한 사회로 편입해야 하는 것처럼, 이들 불리한 여건의 사회 또한 질서 정연한 사회로 편입해야 할 의무를 갖는다고 본다.

하지만 롤스에게 원조의 의무가 추구하는 목표는 "부와 복지 수준을 조정하는 것이 아니다." 왜냐하면 각각의 사회들은 저마다 서로 다른 부와 다양한 복지 수준을 갖고 있기 때문이다. 따라서 "원조가 필요한 사회는 단지 고통을 겪고 있는 사회들이다." 또 모든 질서 정연한 사회가 부유한 사회는 아니다. "비록 자연 자원과 부가 빈약한 사회일지라도, 그 사회를 지탱하고 있는 종교적 · 도덕적 신념, 그리고 문화를 지탱하고 있는 그 사회의 정치적 전통, 법, 재산, 계급 구조가 자유적 사회(liberal society), 또는 적정 수준의 사회를 유지하게 한다면 그 사회는 질서 정연한 사회가 될 수

6 위의 책, 181쪽.

있다."

따라서 원조의 의무를 수행하는 문제와 관련해 "질서 정연한 사회가 부유한 사회일 필요는 없다." 한 사회가 합당하게 정의로운 기본 제도들을 확립하고 있고, 모든 시민이 삶에서 보람을 느끼고 있는 사회 체제라면, 그리고 그 사회가 자유로운 입헌 민주 사회(질서 정연한 사회)라면 경제적 부는 중요한 문제가 아니다. 다음으로 원조의 의무를 실행하고자 할 때, 고통을 겪고 있는 사회의 정치 · 사회 문화는 매우 중요한 요소이기 때문에 원조는 이것을 바꾸어 이들 사회가 질서 정연한 사회가 되도록 해 주어야 한다.

한 나라의 국민이 부를 어떻게 만들어 내고, 국가가 이에 대해 어떤 태도를 갖고 있느냐는 그 사회 구성원들의 성실과 협력적인 마음가짐, 정치 · 사회적 제도들의 기본 구조를 지지하고 있는 종교 · 철학 · 도덕적 전통, 즉 정치 문화(정치적 덕목)와 관련되어 있다. 따라서 한 사회가 "합당하게 합리적으로 조직되고 통치된다면, 자원의 부족이 그 사회를 질서 정연한 사회가 되지 못하게 하지는 못한다." 역사적으로 자원 부국이면서 심각한 고통을 겪는 반면, 그 반대인 나라들도 얼마든지 있다. 중요한 것은 그 사회의 정치 문화, 정치적 덕목, 시민 사회 구성원의 성실, 협력하고 혁신하려는 태도 등이다.

그러므로 단지 분배할 자원이나 재원을 마련하는 것만으로 정치 · 사회적 부정의를 교정할 수 있는 것은 아니다. 이와 관련해 '인권'은 매우 중요한 요소이다. 왜냐하면 '인권'은 무능한 정체나 국민의 복지에 관심이 없는 통치자들의 행동을 바꾸게 하는 요인이기 때문이다. 많은 경우(예를 들면 방글라데시) "굶주림은 경제적 재난이며, 단순한 식량의 위기가 아니다."라는 말을 다시 새겨야 할 필요가 있다. 왜냐하면 굶주림(기근 · 기아)은 부족한 식량을 교정할 정책의 부재, 즉 정치 · 사회적 제도의 결함 때문에 발생하기 때문이다.

따라서 굶주림을 방치하는 이면에는 인권에 대한 정부의 관심 결여도 한몫하고 있으며, 그렇기 때문에 인권에 대한 강조는 굶주림의 고통을 해결하는 데 도움을 줄 것이다. 나아가 인권, 특히 여성의 지위 향상은 고통을 겪고 있는 사회의 출생률을 감소시키는 데에도 중요한 역할을 한다. 자유적 사회와 적정 수준의 사회들이 갖고 있는 모든 제도와 실행 속에서 기본적인 인권은 공통적으로 채택된다. 이 모든 점들을 고려할 때, 굶주림의 문제를 자연 자원의 부족 문제로 돌려 부정의를 정당화하는 일은 옳지 못하다.

마지막으로 원조를 하는 (최종) 목적은 "고통을 겪고 있는 사회가 자신의 문제들을 합당하게 합리적으로 관리할 수 있도록 도와줌으로써 결과적으로 그 사회가 질서 정연한 만민의 사회의 구성원이 되도록 하는 것이다. 따라서 이 목적이 달성되면, 심지어 현재의 질서 정연한 사회가 여전히 상대적으로 빈곤한 상태에 있을

지라도, 더 이상 원조를 할 필요가 없다." 이 말은 질서 정연한 사회들의 고통을 겪고 있는 사회들에 대한 원조는 '부권주의적'[7] 관점에 기초해 이루어져서는 안 된다는 뜻이다. 원조의 궁극적 목적은 자원의 재분배를 통한 평등의 실현이 아니라 "고통을 겪고 있는 사회들이 자유와 평등을 확립"하도록 하는 것에 있기 때문이다.

롤스는 "자원이 훨씬 많은 나라들의 이익을 자원이 열악한 나라들에게 분배해야 한다."는 '자원 재분배 원칙'을 주장하는 바이츠(C. Beitz)의 입장을 거부한다. 왜냐하면 롤스에게 우연적인 자연자원의 배분과 분포는 한 나라의 삶의 방식에 결정적인 요소가 되지 못하기 때문이다. 오히려 결정적인 요소는 정치적 · 시민적 덕목들 같은 그 나라의 정치 문화이지, 그 나라의 자원 정도가 아니라는 뜻이다.

롤스는 이것을 가상의 사례를 들어 설명한다. 여기 A, B 두 개의 자유적 국가, 또는 적정 수준의 국가가 있는데, 이 두 국가는 현재 같은 수준의 부와 인구를 유지하고 있다. 그런데 첫 번째 국가(A)는 산업화와 실질 저축률을 높이는 방향으로 정책을 설정했고, 두 번째 국가(B)는 현재의 상태에 만족하는 대신 한층 전원적이고 여유로운 사회를 지향하기로 결정한다. 시간이 흐른 다음, A

7 아버지와 자식의 관계에서 볼 수 있는 것처럼 지배와 보호의 성격을 지닌 관계. 윗사람이 아랫사람에게 동정심이 있는 태도로 대하는 '온정주의'와 함께 쓰인다.

국가는 B국가보다 두 배 많은 경제적 부를 갖게 되었다. 물론, 두 국가 모두 여전히 자유적이거나 적정 수준을 유지하고 있다. 즉, 그들의 만민은 자유롭고 책임감이 있으며, 그들 스스로 문제를 결정할 능력을 갖고 있다. 그렇다면 이제 A국가는 B국가를 원조하기 위해 더 많은 세금을 걷어야 하는가?

이에 대해 롤스는 걷을 이유도 없고, 걷지 않는 것이 정의롭다(옳다)고 주장한다. 왜냐하면 빈부의 차이가 얼마나 큰지는 그 자체로서 문제가 되지 않기 때문이다. 중요한 것은 그들이 자유를 현명하고 효과적으로 사용할 수 있으며, 합당하고 가치 있는 삶을 이끌어 갈 수 있는 능력과 조건을 갖고 있느냐이다. 따라서 서로 다른 만민 간의 평균적인 경제적 격차를 다시 좁혀야 할 이유는 없다.[8] 이미 A, B 국가 모두 만민들의 사회의 기본 구조를 갖추고 있으며, 이로써 원조의 의무는 충족된 것이다. 또 만민은 자유주의적 정부나 적정 수준의 정부가 제대로 작동하는 상황이므로 원조를 위한 더 이상의 의무는 없다.

롤스는 계속해서 마찬가지로 A, B 국가가 자유적 사회 또는 적정 수준의 사회라는 가정에 추가하여 두 국가 모두 인구 증가율이 높다고 가정해 보자고 제안한다. 그런 다음 A국가는 여성의 평등을 중시하는 정책을 추진했고, B국가는 여성들이 그 사회의 종교적 · 사회적 가치를 자유롭게 지키도록 한 결과 여전히 높은 인구

8 위의 책, 186쪽, 190–191쪽.

증가율을 유지하고 있다. 시간이 흐른 다음, A국가의 경제적 부가 B국가보다 두 배 증가했지만, 여전히 두 사회는 자유적이고 적정 수준에 있으며, 자신의 문제를 자유롭고 책임감을 가지고 스스로 결정할 수 있다고 한다면, A국가는 B국가를 지원하기 위해 세금을 더 걷어야 하는가? 이에 대해서도 롤스는 위와 같은 이유에서 걷지 않는 것이 정의롭다고 주장한다. 롤스의 이 비유는 '원조의 목적과 차단점을 규정하지 않고 지구적 평등주의 원칙'에 따라 세금을 걷어 지원해야 한다는 주장에 대한 비판이기도 하다.

> 고통을 겪고 있는 사회들이 만민들의 사회의 완전한 성원이 되고, 그들 스스로 자신의 미래의 경로를 결정할 수 있도록 그러한 사회들을 원조하는 것이 원조의 의무가 갖는 결정적 역할이자 중요성이다. 원조의 의무는 목표와 차단점을 갖고 있으며, 세계의 가난한 사람들이 합당하게 자유적 사회의 자유롭고 평등한 시민, 또는 적정 수준의 위계적 사회의 구성원이 될 때까지 그들을 도와주게 해 준다. 일단 이 목표와 원칙, 즉 '차단점'이 달성되면 더 이상 고통을 겪고 있는 사회에 (원조의 의무는) 적용되지 않는다.[9]

롤스는 "모든 사회는 정의로운 제도를 실현할 수 있는 충분한 잠재적 인적 자원을 지닌다고 가정하며, 정치의 최종 목적은 완전하

9 위의 책, 192–193쪽.

게 정의롭고 안정적인 사회의 실현"이라고 주장한다. 그리고 이 목적이 실현되고 나면 사회 간의 물질적 불평등을 더 완화시키려는 어떤 요청도 정당화할 근거를 갖지 못한다고 강조한다. 그의 이런 주장은 싱어의 '세계 시민주의적 관점'과 대조를 이룬다. 롤스는 "세계 시민주의의 궁극적 관심은 개인들의 복지이지 사회의 정의는 아니다."라고 비판한다. 이 때문에 롤스는 세계 시민주의적 관점에서 볼 때, 한 사회는 국내적으로 정당한 제도들을 확립한 다음에도 그 이상의 지구적 분배의 필요성에 지속적인 관심을 갖게 된다고 지적한다. 하지만 이에 대해 롤스는 왜 우리가 "'재분배(redistribution)'를 선호해야 하는가?"라고 반문한다. 그의 만민법이 중시하는 것은 "질서 정연한 만민의 사회의 구성원으로 살아가는 자유적 사회이며, 올바르고 합당한 이유들에 근거한 정의와 안정성을 지닌 적정 수준의 사회들"이지, 세계 시민주의가 강조하는 개인들의 복지, 즉 지구적 차원에서 최소 수혜자의 복지 향상이 아니기 때문이다. 그런데 롤스의 바로 이와 같은 주장은 자신의 '최소 수혜자의 원칙'을 지구적 차원으로 확장하는 것을 부정한다는 비판을 받는 이유를 제공한다.

정의 :

평등한 자유의 원칙, 차등의 원칙, 기회 균등의 원칙, 순수절차적 정의

제1원칙 : 각자는 모든 사람의 유사한 자유 체계와 양립할 수 있는 평등한 기본적 자유의 가장 광범위한 전체 체계에 대해 평등한 권리를 가져야 한다.

제2원칙 : 사회적·경제적 불평등은 다음 두 가지, 즉

(1) 그것이 정의로운 저축 원칙과 양립하면서 최소 수혜자에게 최대 이익이 되고,

(2) 공정한 기회 균등의 조건 아래 모든 사람들에게 개방된 직책과 직위가 결부되게끔 편성되어야 한다.[10]

제1 우선성 규칙(자유 우선성) :

정의의 원칙들은 축차적(차례를 따름) 서열로 이루어져야 하고, 따라서 기본적 자유는 자유를 위해서만 제한될 수 있다. 여기에는 두 가지 경우가 있는데,

10 롤스 지음, 황경식 옮김, 『정의론』, 서울 : 이학사, 2004. 105쪽, 400-401쪽. 제2원칙은 "재산 및 소득의 분배가 반드시 균등할 필요는 없지만, 그것은 모든 사람에게 이익이 되도록 이루어져야 하며, 동시에 권한을 갖는 직위, 명령을 내릴 수 있는 직책은 누구나 접근 가능한 것이어야 한다."는 것을 규정한다.

(1) 덜 광범위한 자유는 모든 이가 공유하는 자유의 전 체계를 공유해야만 하고,
(2) 덜 평등한 자유는 보다 작은 자유를 가진 사람들에게 받아들여질 수 있어야 한다.

제2 우선성 규칙(효율성과 복지에 대한 정의의 우선성)
정의의 제2원칙은 서열상으로 효율성의 원칙이나 이득의 총량의 극대화 원칙에 우선해야 하며, 공정한 기회는 차등의 원칙에 우선해야 한다. 여기에는 두 가지 경우가 있는데, 즉
(1) 기회의 불균등은 보다 적은 기회를 가진 사람들의 기회를 증대해야만 하고,
(2) 과도한 저축률은 결국 이러한 노고를 치르는 사람들의 부담을 경감시켜야만 한다.[11]

롤스에게 정의란 "기본적인 권리와 의무를 구체적으로 규정짓고, 적절한 분배의 몫을 결정"하는 역할을 한다. 따라서 정의가 우선적으로 관심을 두는 주제는 이것을 실현하는 '사회의 기본 구조', 즉 사회를 운영하기 위한 주요 제도를 통해 권리와 의무를 어떻게 나누고(배분), 사회 협동체로부터 발생한 이익을 어떻게 나눌 것(분배)가이다. 그리고 여기서 '주요 제도'란 "정치에 관한 기

11 위의 책, 401쪽.

본 규칙, 경제 · 사회적 기본 체제(예를 들면 사상과 양심의 자유, 생산 수단의 사유와 경쟁적 시장)를 말하며, 이것을 통해 인간의 기본 권리와 의무가 규정"된다.

이와 같은 정의관에 기초해 롤스는 계약론적 전통(사회에 앞서 존재하는 개인, 사회와 분리되어 존재하는 개인들 간 계약에 의한 사회 구성)에 따라, "로크, 루소, 칸트에게 알려져 있는 사회 계약의 이론을 고도로 추상화함으로써 일반화된 정의관을 제시"하려고 한다. 따라서 롤스는 특정 형태의 정부를 세우자고 주장하는 것이 아니라, 한 사회의 기본 구조를 형성할 정의의 원칙들이 근본적으로 원초적 합의의 대상이라는 주장을 하고 있는 것이다. 즉 "자신의 이익 증진에 관심을 가진 자유롭고 합리적인 사람들이 평등한 최초의 입장에서 자신들의 조직체를 운영할 기본 조건을 결정하는 원칙들을 채택하게" 하려는 것이다. 그리고 이 원칙들이 채택된다면, 이 원칙들은 그 후 모든 합의를 지배하는 원칙이 된다. 왜냐하면 그 원칙은 최초의 원초적으로 공정한 조건(상황)에서 공정한 절차에 따라 마련된 것이기 때문이다.

"(서로에게 무관심한) 합리적인 사람들이 평등하고 자유로운 가상적인 상황(무지의 베일)[12]에서 (무엇이 자신에게 선인지를) 선택

12 롤스는 '무지의 베일' 상황에서 각자는 '상호 무관심한 합리성'에 놓인다고 주장한다.

한다."는 것은 곧 이것이 '정의의 원칙'들을 결정한다는 것을 의미한다. 즉, 사회 계약론에서 말하는 '자연 상태'라는 개념은 '평등한 원초적 상황'이라는 개념으로 새롭게 태어나 '공정으로서 정의'를 이야기할 수 있는 출발점이 된다. 물론, 평등한 원초적 상황은 역사적으로 존재했던 상태도 아니고, 따라서 문화적 원시 상태 또한 아니다. 그것은 롤스가 이끌어 내고자 하는 정의의 원칙들을 위해 마련된 '순수한 가상적 상황'일 뿐이다.

한편, 롤스는 이 순수한 가상적 상황에서 각자는 자신들의 노력과 관계없이 갖게 된 선천적이고 우연한 특성들, 예를 들면 사회적·계층적 지위, 능력과 소질, 지능이나 체력, 가치관이나 심리적 성향에 대해서 알지 못한다(무지하다)고 가정해 보자고 제안하면서, 이에 대해 '무지의 베일 상태'라 이름 붙인다.[13] 이 장치가 필

즉, 원초적 입장에 있는 개인들은 가능한 한 자신들의 목적 체계를 증진시켜 주는 원칙들을 받아들이려 한다. 왜냐하면 각자에게 그것은 자신에게 선(善)이 된다고 생각하는 것을 가장 효과적으로 증진시켜 줄 것으로 받아들여지기 때문이다. 이 상황에서 개인은 다른 사람들에게 해악을 끼치려고 하지도 않지만, 애정이나 증오에 의해 마음이 동요되지도 않는다. 또 개인들은 서로 비교를 통해 더 많은 것을 얻으려 하지 않으며, 질투도 잘난 체도 하지 않는다. 운동 경기에 비유하면 단지 더 높은 점수를 얻으려 할 뿐이다. 그렇다고 개인들은 상대편의 높거나 낮은 점수에 관심을 갖지도 않는다. 즉, 승리에 관심이 있는 것이 아니라 자신이 갖고 있는 목적 체계에 따라 가능한 더 많은 점수를 얻는 데 관심이 있을 뿐이다. 이 점에서 경기라는 관념이 꼭 적절한 것만은 아니다. 결론적으로 원초적 상황의 무지의 베일에 놓인 개인들은 자신의 선을 가장 효과적으로 증진할 수 있는 '가장 높은 지수의 사회적 기본 가치'를 스스로 얻고자 한다. 롤스 지음, 황경식 옮김, 『정의론』, 서울 : 이학사, 2004. 205쪽 참조.

13 롤스는 무지의 베일에서 당사자들, 즉 각자(각 개인)가 처하게 될 어떤 종류의 무지한 특성들로 "자기의 지위나 계층, 천부적 자산과 능력, 지능과 체력, 자신이 타고난 운

요한 이유는 타고난 우연적 결과(조건)나 우연한 사회적 여건이 각자에게 유리 또는 불리하게 작용하지 못하도록 하기 위해서이다. 또 모두가 이와 같은 우연적 조건에 대해 무지하다면, 정의의 원칙과 기준도 그만큼 공정한 합의(약정)를 통해 도출할 수 있게 된다. 각자가 서로 동등한 조건에 놓여 있다는 말은 각자가 하나의 도덕적 인격으로서, 그리고 자신의 목적과 정의관을 지닌 합리적 존재로서 공정한 상태(공정한 최초의 상황)에 있다는 의미이기도 하다. 따라서 이와 같은 상태에서 이루어진 합의는 기본적으로 공정하다고 할 수 있다.

이로써 정의의 원칙은 '최초의 공정한 상황'에서 이루어진 합의라는 의미를 지니게 된다.('공정으로서 정의') 그렇다면 최초의 공정한 상황에서 각자가 선택(합의)할 가장 일반적인 것은 무엇일까? 이에 대해 롤스는 이것이 정의의 제1원칙을 구성한다고 주장하면서, 그것은 '평등한 자유'에 대한 합의라고 추론한다. 즉 "기본적인 권리와 의무를 할당할 때, 각자는 평등을 요구"하리라는 것이다. 이것을 '평등한 자유의 원칙'이라고 한다.

수, 선(善)에 대한 자신의 생각, 자신의 합리적 인생 계획의 구체적 목록, 자신의 심리적 성향(예를 들어 낙천적인지 비관적인지 등), 자신이 속한 사회의 특수한 사정(정치·경제·문화적 수준 및 어떤 세대에 속하는지 등)" 등을 제시한다. 이러한 요소들은 원초적 입장이라는 관념을 더욱 철저하게 실현하기 위한 것으로, 당사자들이 이것을 알고 있을 경우 의견 대립이 발생할 수 있는 우연적인 것들이다. 하지만 롤스는 당사자들이 인간 사회의 일반적인 사실들에 대해서는 알고 있다고 인정한다. 즉, 정치 현상이나 경제 이론의 원칙들에 대한 이해, 사회 조직의 기초와 인간 심리의 법칙, 그리고 당사자들이 정의 원칙을 선택하는 데 영향을 줄 모든 일반적인 사실들에 대한 이해 등이다.

그리고 다음으로 각자가 합의할 내용은 제2원칙을 구성하는데, 이에 대해 롤스는 "사회 · 경제적 불평등, 예를 들어 재산과 권력의 불평등은 인정하지만, 단 그것이 모든 사람, 그중에서도 특히 그 사회의 '최소 수혜자'의 처지를 보상하는 경우에 한해서만 정당화된다."는 것에 각자가 동의할 것이라고 추론한다. 즉, 사회 · 경제적 불평등이 최소 수혜자(가장 불운한 사람)의 처지를 개선할 수 있는 한, 그리고 그것이 최초의 공정한 상황에서 공정한 절차에 따라 합의한 것인 한, 사회 · 경제적 불평등은 문제되지 않는다는 것이다.

이 두 원칙은 '순수 절차적 정의관'으로서 다음과 같이 정리할 수 있다. "첫째, 각자는 다른 사람들의 유사한 자유의 체계와 양립할 수 있는 평등한 기본적 자유의 가장 광범위한 체계에 대해 평등한 권리를 갖는다.(제1원칙)" 따라서 "기본적인 자유, 그중에서도 중요한 것은 정치적 자유, 언론과 결사의 자유, 양심과 사상의 자유, 심리적 억압과 인신의 폭력으로부터의 자유, 이유 없는 체포와 구금으로부터의 자유는 제1원칙에 의해 평등해야 한다." "둘째, 사회 · 경제적 불평등은 다음 두 조건을 만족하도록 조정될 때 정당화된다. 우선, 모든 사람들에게 이익이 될 것이라고 합당하게 기대되고(차등의 원칙, 최소 수혜자의 원칙), 다음으로 모든 사람들에게 개방된 직위와 직책이 결부되도록 조정되어야 한다.(기회균등의 원칙)" 그리고 이 두 원칙 간의 관계에 대해 롤스는 제1원칙이 제2원칙에 대해 서열에서 우선한다고 강조한다. 즉, 평등한 기본적 자유에 대한 보장이 무엇보다 우선한다는 뜻이다.

또 롤스는 칸트의 영향을 받았기 때문에 공리주의적 관점과 달리 '좋음(the good)'에 대한 '옳음(the right)'의 우선성을 주장한다. 이것은 (소수의) 사람들이 자신의 평등한 자유에 관한 권리를 침해받음으로써 사회 전체적으로 다수의 사람들에게 더 큰 효용(행복, 쾌락, 만족)을 가져오는 결과가 일어났다고 할지라도, 이것이 정당화될 수는 없다는 주장이다. 왜냐하면 평등한 자유라는 기본 권리는 불가침의 것이기 때문에 이것이 '최대 다수의 최대 행복', 즉 사회적 쾌락의 총량을 극대화하려는 명분 때문에 희생되어서는 안 된다는 것이다. 두 입장이 이렇게 다른 이유는 공리주의의 기본 입장이 목적론적 관점에 토대를 둔 반면, 롤스의 기본 입장은 칸트의 의무론적 관점에 토대를 두고 있기 때문이기도 하다.[14]

14 롤스의 이러한 기본 입장에 대해 공동체주의자들은 다음과 같이 비판한다. 첫째, 롤스가 전제로 삼고 있는 인간관(사회와 분리된 개인들)은 잘못된 것이다. 왜냐하면 개인이란 사회에 앞선 개인이 아니라 '사회화된 개인'이기 때문이다. 둘째, 롤스의 합리적이고 상호 무관심한 개인(인간) 개념은 우리의 실제 모습을 제대로 반영하지 못한다. 왜냐하면 우리는 타인의 이익과 손해에 대해 무관심하지 않기 때문이다. 결론적으로 공동체주의자들은 롤스가 인간이란 주어진 가치 체계 속에서(관계와 맥락 안에서) 이해하고 판단하며, 행동한다는 사실을 생각하지 않았다고 비판한다.

시민 불복종 :
거의 정의로운 사회, 비폭력적, 양심적, 공공적 행위, 법에 대한 충실성

시민 불복종은 법이나 정부의 정책에 변화를 가져오기 위해 행해지는 공공적이고 비폭력적이며, 양심적이기는 하지만, 법에 반하는 정치적 행위이다. 시민 불복종은 다수의 정의감을 통해 자유롭고 평등한 사람들 사이에서 사회 협동체의 원칙이 존중되지 않고 있음을 선언하는 정치적 행위이다.[15]

시민 불복종은 정의로운 제도를 유지하고 강화하는 데 도움이 된다. 법에 대한 충실성의 한계 내에서 부정의에 저항함으로써 정의로부터 벗어나는 것을 방지하고, 그런 일이 일어났을 때 그것을 교정하는 데 도움을 준다. 정당한 시민 불복종은 질서 정연한 사회나 거의 정의로운 사회에 안정을 가져온다.[16]

롤스는 '법을 준수해야 할 도덕적 의무' 또는 '정의롭지 못한 법이나 제도'가 무효화될 수 있는 조건(상황)은 "오직 정의를 한층 증대시키기 위한 경우로 제한된다."고 주장한다. 그의 이 같은 주장

15 위의 책, 476쪽.

16 위의 책, 498쪽.

은 시민 불복종의 배경이 된다. 왜냐하면 시민 불복종은 "불복종하는 사람(불복종자)의 확고한 신념, 즉 사회 협동 체제의 조건들이 제대로 지켜지지 않고 있다는 신념을 다수의 정의감에 호소하는 정치적 행위"이기 때문이다.

롤스의 시민 불복종을 그의 계약론적 입장을 살피는 것으로 시작해 보자. 롤스는 "사회제도가 지닌 가장 중요한 덕목은 '정의'와 '효율성'"인데, 여기서 제도의 효율성이란 모든 구성원의 이익을 증진하기 위해 제도가 지녀야 할 능률성을 말한다. 롤스는 우리가 정의로운 사회 체제를 따라야 하는 이유가 무엇보다 '자연적 의무', 즉 정의롭고 효율적인 제도를 만드는 것은 계약론적 관점에서 볼 때 모두에게 이익이 되기 때문이며, 다음으로 그러한 제도가 앞으로도 그럴 것이라는 것을 받아들이게 된다면, 우리는 제도에 대해 '자연적 의무'를 진다고 주장한다.

그의 이와 같은 계약론적 정의관의 배경에는 "사회 정의의 원칙들은 자유롭고 합리적인 인간들이 평등한 자유를 갖는 원초적 입장에서 합의하게 될 원칙이며, 마찬가지로 제도와 관련하여 발생하는 자연적 의무와 책무를 규정하는 원칙도 이와 비슷한 상황에서 각자가 합의할 원칙"이라는 믿음이 있다. 롤스의 계약론적 가정에 의하면, (1) 원초적 입장에 있는 사람은 동등한 힘과 권리를 지닌다. 따라서 (2) 그들은 결탁이 아닌 서로 대등한 상황에서 합의 과정에 참여한다. 한편, (3) 그들은 과거 · 현재 · 미래와 관련해서도 자신의 사회적 지위를 모르며, 어떤 제도가 존재하는지에 대해서도 모른다. (4) 그들은 천부적 재능이나 능력의 분배와 관련해 자신의 위치를 모르기 때문에 (5) 자신의 지능, 체력, 성별에 대해서도 모르는 것으로 간주된다. 또한 (6) 그들은 자신이 어떤 특정의 이해관계에 놓여 있는지, 무엇을 선호하는지, 자신이 달성하고자 하는 목적 체계가 무엇인지에 대해서도 모른다. 즉, 그들은 자신의 가치관에 대해서 모른다. 따라서 (7) 그들은 자신의 사적인 관심사나 행운을 통해 이득을 보거나 손해를 볼 수도 없으며, 다른 사람들의 이해관계에 대해서도 무관심하다. 결론적으로 (8) 그들은 모든 측면에서 '무지의 베일' 상태에 놓여 있다.

이러한 무지의 베일 상태에서 각자는 자신이 이루고자 하는 목적 체계가 무엇인지와는 상관없이 그것을 달성하는 데 가장 유리할 것으로 판단하는 원칙에 대해서는 동의(합의)할 것이다. 그리고 무지의 베일의 원초적 상황(입장)에서 합의하게 될 원칙들은 각자에게 '권리'와 '의무'를 할당할 것이고, 각자에게 정당한 '분배의 몫'을 규정할 것이다. 이 원칙들이 바로 앞에서 검토했던 정의의 제1원칙과 제2원칙들이다. 시민 불복종이 정당화될 수 있는지는 지금까지 말한 사회계약론적 관점에 의해 제시될 수 있다.

계약론적 관점에 따라 (1) 정의의 원칙은 원초적 입장으로부터 합의에 이르게 되며, (2) 이렇게 합의된 정의의 원칙은 의회에서 헌법으로 채택되고, 헌법적 규약과 절차에 따라 (정의롭고 효율적인) 구체적인 법률이 만들어진다. 따라서 정의의 원칙은 이후 전개되는 모든 단계에 대해 구속력을 갖는다.

정의에 관한 이와 같은 논의를 전제로 롤스는 시민 불복종에 관한 자신의 생각을 전개한다. 먼저, 그는 현대 국가에서 일반적으로 발견되는 최선의 헌법은 평등한 정치적 자유를 보장하며, 우리가 다수결의 원칙이라 부르는 방식을 이용하는 민주체제의 헌법이라고 가정해 본다.[17] 이 때문에 '부정의한 정도가 일정한 정도를 넘어서지 않는 한', 정의롭지 못한(부정의한) 법일지라도 지키지 않으면 안 된다. 왜냐하면 각자가 품고 있는 정의감이 완벽하지 않기 때문에 어느 정도의 문제(결함)는 인정해야 하기 때문이다. 아무튼 민주적 헌법을 운용하기 위해서는 다수결의 원칙이 가장 효율적인 절차적 규칙일 수 있다는 점은 정의의 원칙에 비추어 볼 때 설득력을 지닌다.

하지만 헌법이 정의롭다고 해서 그 아래에서 만들어지는 여러 법률들 또한 정의롭다는 것을 의미하지는 않는다. 즉, 우리가 다수결에 의해 제정된 법률을 준수해야 할 책무와 의무를 지니는 것은 맞지만, 그렇다고 해서 다수결에 의해 제정된 법률 그 자체를 정의로운 것으로 여겨야 할 책무나 의무를 지니지는 않는다.[18] 쉽게 말해 어떤 법은 다수결에 의해 정당하게 만들어진 것이기는 하지만, 의사 결정 과정까지도 옳았다고 말하기 어려운 경우가 얼마

17 위의 책, 207쪽.

18 위의 책, 208쪽.

든지 있다는 것이다. 무엇보다 다수에 의한 법 제정이 '부정의'를 심각하게 넘어서 버린 경우라면 시민들은 불복종을 생각한다. 왜냐하면 비록 다수에 의한 법일지라도, 평등한 자유의 이념을 심각하게 훼손한 법을 무조건 준수해야 할 의무는 없기 때문이다.

롤스의 정의처럼, 시민 불족종은 "(1) 일반적으로 정부의 정책이나 법률에 변화를 가져오려는 의도를 갖고, (2) 법에 반대하여 행해지는 공적이고, (3) 비폭력적이며, (4) 양심적인 행위"이다. 따라서 (1) 시민 불복종은 공동선과 시민 사회의 기준이 되는 도덕 원칙을 통해 정당화되는 '정치적 행위'이다. 즉, 시민 불복종은 정상적인 민주 체제에 관한 '공통된 정의관'이라는 '정치적 신념'에 근거하기 때문에 개인이나 집단의 이해관계를 목적으로 하는 거부 행위와는 구별된다. 또 (2) 시민 불복종은 이러한 정의관에 의해 정당화되리라는 믿음에 기초해 '다수의 정의감'에 호소하는 '공적 행위'이다. 그런 만큼 시민 불복종은 '사회적 협력'의 조건이 더 이상 지켜지지 않고 있다는 믿음을 표현하고 있다.

또 (3) 진지한 신념의 표현으로서 시민 불복종은 공공적이고 비폭력적이기 때문에 그 결과로 주어지는 처벌이나 체포를 당연하게 받아들인다. 이는 시민 불복종이 "법에 충실한 범위 안에서 법에 대해 불복종하는 것"임을 의미한다.(진지한 신념) 그리고 비폭력적이란 시민 불복종이 '다수의 정의감에 호소'하기 때문이다. 폭력적 행위가 다수의 정의감과 양립할 수는 없다. (4) 민주 사회에서 시민불복종은 '자발적인 사회 협동체'의 기본 조건인 자유로운 개인이라는 정의의 원칙에 호소하는 정치적 행위이지, 종교적 행위가 아니다.

한편, 롤스는 시민 불복종이 어떤 경우에 정당화될 수 있는지에 대해서도 다음과 같이 말한다. 시민 불복종은 "정상적인 민주적 정치가 실패했을 때 할 수 있는 최종적인 선택이다." 따라서 시민 불복종은 정의의 제1원칙(평등한 자유의 원칙)과 제2원칙(기회균등의 원칙)의 위배로 제한된다. 예를 들어, 소수자에게 선거권이나 피선거권(공직)을 부여하지 않는 경우나 특정 종교에 대한 억압, 경제 활동에서 기회 균등을 부정하는 조치들은 모두 시민 불복종을 정당화한다.

하지만 제2원칙 중 차등의 원칙은 "이론적이고 사변적인 지식에 의존하거나 여러 가지 구체적인 정보에 의존"하기 때문에 시민 불복종과 관련해 이론의 여지가 존재한다. 예를 들어 조세제도는 그것이 '기본적인 평등한 자유를 침해하기 위해 제정된 것이 아닌 한' 시민 불복종의 사유가 될 수 없다. 왜냐하면 이 경우 '정의에 호소'하는지가 명확하지 않기 때문이다. 시민 불복종이 정당화될 수 있는 마지막 경우는 "인간의 자존심과 상호 존중"과 관련된다. 즉, 불복종을 하는 사람이 다른 사람 또한 자신처럼 부정의한 상황에 처할 경우 비슷한 방식으로 저항할 권리를 갖는다고 확신할 수 있는 경우만으로 제한된다.

9

노직

1938 - 2002

핵심 주제어

자유 지상주의, 최소 국가 : 가장 포괄적인 최선의 국가

분배적 정의 : 소유 권리론, 취득과 이전, 교정에서의 정의 원리, 비정형적 역사적 발전 과정, 자연적 자산에 대한 소유 권리

자유 지상주의, 최소 국가 :
가장 포괄적인 최선의 국가

자연 상태에서 자연법은 우발적인 사태에 대해 적절한 해결 방안을 마련해 주지 못하며, 또 각자가 자신의 사건에 재판관이 될 때 사람들은 자신에게 유리하게 해석하며 자신은 옳다고 가정한다. 그들은 자신들이 입은 손해를 과대평가하며, 그들의 격정은 가해자를 과도하게 징벌하려 하고 지나친 보상을 요구하려 할 것이다. 반면, 자연 상태에서 개인은 자신의 권리들을 행사할 힘을 결여할 수도 있다. 이 때문에 그는 자신의 권리를 침해한 강력한 적을 처벌할 수도 없고, 그들에게서 보상을 받아 낼 수도 없다.[1]

사적인 보호 대행 협회(상호 보호 협회)와 달리 국가는 다음의 필요조건을 요구한다. 국가는 누가 언제 권력을 행사할 수 있는지에 대해 독점적 권리를 갖는다. 국가는 자신만이 언제 권력을 행사할지에 대해 결정권을 갖는다. 국가는 이와 같은 권리를 침해하는 모든 자들을 처벌할 권리를 주장한다. 국가와 달리 사적인 보호 협회는 보호를 위해 수수료를 낸 사람만이 보호를 받는다. 반면 국가는 지리적 경계 안에 사는 모든 사람들이 자신의 보호

1 로버트 노직 지음, 남경희 옮김, 『아나키에서 유토피아로』, 서울 : 문학과 지성사, 2014. 31-33쪽.

> 를 받을 권리가 있다고 본다.(최소 국가) 또한 자연 상태로부터 극소 국가, 극소 국가로부터 최소 국가로의 이행은 도덕적으로 합법적이며, 누구의 권리도 침해하지 않는다. 최소 국가는 가장 포괄적인 최선의 국가이다.[2]

사회 계약론의 재구성을 통해 '자유주의적 평등주의'를 추구했던 롤스와 달리 노직은 '자유 지상주의적' 관점에서 '소유에 관한 개인의 절대적 권리'를 주장한다. 그의 이러한 입장은 모든 형태의 억압을 부정하고 자유를 강조하는 아나키즘(무정부주의)과 달리 국가의 필요성을 인정하는 '최소 국가' 개념으로 구체화된다.

노직이 주장하는 국가와 국가의 성립, 그리고 국가의 권력이 갖는 기본 성격은 다음 몇 가지 요소들을 기억해 둠으로써 더욱 명확하게 파악할 수 있다. 무엇보다 노직에게 국가의 권력이란 자연 상태에서 개인들이 이미 소유하고 있는 기본 권리들에 근거한다는 점이다. 따라서 국가의 권력이란 이것들의 권리 보호를 위한 것이지, 그 이상의 권력을 의미하는 것이 아니다. 다음으로 개인들이 자신의 권리를 부분적으로 국가 권력에 위임하는 것은 자신들의 필요에 의한 자발적인 것이며, 이 자발적 위임의 계기는 개인들이 갖고 있는 합리적 이기심에서 비롯된다.

2 위의 책, 46-48쪽, 147쪽.

한편, '개인들이 갖고 있는 자신의 권리를 국가 권력에 위임한다'는 말에는 국가란 개인들이 갖고 있는 자유와 권리들을 보호하고 이를 대신 행사하는 기구이므로 국가 권력의 범위가 이와 같은 역할로 제한된다는 의미가 담겨 있다. 이 점에서 노직의 '최소 국가' 개념은 근대 야경 국가 개념과 비슷하며, 이것이 그에게는 도덕적으로 정당화될 수 있는 최선의 국가 형태이다. 그러므로 노직의 국가 개념에 기초한다면, 롤스에게 나타났던 국가에 의한 재분배나 최소 수혜자의 원리 등은 처음부터 정당화될 수 없는 주장이다.

한편, 최소 국가 안에서 개인들은 다른 개인들의 동등한 권리를 침해하지 않는 범위 안에서 정치 · 경제 · 문화 등 일반 영역에서 자신의 자유를 최대한 보장받는다. 따라서 개인의 자유롭고 평등한 권리를 침해할 수 있는 평등주의자들의 '절대적 평등', 롤스의 '차등의 원리', 공리주의의 '최대 다수의 최대 행복' 같은 '정형적' 분배 이론들, 즉 개인의 자유로운 경제 활동을 제약하는 이와 같은 주장들은 설 자리를 잃게 된다. 개인의 의사에 반하는 국가 권력 또는 강제력이 행사되어서는 안 된다는 그의 주장의 바탕에는 근대 자유주의의 근본 원칙, 즉 개인의 기본적 자유와 권리는 다른 사람(개인)을 위해 결코 희생되거나 침해받아서는 안 된다는 신념이 자리 잡고 있다.

이처럼 근대 자유주의의 신념에 기초해 국가의 성격과 권한을 설명하는 노직은 국가의 성립 과정을 설명할 때도 근대 자유주의 이념, 특히 사회 계약론자인 로크의 자연 상태와 자연권 개념으로부터 논의를 시작한다.[3] 로크처럼 노직[4]은 자연 상태에서 개인들은 자연권으로서 자유, 생명, 건강, 신체, 그리고 자신의 노동력과 이것을 자연에 행사해 취득하는 재산에 대해 권리를 지니기 때문에(소유권), 이러한 권리는 다른 사람들의 침해와 간섭으로부터 자유로워야 한다고 주장한다. 그런데 자연 상태에서 개인들이 대체로 자연법의 가르침에 따라 살아가기는 하지만, 각 개인들이 자신의 자유와 권리의 한계에 대한 모호함 때문에 서로 충돌할 수 있다. 따라서 이를 미리 예방하거나 발생한 갈등을 합리적으로 조정할 수 있는 장치의 필요성이 생긴다. 즉, 개인들은 자연권을 갖고는 있지만, 이 권리를 일관성 있게 합리적으로 행사할 능력은 결여되어 있다.

3 로버트 노직 지음, 남경희 옮김, 『아나키에서 유토피아로』, 서울 : 문학과 지성사, 2014. 131-53쪽. 노직에게 국가는 "자연 상태 → 자발적 보호 협회 → 극소 국가 → 최소 국가"의 단계를 거치면서 형성된다.

4 노직의 최소 국가론은 계약론 전통의 연장선에 있지만, 계약론처럼 국가를 계약의 목표나 대상으로 설정하지는 않는다. 이 때문에 노직의 최소 국가론은 "계약이 없는 자연 상태 이론"이라 부르기도 한다. 노직이 '최소 국가'를 도출하는 방식은 의도적 개입을 전제로 하지 않는다. 즉, 일련의 사건 전개의 과정에서 자연스럽게 파생되는 구조를 취하는데, 노직은 이것을 '보이지 않는 손에 의한 설명' 방식이라고 주장한다. 즉, 마치 의도된 것처럼 보이는 것(즉 최소 국가)이 사실은 다른 행동의 의도하지 않은 결과에서 비롯된다는 설명 방식이다. 노직은 자연 상태 아래에서 개인들은 각자의 입장을 개선하기 위한 행동을 하게 되는데, 이에 따른 결과가 최소 국가의 등장이라는 뜻이다. 일종의 '역사적 발전 과정'을 묘사하는 방식이다. 장동진, 『현대 자유주의 정치 철학』, 서울 : 동명사, 2001. 104-107쪽.

노직에 의하면, 이제 이에 따라 개인들은 서로 충돌하는 문제들을 해결하고, 자신의 이익과 권리를 보호하기 위해 우선 소규모 조직체('상호 보호협회')를 구성한다. 그리고 이것은 개인의 권리를 더 잘 보호하기 위해 전문화가 진행되는데, 이렇게 해서 전문적인 보호협회가 만들어진다. 그 결과 곧 일정한 지역에서 가장 영향력 있는 보호협회가 지배적 지위를 얻게 된다. 이러한 일련의 진행 과정에서 우리가 주목해야 할 점은 이러한 보호협회들이 개인들이 자신의 권리를 보호받을 필요에 의해 자연스럽게 등장한다는 것이다. 또 이들 보호협회들이 갖는 권한은 개인들이 자신의 권리를 위임한 만큼이라는 점이다. 즉, 개인들은 자신들의 권리를 보호받는 대가로 보호협회에 일정한 수수료를 지불하면서 자신의 권리를 이들에게 위임한다.

한편, 이 지배적인 보호협회의 힘이 일정한 지역에서 거의 독점적으로 이뤄질 경우엔 실질적인 국가라고 할 수 있는데, 이것이 '극소 국가'이다. 예를 들어, B는 A가 자신에게 불의를 저질렀다고 믿고 있다고 가정해 보자. 이에 따라 B는 일정한 절차를 밟아 A에게 죄가 있음을 밝히려고 할 것이다. 하지만 A 또한 자신을 보호하고 이에 저항할 정당한 권리가 있기 때문에 자신의 권리를 절차에 따라 밟고자 할 것이다. 결국 A, B는 각각 자신이 지닌 '절차적 권리'를 지배적 보호협회에 위임할 것이며, 협회는 이들의 권리를 위임받아 권리 보호를 위한 대행권을 행사하게 될 것이고, 또한 이들의 권리를 합법적으로 독점하게 될 것이다. 이런 독점이 가능해진다면, 이 지배적인 협회가 일정한 지역 내에서 '극소 국가'가 되는 것이다.[5]

하지만 이 극소 국가는 자신들에게 서비스를 받는 대가로 일정한 수수료를 지불하는 개인(고객)들에게만 그 서비스를 제공하기 때문에 아직 국가로서 갖춰야 할 조건들을 모두 갖춘 것은 아니다. 다시 말해, 극소 국가가 지배하는 지역에서 이 국가에 가입하지 않은 '자립적 개인들'은 정의의 절차를 거쳐 자신들의 권리를 지켜 내고 행사할 수 없는 상황이 발생한다. 또 극소 국가의 고객들이 자신들에게 불의를 행사하더라도 이들에게 처벌 및 배상을 청구할 수 없다. 왜냐하면 극소 국가는 자신의 고객들에 대해서만 절차적 권리와 강력한 힘을 행사하기 때문이다. 극소 국가의 이러한 권리 행사는 자립적 개인들에 대한 정당한 권리 행사이지만, 결과적으로 자립적 개인들은 그만큼 불리한 상황에 이르게 된다.

이 때문에 극소 국가는 자립적 개인들에 대해서도 보상해야 할 도덕적 의무를 요청받게 된다. 그리고 이 보상의 방법을 통해 극소 국가는 지역 내의 모든 자립적 개인들에 대해서도 보호의 서비스를 제공하는데, 이것이 '최소 국가'로의 이행이다. 이처럼 최소 국가는 상호 보호협회, 지배적 보호협회, 극소 국가의 단계를 거쳐 모든 개인들의 권리 보호와 대행이라는 소극적인 기능만으로 그

5 남경희, 김홍우, 「최소국가의 이념과 자유주의적 정의론」, 철학, 제22호.

권한이 제한되는 형태로 등장한다. 그리고 그것은 자연 상태에서 개인들이 지녔던 권리들을 침해하지 않는 방식으로 등장하는데, 이것은 마치 개인들의 합리적 이기심이 '보이지 않는 손'에 의해 인도하는 것과 같은 이치이다. 이 점에서 노직에게 최소 국가는 도덕적으로 정당화될 수 있는 최선의 국가 형태라고 할 수 있다.

그러므로 최소 국가는 다음과 같은 의미를 지니며, 동시에 다음과 같은 발전적 과정을 밟음으로써 형성된다.

> 국가에 관한 결론은 최소 국가이다. 그것은 강요·절도·사기, 계약의 강제로부터 보호라는 국가의 협소적 기능을 수행하는 국가만이 정당하다는 뜻이다. 이를 넘어선 국가는 '강요해서는 안 되는 개인의 권리'를 침해하는 것이며, 따라서 정당화될 수 없다. 최소 국가야말로 우리의 영감을 고취하며, 도덕적으로 옳다. 국가는 다른 사람을 돕게 할 목적으로, 또는 어떤 사람이 자신을 보호하거나 자신의 가치를 위할 목적으로, 그리고 다른 사람들의 행위를 금지할 목적으로 (국가가 지닌 자신의) 강제적 장치를 사용해서는 안 된다.

> 제1단계 : 각자는 권리를 가진 자연 상태에서 생활하고 있다.(어떤 집단이나 사람도 개인의 이러한 권리에 대해 해서는 안 되는 것들이 있다. 이를 하게 되면 권리 침해이다.)
>
> 제2단계 : 제1단계의 각자는 자신의 권리를 보호하기 위해 자발

적 보호협회를 만든다.

제3단계 : 제2단계 협회는 '극소 국가'로 발전하지만, 비용을 부담하는 회원만을 보호한다.

제4단계 : 독립적으로 남아 있는 자립적 개인에 대한 보상의 요청은 모든 개인을 흡수하여 최소 국가를 이루게 된다.[6]

분배적 정의 :
소유 권리론, 취득과 이전, 교정에서의 정의 원리, 비정형적 역사적 발전 과정, 자연적 자산에 대한 소유 권리

(1) 취득에서의 정의의 원리에 따라 소유물을 취득한 자는 그 소유물에 대해 소유 권리가 있다. (2) 이전에서의 정의의 원리에 따라 어떤 소유물을, 그 소유물에 대한 소유 권리가 있는 자로부터 취득한 자는 그 소유물에 대해 권리가 있다. (3) 어느 누구도 (1)과 (2)의 (반복적) 적용에 의하지 않고서는 그 소유물에 대해 권리를 지니지 못한다.[7]

분배적 정의의 두 원리, 즉 취득과 양도의 원리는 분배적 정의를

6 장동진, 위의 책, 111쪽.

7 노직, 위의 책, 193쪽.

> 실현하기 위한 포괄적 국가를 정당화하지 않는다. 어떤 소유물에 대한 분배 상태가 적절한 경우, 분배적 정의에 관한 어떤 논변도 한층 포괄적인 국가를 옹호하지 않는다. 개인의 능력과 재능을 다른 사람들을 위한 자원으로 간주하라는 롤스의 주장은 칸트의 원리('인격을 다른 사람을 위한 수단으로 사용하지 말 것')를 어떤 방식으로 재구성하든 정당화하지 못한다. 롤스의 주장은 '정의'와 '시기심'을 구분하지 못하고 있다.[8]

지금까지 살핀 것처럼 노직에게 정당화될 수 있는 국가는 '가장 포괄적인 국가'로서 '최소 국가'뿐이다. 왜냐하면 그 이상의 포괄적인 국가는 개인들이 지닌 권리를 침해할 수밖에 없기 때문이다. 노직은 '분배적 정의'의 문제 또한 최소 국가와의 관계 속에서 다룬다. 따라서 그에게 일반적으로 언급되는 '분배적 정의'의 개념은 어떤 기관(기구)이 물건(대상)을 어떤 기준(원리)에 따라 분배한다는 의미로 받아들여지기 때문에 중립적인 것이 아니다. 무엇보다 재분배 과정에서 오류나 실수가 발생할 수도 있다.

따라서 노직에게 분배란 분배의 당사자가 되는 '중앙의 어떤 기관'이나 모든 것을 관리하는 한 사람 또는 집단을 전제해서는 안 된다. 왜냐하면 각 개인이 갖고 있는 것은 그가 다른 사람과 교환한 결과이거나 혹은 다른 사람으로부터 선물로 받은 것이기 때문

8 위의 책, 285-288쪽.

이다. '자유의 세계'에서 각 개인이 소유하고 있는 것들은 자발적 교환이나 행위를 통해 이루어진 결과이다. 이것은 마치 각 개인이 자신의 배우자를 자유롭게 선택하는 사회에서 배우자의 자유로운 재분배가 불가능한 것과 같다. 그러므로 분배란 미리 어떤 기준에 따른 분배를 전제해서는 안 된다.

'분배'라는 말이 지닌 이러한 제약 때문에 노직은 대신 '개인의 소유물(people's holding)'이라는 가치중립적 용어를 채택해 사용한다. 그런 다음, 노직은 개인의 소유물이 정의의 관점에서 정당화되는 세 가지 경우, 즉 '소유물에서의 세 가지 정의'에 대해 말한다. 첫째는 '소유물의 최초의 획득', 둘째는 한 사람으로부터 다른 사람에게로 소유물의 이전, 셋째는 앞의 두 원리를 위반하는 것에 대한 교정의 원리이다. 이를 더 구체적으로 말하면 다음과 같다.

(1) 취득에서의 정의의 원리 : (다른 사람의 상황을 악화시키지 않는 것을 전제로) 소유물을 획득한 사람은 그 소유물에 대해 소유할 권리가 있다.

(2) 이전에서의 정의의 원리 : 어떤 소유물을 소유할 권리가 있는 사람으로부터 그 소유물을 취득한 사람은 그 소유물에 대해 소유할 권리가 있다.

(3) 어느 누구도 1과 2의 (반복적인) 적용에 의하지 않고서는 그

소유물을 소유할 권리는 없다.

위에서 (1)은 아직 점유되지 않은 것들을 어떻게 점유(차지)하게 되는가라는 점유의 과정을 말한다. 즉, 한 개인이 다른 사람에게 피해를 주지 않고 어떤 대상물에 자신의 노동을 투입하여 그것을 최초로 자신의 것(사유 재산)으로 삼았다면 그의 소유는 정당하다. 다음으로 (2)는 한 사람에게서 다른 사람에게로 어떻게 소유물이 이동(이전)할 수 있는가의 문제이다. 즉, 자발적 교환과 증여(선물로 줌)에 의한 것, 그리고 사취(거짓으로 속여 빼앗음) 없이 그 결과로 발생한 소유(정당한 양도) 상태는 정당하다.

그리하여 최종적으로 "분배적 정의의 완결된 원칙은 다음과 같다. 어떤 분배가 충분히 정의로울 수 있는 조건은 분배를 통해 모든 사람들이 자신이 소유한 것들에 대해 소유할 권리를 갖는다는 것에 있다." 즉, 정의로운 상황으로부터 정의로운 단계를 거쳐 발생하는 소유와 소유권의 이전은 그 자체로서 정의롭다는 것이다.

하지만 모든 상황들이 소유물에서의 정의의 두 원칙(취득과 이전)을 충족하는 것은 아니다. 다시 말해, 소유물과 관련해 정당화될 수 없는 경우들이 존재한다. 예를 들어 다른 사람의 물건을 훔치거나 거짓으로 속여 빼앗는 경우, 또는 다른 사람을 노예화하거나 그의 생산물을 강제로 빼앗는(수탈) 경우, 그리고 교환에서의 자유로운 경쟁을 방해하는 경우들이 여기에 해당한다. 이처럼 어떤 한 상황에서 다른 상황으로의 합당한 이행이 될 수 없는 불의의 상황은 '소유물에서의 교정(rectification)의 원리', 즉 이와 같은 불의의 상태를 어떻게 바로잡아야(시정해야) 하는가의 문제로 옮겨가게 된다.

결론적으로 소유물에서의 정의, 즉 "한 사람의 소유물이 취득의 원리와 이전의 원리, 그리고 불의의 교정의 원리에 근거해 그의 것이 되었다면, 그는 자신의 소유물에 대해 권리를 가지며, 따라서 정당한 것이다." 또 각자의 소유물들이 이와 같은 과정을 거쳐 정당하게 소유되는 것이라면, 각자가 소유하고 있는 것들의 집합(즉 분배)도 정당하다. 한편, 노직은 분배가 어떤 절차를 거쳐 이루어졌는지가 분배에서의 정의를 결정한다는 입장을 지지한다. 이 점에서 그의 '소유 권리 이론'은 '역사적 발전 과정'을 따르는 방식이다.

또 노직은 공리주의의 분배 이론은 '현재 시간 단면(current time-slice)'의 원리를 따르는 정형적 이론이라고 비판한다. 즉, 그들은 더 큰 쾌락의 양만을 고려한다는 것이다. 예를 들어 "A가 10을 갖고 B가 5를 갖는 것은 양적으로 A가 5를 갖고 B가 10을 갖는 것과 동일한 유용성을 갖는다. 따라서 우리가 어떤 분배를 선택할지는 아무런 중요성을 갖지 않는다."[9] 이 경우 어떤 분배 방식을

9 노직 지음, 『무정부, 국가 그리고 유토피아』(해제), 2006. 서울대학교 철학사상연구소.

선택하든 부정의와는 관계가 없다는 것이다.

하지만 노직의 분배적 정의에 관한 기본 입장은 '비정형적'이며 '역사적 발전 과정'을 따르는 방식이다. 즉 "적합한 분배 방식에 대한 하나의 정형(일정한 형식이나 틀)을 주장하기보다는 재산을 소유하게 되는 방식에 관심을 집중하고 있다. 즉, 이것은 재산 획득이 정당화되기 위해서 이행되어야만 하는 하나의 절차(과정)나 그 절차 체계에 관한 것이다. 즉, 당신이 올바른 과정에 의해 재산을 소유했다면, 오직 그때에만 당신의 재산 소유는 정당하다."

노직은 자신의 비정형적 역사적 발전 과정을 따르는 관점을 "그들이 선택하는 바에 따라서 각자로부터(자신의 선택에 따라), 그리고 그들이 선택된 바에 따라서 각자에게(다른 사람에 의해 선택된 바에 따라)"[10]라는 구호로 요약한다. 노직에 의하면, 정형적 분배 이론은 "누가 소유물을 받아야 하는가에 초점을 맞춘다." 이 때문에 정형적 원리들은 '수령자(받는 사람) 중심의 정의 이론'이 되어 '주는 사람의 결정(행위)을 완전히 무시한다.' 그들은 소유물의 권리자가 "누구에게 무엇을 줄 권리"가 있다는 사실을 완전히 무시한다. 오직 받는 사람의 권리와 받는 사람의 역할에 초점을 맞춘다. 이 때문에 '자신의 소유물을 소유할 자를 선택할 권리보다 상속 받을 권리가 있는가'에 초점을 맞추게 된다. 노직에게 '수여자

10 노직 지음, 남경희 옮김, 같은 책, 204쪽.

와 양도자, 즉 주는 자와 그의 권리를 무시하는 것은 가장 중요한 그들의 소유 권리를 무시하는 것과 같은 의미이다.

분배에 관하여 '정형적 이론(원리)'을 따르게 되면, "재분배 행위를 필연적인 것으로 받아들이게 한다." 하지만 소유 권리론의 관점에 볼 때, 이런 주장은 노직에게 개인의 소유권을 침해하는 매우 위험한 주장이다. 이 때문에 노직은 "근로 소득에 대한 과세는 강제 노동과 같은 것"이라고 비판한다. 예를 들어 n시간의 소득을 세금으로 부과해 거두는 것은 그로부터 n시간을 빼앗는 것과 같다. 이것은 마치 그가 다른 사람을 위해 n시간을 강제로 일하게 하는 것과 같은 의미를 지닌다.(롤스의 차등의 원리 비판) 로크의 권리 이론처럼, "내 칼에 대한 나의 재산권은 내가 원하는 곳에 그것을 놓도록 허락하지만, 그대가 그대의 장롱 속에 놓도록 허락하지는 않는다." 즉, 자신의 노동에 대한 재산권은 그 자신에게 있으며, 그것을 어떻게 행사할 것인지에 대한 결정권 또한 자신에게 있다.

소유 권리에 관한 노직의 주장은 사회에 관한 롤스의 입장에 대한 비판과도 긴밀한 연관성을 갖는다. 롤스는『정의론』에서 "사회란 구성원들이 서로를 구속하는 어떤 행동 규칙에 대해 서로가 인정하고, 이에 따라 행동하는 사람들로 이루어진 어느 정도 자족적인 조직체, 즉 구성원들의 선(善)을 증진하기 위한 협동 체제"라고 전제한 다음, 그렇기 때문에 "구성원들의 노력에 의해 산출될 더 큰 이득들에 관심을 갖게 되며", 이것은 "이득의 분배를 결정해 줄 사회 체제와 적절한 분배의 몫에 대한 합의를 위한 원칙들"을 요구한다고 주장한다. 그에게 질서 정연한 사회란 이런 "사회 구성원들의 선을 증진시켜 주고, 공공적 정의관에 의해 효율적으로 규제되는 사회이다."

이에 대해 노직은 "사회적 협동이 전혀 없다면, 다시 말해 각자가 자신의 노력을 통해서만 자신의 몫을 차지한다면", (롤스식의) 분배적 정의(재분배)의 개념은 불필요하다고 주장한다. 노직에게 각자는 어떤 것을 만들어 내는 데 협동은 하지만, 독자적으로 일한다. 즉, 각자는 서로 자기 분야의 일을 전문적으로 하는 '소규모 공장'이다.[11] 따라서 '소유 권리론'이 필요한 것이지, '차등의 원리'가 필요한 것은 아니다. 노직에게 롤스의 잘못은 산출한 최종의 것('종국 상태', end state)을 어떻게 분배할 것인지(정형적 이론)에 집착하여 어떻게 소유하게 되었는가라는 소유에 이르는 과정, 즉 역사를 고려하지 않음으로써 '최소 수혜자'에게 일방적으로 유리하도록 고안되었다는 데에 있다.

노직의 이와 같은 입장은 그가 '자연적 자산'을 롤스와 달리 그것을 지닌 사람의 것, 즉 '소유 권리'를 당연한 것으로 주장하는 데에서도 그대로 나타난다. 노직은 다음과 같은 논리 구조로 자신의 주장을 정당화한다.

11 위의 책, 235쪽.

(1) 개인은 자신의 자연적 자산에 대해 소유 권리를 지닌다.[12]

(2) 개인은 어떤 것에 대해 소유 권리를 갖는다면, 그 개인은 이로부터 비롯되는 그 어떤 것에 대해서도 소유 권리를 지닌다.

(3) 개인의 소유물은 자신의 자연적 자산으로부터 비롯된다.

그러므로

(4) 각자는 자신의 소유물들에 대해 소유 권리를 갖는다.

(5) 각자가 어떤 것에 대해 소유 권리를 갖는다면, 그들은 그것을 소유해야만(가져야만) 한다.[13]

노직은 한 개인이 지닌 '자연적 자산'이 '도덕적 관점'에서 볼 때 '자의적'이든 아니든 관계없이, 그 개인은 자신이 지닌 자연적 자산에 대해 소유 권리를 지니며, 따라서 이것으로부터 비롯되는(결과로서 산출되는) 것들에 대해서도 권리를 갖는다고 주장하고 있다. 반면, 롤스는 "자연적 능력(자질)의 분배(분포)는 '공유 자산(collective asset)'"이라고 주장한다.

롤스의 이러한 주장에 대해 노직은 "롤스는 모든 사람들은 자신의 천부적 자질에 대해 개별적 권리를 행사할 수 있는 것이 아니라 모든 자연적 자산에 대해 모든 사람들이 소유 권리 또는 권리를 갖

12 노직에게 자연 상태의 개인은 노직의 원초적 상황에서의 '가상적 (합리적) 개인'과 달리 자신에 대한 정보가 차단되어 있지 않은 합리적 개인이다.

13 위의 책, 282쪽.

는다고 주장하는 것으로 보인다."고 지적한다. 그러면서 노직은 원초적 상황에서 '천부적(자연적) 자질'을 배제하려는 롤스의 주장은 '일종의 재난(accident)'인데, 그 이유는 원초적 입장에 놓인 개인들은 자신들이 갖고 있는 속성의 일부에 대해 알고 있어야 하기 때문이라고 주장한다. 더욱이 롤스의 주장은 칸트의 입장을 재구성해 보더라도 성립하기 어렵다고 주장한다. 왜냐하면 그의 주장[14]은 개인의 능력과 재능을 다른 사람들을 위한 자원으로 간주하고 있기 때문이다.

이외에 노직은 정당한 소유권은 배타적으로 보장되어야 한다는 입장인 반면, 롤스는 사회 · 경제적 불평등은 최소 수혜자의 이익을 개선시키는 것을 조건으로 정당화된다. 즉, 노직이 정당한 소유권에 대한 배타적 권리를 주장한다면, 롤스는 최소 수혜자의 이익(차등의 원리)을 주장한다. 그럼에도 두 사람은 모두 '절차적 정의관'을 채택한다는 점에서는 서로 일치한다. 단지 노직은 정의로운 상황으로부터 정의로운 단계(과정)를 거쳐 발생하는 결과는 그 자

14 롤스는 "차등의 원리는 자연적 재능들의 분배를 공동의 자산으로 여기고, 이 분배가 어떤 결과를 가져오든 이에 따른 이익들은 서로 공유한다는 합의를 표현한다. 자연의 혜택을 받는 자들은 그들이 누구이든 혜택받지 못한 사람들의 처지를 향상시킨다는 조건 아래에서만 자신의 행운으로부터 이익을 취할 수 있다. 자연적 재능은 누구에게도 '응분'의 것이 아니며, 누구도 사회 안에서 다른 사람보다 더 유리한 출발점을 부여받을 만큼 생전에 공적을 쌓은 것도 아니다. 이러한 차이를 제거할 수는 없지만, 자연적 우연성을 가장 불리한 사람들의 선(善)을 위해 작용하도록 사회의 기본 구조를 만드는 것이 바람직하다."라고 주장한다. 위의 책, 285쪽.

체로서 옳다고 주장하고, 롤스는 공정한 최초의 상황 아래에서 공정한 절차를 거쳐 합의한 것은 그 자체로서 옳다고 주장한 것이다.

하지만 노직의 소유 권리론은 심각한 경제적 불평등을 초래하게 됨으로써 그 불평등이 궁극적으로 인간의 기본적 자유의 행사로 이어지는 것을 정당화한다고 비판받는다. 설령 그의 소유에 관한 제1원칙이 정당하다고 할지라도, 제2원칙의 지속적 · 반복적 적용은 사회 · 경제적 불평등을 구조적으로 고착화할 것이라는 비판이다.

10

싱어

1946 -

핵심 주제어

동물 해방 : 공리주의, 쾌고 감각 능력, 종차별주의, 이익의 동등한 고려 원칙

원조 : 물에 빠진 아이 구하기, 의무로서의 원조, 공리주의적 계산과 효용, 고통의 감소, 세계시민주의

동물 해방 :

공리주의, 쾌고 감각 능력, 종차별주의, 이익의 동등한 고려 원칙

도덕적 고려의 대상을 확장하려는 인간의 노력은 역사적으로 계속되어 왔으며, 인간이 인간에 대해 사용하는 폭력의 감소는 약자의 상황을 개선하는 결과를 가져왔다. 이제 동물에게 권리를 부여함으로써 이와 같은 방향을 걸어온 인간성은 더욱 발전하게 될 것이다. 양자택일의 극단적 상황에서의 정당방위가 아닌 한, 인간이 동물에게 폭력을 행사해야 할 어떤 이유도 없다.[1]

나는 절대주의자가 아니라 공리주의자이기 때문에 모든 결정이나 도덕적 선택은 그 결과와 가치에 따라 달라진다고 본다. 인간의 생명을 구할 수 있는 유일한 방법이 동물의 이용이라면, 나는 이 경우 동물의 이용이나 실험 및 연구를 무조건 금지하자고 말하지 않는다. 또한 연구의 목표가 중대한 질병을 치료하기 위한 약의 개발임을 전제로, 연구의 전 과정에서 동물의 고통을 최소화하려는 모든 노력을 기울인다면 동물의 이용은 정당화될 수도 있다. 그러므로 동물을 이용하는 모든 연구가 부도덕한 것은 아니다.[2]

1 피터 싱어 외 지음, 유정민 옮김, 『동물의 권리』, 서울 : 이숲, 2016. 74쪽.

2 위의 책, 79쪽.

싱어는 현재 실천 윤리학 분야(생명 윤리, 동물 윤리, 국제 원조, 시민 불복종 등)에서 가장 논쟁적인 학자이다. 여기서는 그의 동물 윤리와 국제 원조에 대해 검토하고자 한다. 싱어를 실천 윤리학 분야에서 가장 주목받게 한 책은 동물 해방 운동의 고전이라 불리는 그의『동물 해방』이다. 이 책은 그를 동물 윤리 분야에서 가장 중심적 지위에 올려놓았다. 이 책에서 싱어는 몇 가지 주목할 만한 개념들과 윤리적 관점을 제시하는데, 그것은 이후 전개되는 국제 원조와 관련된 논의에서도 일관되게 적용되는 규범 원리이다.

먼저, 싱어는 자신의 관점을 공리주의 윤리에 기대어 주정한다. 그는 벤담의『도덕과 입법의 원리』에 나오는 '쾌락과 고통의 원칙', 즉 가능한 한 쾌락은 증진해야 하지만, 그것이 어렵다면 가능한 한 고통을 감소 또는 최소화하는 것이 윤리적으로 바람직하다는 논리를 자신의 모든 실천 윤리학적 주제들에 적용한다. 그의 이런 주장은 이전의 다른 사상가들의 주장과 중요한 차이를 드러내는데, 그것은 벤담이 주장했던 것처럼 도덕적 판단을 가늠하는 기준이 선험적 이성, 토론(담화)이나 추론 능력이 아니라 쾌락과 고통을 느낄 수 있는 능력(쾌고 감수 능력)에 두고 있기 때문이다.

이와 같은 공리주의적 윤리 원칙에 기초해 싱어는 동물 윤리의 중심을 이루는 두 가지 개념, 즉 '종차별주의'와 '이익[3]에 대한 동

3 '이익'이란 단어는 '이해관계', '이익관심' 등의 용어와 같은 의미로 해석되어 옮기고 있다.

등한 고려의 원칙'을 이끌어 낸다. 종차별주의는 자신이 속한 종(種)의 이익을 다른 종의 더욱더 큰 이익보다 우선함으로써 (다른 존재의 고통을 자신이 속한 종의 고통처럼 동등하게 여겨야 한다는) 평등의 원리를 어기는 것이다. 이것은 마치 인종차별주의자들이 자신이 속한 인종의 이익을 더 중요하게 여기면서 인종 간 평등의 원리를 어기는 것과 같으며, 성차별주의자들이 자신이 속한 성(性)의 이익을 더 중요하게 여김으로써 성 평등의 원리를 어기기는 것과 같다. 우리는 여기서 싱어가 '평등(동등)'의 원리 근거를 '고통의 감각 능력'으로부터 발견하고 있음에 주목해야 한다.

한편, 싱어에게 이익의 동등한 고려의 원칙[4]이란 그의 '도덕의 기본 원칙'이 되는 것으로, 이에 따르면 "쾌락과 고통을 감각할 수 있는 능력을 지닌 모든 존재들은 자신의 이익(이익관심)을 가지며, 따라서 이들 존재들은 평등하게 고려(배려)될 자격과 권리를 갖는다."는 것이다. 그리고 일부 고등 동물들은 이와 같은 능력을 갖고 있기 때문에 이들 동물의 이익은 인간의 이익과 마찬가지로 동등하게 고려되어야 한다는 입장이다.

그런데 최근 싱어는 자신이 『동물 해방』에서 주장했던 것보다 더욱 진전된 주장을 전개하는데, 그것은 '동물의 권리'에 관한 보다

4 싱어는 어떤 존재가 이익(이익관심)을 갖고 있다고 말할 수 있는 전제조건은 고통 또는 즐거움(쾌락)을 누릴 수 있는 능력을 지닌 존재인가에 달려 있다고 주장한다.

적극적인 주장이다. 싱어는 "동물 윤리는 고통을 느낄 수 있는 동물, 그리고 일정한 수준의 의식이 있는 모든 동물에게는 똑같이 적용되기 때문에" "윤리학은 이들 각자의 고통을 줄이고, 이들이 최선의 삶을 살 수 있도록 해야 한다는 공리주의 원칙을 따라야 한다."고 주장한다.

특히 그는 "대형 유인원 프로젝트"(1993)를 통해 얻는 결과를 기초로 "평등 공동체에 인간, 침팬지, 고릴라, 오랑우탄 같은 유인원을 포함해야 한다."고 주장하면서 "이들 도덕 공동체 안에서는 가장 기본적인 도덕적 권리(생명권, 자유권, 신체 보전권)를 존중해 주어야 하며, 그렇지 않을 경우 법으로 규제"할 것을 제안한다. 이들 대형 유인원들이 자신의 자아를 인식하는 능력이 있는 만큼 이들에 대해서 기본적인 권리를 인정해야 한다는 논리이다.(그렇다고 그가 자아 인식 능력을 절대적 기준으로 삼자고 주장하는 것은 아니다. 그것은 쾌고 능력과의 관계 속에서 이해되어야 한다.)

그는 "지금 당장이라도 이들에게 법적 권리를 부여하자는 제안에 찬성한다."는 것으로 자신의 입장을 명확히 밝힌다. 그렇다고 그가 대형 유인원에 대한 실험을 원천적으로 금지할 것을 주장하는 것은 아니다. 왜냐하면 "대형 유인원을 이용한 실험실은 부득이한 경우에만 운영하고, 실험이 끝나면 회복 센터로 보내 남은 삶을 편안하게 지내게 해 주어야 한다."고 말하기 때문이다.

주의할 점은 싱어가 '이익에 대한 동등한(평등한) 고려의 원칙'을 주장한다고 해서 그가 인간과 동물을 똑같이 대우해야 한다고 주장하는 것은 아니라는 점이다. "단지 인간은 물론 동물의 권익도 고려해야 한다."는 것이며, 인간과 동물들의 이해관계는 서로 다르기 때문에 동물을 인간과 똑같이 대우해야 한다고 주장한다면, 이것이야말로 오히려 이치에 맞지 않는 주장이라고 말한다. 단지 "동물이 받는 고통이 인간이 받는 고통과 다르지 않다."는 점을 받아들여야 한다는 뜻이다.(그렇다고 '공리주의자'로서 싱어가 "모든 생명체는 보편적으로 평등한(동등한) 도덕적 권리를 보장받아야 한다."고 주장하는 것은 결코 아니다.)

이러한 논거를 기초로 싱어는 "어떤 한 존재가 자아를 인식하고, 추상적으로 사고하며, 미래를 계획하고, 복잡한 단계의 의사소통을 할 수 있다면, 이런 능력이 없는 다른 어떤 존재보다 이 존재는 더 높은 가치를 지닌다."고 주장한다. 실제로 싱어는 만약에 '이런 능력이 있는 존재'가 동물이고, '이런 능력이 없는 존재'가 일부 인간이라면 어떻게 하겠는가라는 물음에 "자기 삶을 누릴 수 있는 능력이 전혀 없는 사람을 구하기보다 그럴 능력이 있는 동물을 택하는 것이 옳다."고 주장한다. 그러면서도 싱어는 "그렇지만 그와 관련된 사람들의 입장(아이의 엄마, 당사자의 부모)도 고려해야 한다."고 하면서 '공리주의적' 논의의 여지는 남겨 놓는다.

한편, 싱어는 쇼펜하우어와 달리 동물 윤리와 '연민(동정)'의 관계에 대해서도 언급한다. 싱어는 "연민이 동물을 대하는 태도에서 중요하기는 하지만, 일정하게 표현되지 않는다."는 점에서 문제가 있기 때문에 이성을 활용함으로써 더 타당한 논리적 추론으로 나갈 수 있기를 제한한다. 예를 들어 우리가 개나 고양이의 복지를 생각한다면, 논리적으로 우리에 갇힌 닭이나 돼지, 소의 복지에 대해서도 염려할 줄 알아야 한다는 것이다. 이 점에서 '이성'은 '동물에 대한 사랑'이나 '연민'보다 공리주의와 동물 윤리 분야에서 여전히 중요하다고 할 수 있다.[5] 마찬가지로 전 세계 경작지의 70%가 동물 사육을 위해 이용되고 있다는 현실을 깨닫는다면, 우리의 논리적 추론과 결론은 당연히 육식이 아니라 마땅히 채식을 통해 식량 문제를 해결하는 것이 바람직하다는 것으로 나아가야 한다는 것이다.

싱어는 자신에 대한 성찰적 능력이 있는 존재는 곧 고통을 감각할 수 있는 능력이 있음을 의미하는 것으로 본다. 따라서 우리가 윤리적 원칙으로 삼아야 하는 것은 다름 아닌 '고통에 대한 감각 능력'이라고 주장한다. 싱어는 이러한 윤리적 원칙을 수산업 분야에까지 확장하는데, 이에 따르면 "다른 대안이 없어 전통적인 방

5 싱어에 의하면, 이성적 사유는 오히려 인간적이다. 왜냐하면 이성적 사유가 없는 동정이나 연민은 방향성을 상실할 수 있지만, 인간과 동물에게 무엇이 필요한지를 이해하고, 보편적 선의에 기초해 논의를 전개하려는 이성적 사유와 공리주의적 판단은 윤리적 성찰과 쟁점들에 대한 철학적 성찰에 도움을 주기 때문이다. 그러므로 동정이나 연민이 인간의 동물에 대한 도덕적 선택의 기준이 되어서는 안 된다는 것이 싱어의 생각이다.

식으로 어업에 종사하는 사람들은 예외로 하겠지만", 상업적 이익을 목적으로 하는 선진국의 산업형 어업에 대해서 그것이 물고기들에 대해 심각한 고통을 초래한다는 점을 들어 비판적 입장을 분명히 한다.

또 싱어는 우리가 동물을 학대해서는 안 되는 이유가 인간으로서 도덕적 품위를 유지하는 것이 인간을 더욱 명예롭게 하는 일이기 때문이라고 주장하는 일부의 논리에 대해서는 정면으로 반박한다. 싱어에 따르면, 이것은 오히려 동물이 고통을 느끼는 능력을 지니고 있다는 것을 인정하기 때문에 학대를 해서는 안 된다고 주장하는 것과 같은 의미라고 지적한다. 왜냐하면 고통을 느끼지 못하는 바위나 돌을 깨뜨리는 행위가 인간의 도덕적 품위나 명예와는 무관하기 때문이다.

결론적으로 어떤 살아 있는 존재에 대해 '도덕적 고려'라는 표현을 사용하는 것이 적절한가를 판단하는 기준은 그 존재가 '고통을 감각할 수 있는 능력'을 갖고 있느냐로 귀결될 수밖에 없고, 그렇기 때문에 식물이 아닌 '동물의 고통'이 문제가 된다는 것이 싱어의 기본 입장이다. 이 같은 논리를 토대로 싱어는 우리가 해야 할 "최우선 과제는 (쾌고) 인지 능력이 있는 존재(동물)를 인간의 도덕적 고려의 영역에 포함하는 일이며, 이것이 실현되면 (동물에게 고통을 주는 행위를 규제하는) 법 제정도 뒤를 이을 것"이라고 주장한다.

싱어는 인간의 도덕적 정서가 점진적으로 확장되어 가고 있다고 믿으며, 이러한 인간성의 고양과 함께 도덕성에서의 진정한 진보 또한 이루어지리라고 확신한다. 예를 들어 인종차별주의에 대한 반대, 여성해방운동, 동성애자 권리운동, 아동 권리운동의 경우들처럼 인간의 도덕 정서는 점진적으로 그 영역을 확장할 것을 요구하고 있으며, 이에 따라 '동물해방'에 대한 생각도 자연스럽게 자리 잡게 될 것이라고 확신한다. 그리하여 마침내 노예제를 주장하는 사람들이 비웃음과 조롱거리가 되듯이 동물을 존중하지 않는 사람들이 비웃음거리가 되는 날이 올 것이라고 전망한다.

"인간은 이기적이기도 하지만 이타적인 성향도 갖고 있다. 인류의 역사는 인간이 협력의 능력을 발전시켜 왔음을 보여 준다. 사람들은 도덕의 영역에 점점 모든 인간을 포함했고, 이타주의적 성향을 발전시켜 왔으며, 이유 없이 가하는 잔인성과 신체적 학대를 배척해 왔다. 이런 도덕적 진화 과정 속에서 동물을 포함하는 것은 주목할 만한 결과이다. 인간은 더 평화로워지고, 덜 잔인하며, 더 관대해질 것이다."

우리가 알고 있는 것처럼 대부분의 인간이 이성적으로 사고할 수 있는 유일한 존재라는 점은 명확한 사실이다. 그런 점에서 인간은 특별하다고 할 수 있다. 하지만 그렇다고 이것 때문에 인간만이 신성한 가치를 지니며(종차별주의), 따라서 다른 동물의 권리를 박탈해도 된다는 것은 아니며, 동물보다 인간에게 더 큰 책임감을 지녀야 한다고도 결론지을 수는 없다. 또 언제나 인간이 동물보다 정신적으로 우월하다고도 말할 수 없다.('가장자리 인간')[6]

원조 :
물에 빠진 아이 구하기, 의무로서 원조, 공리주의적 계산과 효용, 고통의 감소

내가 도울 사람이 10m 거리에 떨어진 곳에 사는 이웃집 어린아이인지, 아니면 이름도 알지 못하는 1천만 ㎞ 떨어진 곳에 기아로 굶주리고 있는 어린아이인지는 나에게 도덕적으로 아무런 차이가 없다.(절대 빈곤을 감소시킬 책무)[7]

가난한 사람들이 얼마나 혜택을 볼 것인가? 우리의 초점이 경제성장에 맞춰져서는 안 된다. 생명을 구하는 것, 고통을 줄이는 것, 사람들의 기본적 욕구를 충족시켜 주는 것에 맞춰져야 한다. 원조는 절대 빈곤의 사람들을 도울 수 있고, 반드시 더 나은 제도의 수립으로 이어지지 않더라도 그들에게 현저하고 지속적인 변화

6 싱어 외 지음, 유정민 옮김, 『동물의 권리』, 서울 : 이숲, 2016. 32쪽.

7 싱어 지음, 김희정 옮김, 『세계화의 윤리』, 서울 : 아카넷, 2003. 204쪽.

를 이끌어 낼 수 있다. 그런 경우 우리는 (원조를) 주저하지 않아야 한다. 원조의 효과에 대한 불확실성이 가난한 사람들을 위해 우리가 베풀어야 한다는 의무를 지워 버리지는 않는다. 원조 프로젝트[8]가 그들에게 큰 혜택을 줄 가능성이 높고, 우리가 져야 할 부담이 상대적으로 가볍다면, 우리는 베풀어야 한다.[9]

원조에 관한 위와 같은 싱어의 입장은 '세계시민주의적 관점'에 기초하고 있다는 평가를 받는다. 그는 1971년 파키스탄 군대가 자행했던 대량 학살을 피해 인도의 난민촌에 살고 있던 수백만 명의 벵골인이 기아로 죽을 위기에 처해 있다는 소식을 듣고, '이방인을 도울 의무'에 관한 자신의 입장을 '물에 빠진 아이 구하기'라는 비유를 통해 호소한다.

즉, 약속된 시간에 강의를 하러 가던 중 아이가 약간 깊은 연못에 빠져 있는 것을 보고, 그 아이를 구할 수 있는 사람이 오직 자신뿐임을 알게 된다면, 나는 어떻게 해야 하는가이다. 싱어는 이 가상의 상황을 통해 우리에게 아이를 구할 경우 강의를 준비하기

8 이것은 구체적으로 유엔개발계획, 비정부기구, 대학연구소가 함께 협력해 추진한 '밀레니엄 빌리지 프로젝트'(2005)를 말한다. 이 프로젝트는 원조가 국가 차원에서 이뤄지는 대규모 제도를 바꾸지 않고도 농촌 마을에 변화를 가져올 수 있는지를 실험한 것으로, 원조를 받은 마을들이 자생력을 갖추는 것으로 증명되었다. 또한 이것은 '삼분법' 논리에 따라 원조를 부정하는 하딘의 '구명정 윤리'를 반박하는 좋은 사례가 된다. 위의 책, 162, 170쪽.

9 위의 책, 158, 159, 162, 172쪽.

위해 차려입은 옷차림이 모두 망가지고, 시간에 늦어 약속된 강의를 할 수 없게 되는 것이 중요한 것인지 아니면 어린아이의 생명을 구하는 것이 더 중요한 것인지를 묻고 있다. 싱어는 이 비유를 통해 벵골인을 구하는 일은 곧 어린아이를 구하는 일과 같으며, 나는 곧 부유한 나라 또는 부유한 나라의 시민임을 우리에게 암시한다.

하지만 이방인을 도와야 할 의무가 우리의 이웃이나 동포를 도와야 할 의무만큼 중요하다는 싱어의 주장은 우리가 우리의 가족, 이웃, 친구, 국민에 대해 지는 의무들보다 중요한 의미를 지니지 않는다거나 심지어 의무가 없다는 비판에 부딪힌다. 싱어는 이러한 비판을 오히려 '편향적인 선호'에 기초한 논리라고 반박한다.

예를 들어, 부모의 자식에 대한 편향적 선호는 아이에게 생활필수품을 제공하거나 아이에게 중요한 것을 제공함으로써 아이가 사랑받고 보호받고 있다는 것을 느끼도록 해 주는 것에 머물러야지, 아이가 원하는 모든 욕망을 채워 주는 것이 되어서는 안 된다는 것이다. 또 국가가 '상상의 공동체'인 자국의 국민을 돌보는 일은 중요하다는 주장에 대해서도 싱어는 '민족이라는 상상의 공동체'의 구성원으로서의 삶과 '세계라는 상상의 공동체'의 구성원으로서 삶을 맞대어 비교한 다음, 어떤 삶이 궁극적으로 더 의미 있고 가치 있는 일인지를 스스로에게 물어볼 것을 제안한다.

이 때문에 싱어는 "원조의 의무란 언제나 자유롭거나 적정한 (또는 질서 정연한) 사회체제를 설립하려는 만민(민족)들을 돕는 훨씬 더 큰 기획의 한 방편"이라고 주장하는 롤스의 주장을 비판한다. 왜냐하면 "원조의 의무란 잘사는(부유한) 사회가 굶어 죽어 가고 있거나 '기본적 필요'도 충족시킬 수도 없는 개인들을 도와야 할 의무"임에도 불구하고, 롤스의 '원조의 의무'는 '국제 관계'를 중시하기 때문에 개인에 대한 경제적 관심(개인을 돕는 일)이 중요하게 다루어지지 않고 있다는 것이다.

하지만 현재 세계의 상황을 지금처럼 그대로 둔다면, "자유롭거나 적정한 체제를 설립하여 '질서 정연'해지기도 전에 영양실조와 빈곤에 의한 질병으로 수백만 명의 사람들이 죽어 갈 것이다." 결론적으로 "잘사는 나라(국가)와 국민들이 10억 명이 넘는 절대 빈곤의 가난한 사람들의 필요에 대응하는 문제는 공적인 정의 개념에 의해 효율적으로 운영되고 있지 않는 사회의 문화를 변화시키려는 장기적인 목표보다 훨씬 긴급하고 절박한 문제"라는 것이 싱어의 주장이다.

세계시민주의적 관점과 공리주의적 관점을 중시하는 싱어는 지금까지 해온 정부 차원의 원조에 대해서도 따끔하게 지적한다. "과거 정부의 해외원조는 기대하는 만큼의 빈곤을 줄이는 데 효과적이지 못했다. 그 이유는 원조가 빈곤을 줄이는 것을 목표로 하지 않았기 때문이다." 즉, 지금까지 선진국들의 원조는 빈곤을 줄이고 성장을 촉진하는 데 초점을 맞춰 온 것이 아니라 선진국들의 전략적 이익에 초점을 맞춰 왔다는 지적이다.

예를 들어 미국의 많은 원조는 중동, 이스라엘, 이집트 같은 전략적 · 군사적 우방에 집중되어 있고, 일본은 국제 조직(UN)에서 자신들의 입장에 동조하여 투표하는 나라들에 집중되어 있으며, 프랑스는 자국의 식민지였던 국가들에 집중되어 있다는 것이다. 반면, 북유럽 국가들은 가난하지만 주어진 재원을 잘못 사용하지 않을 바람직하고 합당한 정부의 나라들을 우선 도와주는데, 이것은 원조에서 '효율성(최대 효용)'[10]을 중시하기 때문이라고 싱어는 주장한다.

이처럼 싱어는 훌륭한 결과를 낳을 가능성이 높은 곳에 지원해야 한다는 공리주의적 관점에 기초해 원조를 주장하고 있으며, "무엇보다 우리가 국가적 경계가 아니라 하나의 세계라는 생각에 기초한 윤리", 즉 세계시민주의적 관점에서 원조의 의무를 실천해야 한다고 주장한다. 싱어에 의하면, "새로운 윤리는 이 지구에 살고 있는 우리 모두의 이익을 위해 봉사하는 윤리여야 한다."[11]

10 또한 그렇기 때문에 원조를 헛되이 하게 하는 정책을 만들고 집행하는 나라에 대해서까지 우리가 원조할 책무가 있는 것은 아니다: 싱어 지음, 변순용 옮김, 『실천윤리학』, 서울 : 연암서가, 2013, 369쪽.

11 위의 책, 37쪽.

11

레건

1938 -

핵심 주제어

동물의 권리 : 도덕 행위자, 도덕 무능력자, 삶의 주체, 내재적 가치(inherent value), 생태 파시즘

동물의 권리 :

도덕 행위자 대 도덕 무능력자, 삶의 주체, 내재적 가치(inherent value), 생태 파시즘

삶의 주체(subject-of-a-life)란 단순히 살아 있는 존재라는 그 이상을 의미하며, 단순히 의식이 있는 그 이상을 의미한다. 만약에 개체들이 신념과 욕구를 지닌다면, 그 개체들은 삶의 주체이다. 보다 구체적으로 인지, 기억, 자신의 미래를 포함해 미래에 대한 의식을 갖고 있다면, 즐거움과 고통을 함께 느낄 수 있는 정서적 삶을 영위한다면, 선호와 복지에 관한 이해관계를 지닌다면, 자신의 욕구와 목표를 위해 행위 할 수 있는 능력이 있다면, 시간을 넘어선 심리학적 정체성에 대한 능력이 있다면, 자신의 경험에 비추어 자신의 삶이 잘 사는 삶인지 아니면 그렇지 못한 삶인지를 의식하는 개체로서 복지 능력을 지닌다면, 다른 사람에 대한 유용성과는 논리적·독립적으로 구분되는 자신의 삶에 대해 느끼는 자신이 갖고 있는 유용성을 지닌다면, 이들 개체는 삶의 주체이다. 삶의 주체인 개체들은 그들 스스로 내재적 가치(inherent value)를 지닌다.[1]

1 Botzler R. G. & Armstrong Susan J., Environmental Ethics : Divergence and Convergence, New York : McGraw-Hill, 1998.

> 도덕 행위자는 어떤 행동이 도덕적인지, 도덕적 결정을 내릴 수 있는 능력, 도덕성에 따른 자유로운 행동 능력, 행위자의 도덕성에 대한 인지 능력을 모두 포함한다. 도덕 무능력자는 체계적이고 명료하게 설명할 수 있는 능력을 결여하고 있다. 따라서 바람직한 행동이 무엇인지, 적절한 도덕 원리를 심사숙고하여 적용할 수 있는 능력을 결여하고 있다. 도덕 행위자만이 옳거나 그른 행동을 할 수 있다.[2]

싱어의 공리주의적 동물 중심주의와 달리 레건의 '동물 권리론'은 칸트의 의무론적 관점을 자신이 제시하는 '삶의 주체'라는 개념과 연계 짓고 있다는 점이 특징적이다. 그의 동물 권리론을 이해하기 위해서는 먼저 그의 핵심 개념인 '도덕 행위자'와 '도덕 무능력자(수동자)'를 이해해야 한다.

도덕 행위자는 정교한 다양한 능력을 지닌 개체를 의미하며, 그와 관련된 능력이란 개체가 도덕 원리를 채택할 수 있는 능력을 의미한다. 따라서 이 능력은 개체가 도덕적 관점에서 무엇을 해야 할지, 도덕적 결정 능력을 지니는지, 도덕성에 기초해 자유롭게 선택하고 행동할 수 있는지, 자신의 행위가 도덕적인지를 인지할 수 있는지와 관련된 능력을 의미한다. 따라서 도덕 행위자는 이와 같은 능력을 갖고 있기 때문에 자신의 행위에 대한 도덕적 책임의

2 위의 책.

수용 능력도 도덕 행위자의 특성에 포함된다.

반면, 도덕 무능력자는 자신의 행위를 통제할 수 있는 필수적인 능력을 결여하고 있기 때문에 도덕적 책임 능력을 결여하고 있다. 도덕 무능력자는 자신을 체계적이고 명료하게 표현하고 설명할 수 있는 능력도 결여하고 있을 뿐만 아니라, 자신이 하는 다양한 행동들에 대해 바람직하다거나 적절하다고 할 수 있는 도덕 원칙을 심사숙고하여 적용할 수 있는 능력 또한 결여하고 있다. 다시 말해, 도덕 무능력자는 어떤 옳은 행위도 할 수 없지만, 어떤 그릇된 행위도 할 수 없다. 만약에 그들이 다른 어떤 존재들의 복지에 대해 불이익(예를 들어 고통을 주거나 죽이는 경우)을 주는 경우가 일어나고 있을 때, 도덕 행위자가 그들에게 그와 같은 해로운 행위를 못하도록 강제력이나 물리력을 행사할 수도 있을 것이다. 하지만 그러한 경우에도 도덕 무능력자들은 여전히 그릇된 어떤 행동을 하고 있다고 보기는 어렵다. 오직 도덕 행위자만이 그릇된 어떤 행위도 할 수 있는 것이다.

그들이 도덕 행위자가 아님에도 불구하고, 도덕 행위자인 인간이 그들의 권리를 인정하고 존중해야 하는 이유는 그들이 '삶의 주체'이기 때문이라는 것이 레건의 주장이다. 레건에 의하면, 도덕 행위자와 도덕 무능력자는 '삶의 주체'라는 개념을 서로 공유한다는 점에서 공통점이 있다. 즉, 이들은 평등한 내재적 가치를 지니기 때문에 다른 사람들에 대해서 갖는 유용성과는 논리적으로 독립되며, 자신의 존재가 다른 존재들의 이익과도 논리적으로 독립적이라는 것이다.

또 내재적 가치는 그 자체가 하나의 범주적 기준과 지위로 작용하기 때문에 삶의 주체로서 지위가 더 높다거나 더 낮다고 말할 수 없다. 그들이 선호하거나 능력을 보여 주는 정도(예를 들어 예술적 탁월성이나 수학적 능력과 관련된 덕들)에 따라 삶의 주체로서 지위가 달라지는 것은 아니다. 즉 한쪽은 삶의 주체이고, 다른 한쪽은 삶의 주체가 아니라는 뜻이 아니다. 도덕 행위자이든 도덕 무능력자이든 '삶의 주체'라는 점에서 서로 동등(평등)하다는 뜻이다. 한편, "모든 살아 있는 개체들이 삶의 주체인 것은 아니다." 따라서 생명을 지닌 모든 존재들이 동등한 도덕적 지위를 갖지는 않는다. 삶의 주체는 '동등한 내재적 가치(equal inherent value)'를 지니기 때문에 이들에 대해 직접적 의무를 구성한다.

정의란 삶의 주체인 이들의 평등한 가치에 대해 평등한 고려를 요구한다. 레건은 이것에 대해 '존중의 원리'라고 이름 붙이는데, 그에 따르면 "우리는 내재적 가치를 지닌 개체들에 대해 그들의 내재적 가치를 존중하는 방식으로 그들을 대우해야 한다."는 것이다. 이것은 고유한 가치를 지닌 모든 삶의 주체들, 즉 도덕 행위자이든 도덕 무능력자이든 모두에게 공통적으로 적용된다. "동물을 존중하여 대우하는 것은 우리의 친절을 보여 주기 위한 것도, 낭만적인 관심을 보여 주기 위한 것도 아니다. 그것은 정의에 따른 행동이다. 도덕 행위자가 도덕적 지위를 독점해야 한다는 믿음은 더 이상 설득력을 갖지 못한다.”

동물의 권리를 주장하는 레건의 관점은 다음과 같은 논리에 대해서도 반대한다. 예를 들어, 동물들이 굶어 죽는 것보다 차라리 덫이나 사냥에 의해 죽는 것이 덜 비참하다는 논리, 아니면 계절에 따라 일부 동물들을 사냥이나 덫을 놓음으로써 특정 지역의 동물 개체수를 조절해 주는 것이 생태적으로나 '인도주의적' 측면에서 더 바람직하다는 논리가 이에 해당한다. 레건에 의하면, 이런 논리 는 인간의 오락과 미각, 심미적 즐거움, 사회적 이해관계들에 기초해 야생의 동물들을 관리할 것을 주장하는 것이다.

그뿐만 아니라, 이것은 야생의 자연이 스스로를 회복하기 때문에 재생가능한 자원이라는 생각에 기초하고 있다고 본다. 레건에게 야생의 동물들은 우리 인간을 위해 존재하는 자원이 아니다. 그들은 인간의 이해관계와는 독립된 가치를 지니기 때문에 그들의 가치는 인간과의 관계 속에서 드러나는 유용성으로 환원될 수 없는 것이다. 따라서 그들에게 덫을 설치하거나 사냥을 하는 행위는 그들을 존중해야 한다는 인간의 도덕적 의무, 즉 정의에 어긋나는 것이다.

동물은 도덕적 행위자가 아니기 때문에 어떤 동물이 자신보다 약한 동물을 잡아먹는다고 해서 이것이 '동물의 권리를 존중할 의무'에 어긋나는 것은 아니다. 즉, 도덕 행위자가 삶의 주체인 동물에 대해 지는 의무와는 구별되어야 한다. 비록 늑대가 순록에게 끼치는 피해가 크다고 하더라도, 늑대가 순록을 잡아먹는 행위가 도덕적으로 그릇된 행동이라 할 수 없다.

또 인간이 자신의 경제적 이해관계에 기초해 덫이나 사냥을 통해 동물의 서식지를 파괴하거나 관리 및 경영해야 한다는 생각은 동물을 '수확'이라는 관점에서 이해하려는 잘못으로부터 비롯된 것이다. 우리가 야생의 동물을 존중해야 하는 이유는 우리가 갖고 있는 친절함이나 동정심, 그들이 겪는 고통에 기초해 그들에게 가해지는 학대에 반대하기 때문이 아니다. 삶의 주체인 그들의 권리를 존중해야 하기 때문이다.

12

테일러

1923 - 2015

핵심 주제어

자연에 대한 존중 : 도덕적 행위자, 목적론적 생명의 중심, 조건부 의무, 해악 금지, 불간섭, 충실성, 복원의 규칙, 자기 방어, 비례와 균형, 최소악, 분배적 정의, 보상적(복원적) 정의, 자연에 대한 존중의 태도(성향), 선결 문제 요구의 오류

자연에 대한 존중 :
조건부 의무, 내재적 가치, 목적론적 생명의 중심, 정의, 선결 문제 요구의 오류

인간이 갖고 있는 상대적이고 비교적인 특성이나 장점을 가지고 인간의 우월성을 주장하는 것은 이미 그 안에 비교 대상이 되는 것과의 등급(더 높고 더 낮은)과 위계를 전제하고 있는 것이다. 즉, 인간의 '도덕적 능력'을 그렇지 못한 존재와 비교하고, 이를 근거로 인간의 우월성을 주장하는 이러한 논리는 먼저 왜 '도덕적 능력'이라는 특성이 우월한 기준이 되는가에 대한 해명이 생략된 채 주장되고 있는데, 이것은 선결문제요구의 오류이다.[1]

우리가 인간이 지닌 어떤 장점이나 특성을 가지고 인간이 다른 나머지 생명 종(種)의 구성원들보다 우월하다고 주장하는 것은 '지구의 생명 공동체'라는 사고와 모든 생명은 '목적론적 생명의 중심'이라는 사고에 비추어 볼 때 근거 없는 주장이다.[2] 자신의 선을 갖는 존재는 그 존재가 내재적 가치(inherent worth)[3]를 지닌다

1 P. Taylor, "The Ethics of Respect for Nature", reprinted in Donard VanDeveer, "The Environmental Ethics Policy Book", 1998. 160-173.

2 의 책, 168쪽.

3 일러가 여기서 말하는 '내재적 가치'란 인간의 관점에서 어떤 생명에 대해 가치가 '있다 · 없다'라고 판단하는 것과는 무관하게 각각의 생명이 지니고 있는 '목적론적' 성격을 의미하는 독립적이고 객관적 인 의미의 가치를 말한다.

는 것인데, 이것은 구체적으로 '도덕적 배려를 받을 만한 자격'을 의미한다.

인간과 환경의 윤리적 관계의 성립을 검토하는 환경 윤리는 크게 인간 중심주의와 비인간(탈인간) 중심주의로 나뉜다. 먼저, 인간 중심주의란 인간의 가치를 자연과는 독립된 것으로 보고, 인간이 아닌 나머지 자연 존재의 이해관계에 대해서는 배타적인 반면, 인간의 이해관계에 대해서만큼은 지배적이고 우월한 것으로 가치 평가하려는 입장이다. 한마디로 인간 중심주의란, 도덕적 지위는 이성적 존재인 인간만이 갖는다는 믿음에 기초해 인간의 가치와 이해관계를 다른 나머지 존재들의 가치나 이해관계보다 우선하는 입장이다.

이와 같은 인간 중심주의는 다시 근대 이전과 근대 이후로 나누어 생각해 볼 수 있는데, 근대 이전에는 고대의 아리스토텔레스와 중세의 토마스 아퀴나스를 들 수 있고, 근대에는 베이컨, 데카르트, 칸트를, 그리고 현대에는 매클로스키, 패스모어 등을 들 수 있다. 현대의 인간 중심주의자들은 전통적인 인간 중심의 규범 윤리학적 도덕 가치들(예를 들면 인격 존중, 생명, 정의, 정직, 선의 증진 등)을 자연환경에까지 확장하여 적용하려 하기 때문에 새로운 윤리로서 환경 윤리를 요청하는 것에 대해 부정적이다.

환경 윤리 분야에서 비인간 중심주의는 도덕적 배려를 받을 수 있는 자격의 범위를 인간을 넘어서는 영역으로 확장하기 때문에 '비인간' 또는 '탈인간' 중심적이라고 부른다. 여기에는 배려의 범위에 따라 동물 중심, 생명 중심, 그리고 생태 중심적 입장이 있다. 동물 중심적 입장에는 싱어와 레건이, 생명 중심적 입장에는 슈바이처와 테일러가, 그리고 생태 중심적 입장에는 레오폴드가 있다. 또 이 중에서 동물과 생명 중심적 관점은 개체론적 환경 윤리로, 생태 중심적 관점은 '전일주의적(전체론적)' 환경 윤리로 분류한다.

여기서는 생명 중심적 입장을 가장 잘 표현하는 것으로 알려진 테일러의 "자연에 대한 존중"을 기초로 살펴보려 한다. 생명을 가치 판단의 원리로 삼는 테일러의 생명 중심적 관점에서 우리가 주목해야 할 내용은 유기체로서 각각의 생명들은 모두 자신 안에 내재하고 있는 근원적인 목적을 지향하고, 그것을 실현하려고 애쓴다는 점에서 '목적론적 생명'이며, 그 목적론적 생명의 '중심'이라는 주장이다. 따라서 도덕 행위자(moral agent)인 인간으로부터 이들 목적론적 생명들은 자신의 내재적 목적과 관련해 인간으로부터 이익과 불이익이라는 영향을 받는다.

이 점에서 모든 생명들은 도덕 행위자는 아니지만 인간에게 도덕적 고려의 대상(moral subject)이 된다. 테일러는 이로부터 인간의 "자연에 대한 존중의 태도"가 환경윤리에서 도덕규범의 기초가 되어야 한다고 주장한다. 그는 자연에 대한 존중의 태도는 기본적으로 '생명 중심적 체계'라고 규정하면서 이것은 "도덕적 고려와 관심의 대상을 전체론적(holistic) 관점에서 요청하는 것은 아니다."라고 주장한다. 즉, 이것은 "생명 중심적 체계는 생태학적 항상성이나 생태학적 평형 또는 생태학적 통합성 개념이 자연에 대한 우리의 의무나 규범적 원리를 제공해 줄 수 있으리라고 기대하지 않는다."는 의미이다. 이에 기초해 테일러는 자신이 주장하는 '내재적 가치(inherent worth)'를 지닌 존재란 개별 유기체가 지닌 선에 관한 것이며, 이것이 지구 생명 공동체와 우리의 도덕적 관계를 결정하는 것이라고 주장한다.

이 때문에 생명 중심적 체계는 (오직) 인간에 대해서만 모든 의무의 체계를 적용하려는 인간 중심주의와 달리 "우리는 지구 생명 공동체의 구성원들인 야생의 동식물에게 빚을 지고 있다는 점에서 '조건부 의무'를 지닌다. 우리는 그들 자신을 위해 그들의 선을 보호하고 증진해야 한다. 인간의 복지는 물론, 그들의 복지는 그 자체로서 목적을 지닌 것이기 때문에 반드시 실현되어야 할 어떤 것"이라는 점을 강조한다.

이에 따르면, 무엇보다 "모든 유기체, 종(種)을 이루고 있는 개체들, 그리고 생명 공동체는 도덕 행위자가 의식적으로 자신의 행위를 통해 이와 같은 존재들에게 해를 입히거나 선(善)을 증진할 수 있다는 점에서 자신의 선을 지닌다. 따라서 어떤 것이 개체인 어떤 존재에게 좋다는 말은 그것이 개체인 어떤 존재의 생명과 복지를 보전하고 강화시켜 준다는 점에서 선을 행하고 있다는 의미이고, 개체인 어떤 존재에게 나쁘다는 것은 그것의 생명과 복지에 손해 또는 불이익이 된다는 의미이다." 생명이 있는 모든 유기체들은 자신의 생물학적인 힘에 의해 자신을 충분히 발전시키고 전개하려는 존재라는 점에서 모두 자신의 선을 가진다고 할 수 있다.

예를 들어, 나무가 지식이나 욕망 또는 감정을 가지고 있다고 볼 수는 없다. 하지만 나무는 우리의 행동에 의해 확실히 이익을 볼 수도 있지만 해로움을 겪을 수도 있다. 즉, 우리는 불도저를 가지고 나무의 뿌리를 뽑아 버릴 수도 있고, 뿌리에 거의 닿도록 운전할 수도 있다. 그런가 하면 우리가 나무를 둘러싸고 있는 토양에 물을 뿌리면 토양은 비옥해지고, 나무는 이로부터 적절한 영양과 수분을 흡수하리라는 것을 알고 있다. 따라서 우리는 나무가 자신의 선을 실현하도록 도움을 줄 수도 있지만 방해할 수도 있다. 그것이 우리의 행위에 의해서 영향을 받는 나무 자신의 선인 것이다.

이렇듯 우리가 야생 지역이나 어떤 종을 이루는 개체들 또는 공동체에 대해 해로움을 끼칠 수 있는 것과 마찬가지로, 우리는 또한 어떤 종을 이루고 있는 전체 나무 개체들의 선을 촉진하는 행동을 할 수도 있고, 일정한 야생 지역의 전체 식물 생명 공동체의 선을 위해서도 마찬가지 행동을 할 수도 있다. 이렇게 볼 때, 어떤 존재의 선이란 고통을 경험할 수 있는 능력이나 감각 능력이라는 기준을 가지고 이해해서는 안 된다.

다음으로 자연에 대한 존중의 태도는 '내재적 가치'를 지닌 존재들과 관련된다. 즉, 야생의 생명 개체들에 대한 존중의 태도는 그것들이 지닌 내재적 가치와 관련해 적용된다. 그리고 오직 도덕 행위자들만이 그들에 대해 관습적이고 도덕적인 의무와 책임성을 의식하고 있는 존재라고 할 수 있다. 이것은 두 가지 원리, 즉 '도덕적 배려를 받을 자격의 원리'와 '내재적 가치의 원리'에 의해 구체적으로 설명된다.

"도덕적 고려 또는 도덕적 배려를 받을 자격의 원리에 의하면, 야생의 생명체들은 그들이 단지 지구 생명 공동체를 이루는 구성원들이라는 점만으로도 모든 도덕 행위자들로부터 관심과 배려를 받을 자격이 있다. 도덕적 관점에서 볼 때, 그들의 선은 이성적 행위자의 행위에 의해 더 나은 영향을 받거나 더 나쁜 영향을 받을 수 있기 때문에 언제든지 도덕적 고려 대상에 포함되어야 한다."

또 "내재적 가치라는 측면에서 볼 때, 어떤 존재가 지구 생명 공동체의 구성원이라면, 그 존재 구성원의 선의 실현은 내재적으로(intrinsically) 가치를 지닌다고 할 수 있다. 우리가 모든 유기체들, 종을 이루는 개체들, 생명 공동체에 대해 내재적 가치를 지닌 것으로 여기는 한, 우리는 그것의 전체적인 가치를 어떤 다른 존재의 선을 위한 도구로서 간주하거나 단순한 대상으로 취급해서는 안 된다. 각 개체의 복지는 그것 자체로, 그리고 내재적으로 가치가 있는 것으로 보아야 하기 때문이다." 그러므로 이성적이며 자율적인 행위자들은 그들의 내재적 가치를 존중해야 하며, 그들은 내재적으로 지니고 있는 자신의 선을 실현하고자 애쓰는 존재라고 보아야 한다. 즉, 그들은 이와 같은 기능들을 수행하도록 책임성을 보여야 하며, 이를 방해하는 행동에 대해서는 삼가야 한다.

자연에 대한 존중의 태도는 인간의 윤리에서 각각의 개별 인격에 대해 존중하는 태도와 비교해 이해할 수 있다. 즉, 우리가 한 사람 한 사람의 인격에 대해 존중의 태도를 지니게 된다면, 우리는 이것을 모든 사람을 인격으로서 대우하려는 태도를 견지하게 되는데[4], 이것은 내재적 가치를 지닌 각 개인의 이해관계(이익)를 충분히 고려하게 된다는 의미를 지닌다. 마찬가지로 우리가 자연에 대해 존중의 태도를 갖는다면, 우리는 우리가 인간에 대해 적용했던 규범적 원리를 자연에 대해서도 마찬가지로 적용할 수 있게 될 것이다.

하지만 자연에 대한 존중의 태도를 '자연에 대한 사랑(애정)'이라는 감정이나 성향과 같은 것으로 이해하는 것은 곤란하다. 왜냐하면 자연에 대한 사랑은 개인이 갖고 있는 이해관계나 자연 세계에

4 테일러는 이것을 칸트의 목적 그 자체 개념과 연관 짓는다. 즉, 인간에 대한 존중의 태도를 도덕의 근본 원리로 삼게 되면, 인간의 존엄성 또는 인간의 인격성은 도덕적 배려를 받을 자격을 의미하는 내재적 가치(worthy of moral consideration)를 지닌 존재로 이해될 수 있다는 것이다. 그리고 이에 따라 각자는 각자에 대해 의무의 빚을 진다는 의무의 윤리 체계가 확립된다는 것이다.

대한 개인의 반응에 기초하기 때문이다. 만약 이렇게 된다면, 우리가 어떤 한 개인에게 갖고 있는 애정의 감정처럼, 자연에 대한 사랑 또한 인간이 자연에 대해 갖고 있는 특별한 감정의 형태일 뿐이게 된다. 이것은 인간에 대한 존중이나 자연에 대한 존중의 태도와는 다른 것이기 때문에 자연에 대한 사랑이 자연에 대한 존중의 태도와 같을 수는 없다. 자연에 대한 존중의 태도는 모든 도덕 행위자가 자연을 사랑하든 사랑하지 않든 상관없이 마땅히 도덕 행위자로서 존중의 태도를 지녀야 한다고 믿는 태도이다.

따라서 자연에 대한 존중의 태도는 개인의 일반적인 이해관계에 구속받지 않는 공평무사한 태도이며, 보편화 가능한 태도이다. 또 자연의 목적론적 생명의 실현을 위해 도움이 될 수 있는 행위를 조건부 의무로 받아들이는 성향이나 태도이다. 그러므로 이러한 태도를 지닌 사람이라면 누구나 한결같고, 자연에 대한 거의 영속적인 존중의 태도와 성향을 보인다.

그뿐만 아니라 자연에 대한 존중의 태도와 윤리는 인간의 가치, 즉 인간의 권리나 인간의 복지를 고려하여 자연을 가치 평가하려는 것이 아니다. 비인간인 동물과 식물은 자신들의 선을 위한 목적론적 중심이기 때문에 그들에 대한 인간의 가치 평가와는 독립적이다. 테일러가 주장하는 '자연에 대한 생명 중심적 관점'이란 이것을 가리킨다. 테일러는 이러한 신념을 생태학이 가르치는 '생명체들 사이의 상호의존성' 개념으로부터 끌어온다. 즉, 상호 의

존성에 기초한 안정성과 균형은 생명 공동체를 이루고 있는 구성원들의 선을 위해 반드시 필요한 조건이다.

테일러는 지금까지의 논의를 근거로 자연에 대한 생명 중심적 관점을 다음의 네 가지로 제시한다.

(1) 지구의 생명 공동체를 이루고 있는 비인간 존재들처럼 인간은 지구의 생명 공동체를 이루는 구성원이다.
(2) 전체로서 지구의 자연 생태계는 상호 관계(의존)적 요소들의 복잡한 그물망으로 이해할 수 있는데, 이것은 각 존재의 건강한 생물학적 활동은 다른 나머지 존재들의 건강한 생물학적 기능 및 활동에 의존한다는 뜻이다.(이것은 생태학의 가르침에 기초해 재구성한 것이다.)
(3) 개별 유기체(생명체)들을 목적론적 생명의 중심으로 이해한다는 것이다. 각각의 유기체들은 저마다의 방식에 따라 자신의 선을 추구한다.
(4) 우리가 내재적 가치에 관심을 갖든, 아니면 어떤 장점이나 특성에 관심을 갖든 인간이 다른 나머지 종들보다 우월하다는 주장은 (1), (2), (3)에 의해 근거 없다는 것이다. 이것은 인간 자신의 입장에 치우친 비이성적 편견일 뿐으로 반드시 거부되어야 한다.

이렇게 볼 때, 동식물들이 자신의 선을 갖는다는 점은 인간이 자신들의 선을 갖는다는 의미와 같다. 비록 인간 자신의 선과 이들 비인간 존재인 동식물의 선이 다르기는 하지만, 그렇다고 이것이 인간의 선을 그들의 선보다 우선해야 한다는 것을 의미하지는 않는다. 인간은 진화론적 관점에서 볼 때, 비교적 최근에 들어온 '새로운 식구'이다. 따라서 인간의 복지는 생태적 건강성과 수많은 동식물 공동체의 건강성에 의존하고 있다고 보는 것이 타당하다. 반면, 동식물 공동체의 건강성과 건전함은 인간의 복지에 크게 의존하지 않는다. 실제로 그들의 관점에서 볼 때, 인간 존재는 불필요할 수도 있다. 어쩌면 '마지막 인간'의 소멸은 야생의 동식물들에게 오히려 큰 이익이 될지도 모른다. 마지막 인간의 소멸로 인해 야생의 동식물의 서식지 파괴도 멈출 수 있기 때문이다.

그렇다고 우리가 "지구의 생태학적 체계에 관한 전체론적 관점을 채택하고, 그것으로부터 도덕적 기준을 마련할 필요는 없다." 왜냐하면 우리의 관심은 유기체이며, "유기체는 고유하며, 어떤 것에 의해 대체될 수 없는 개체"이기 때문이다. 즉 "우리가 유기체를 생명의 중심으로 받아들이고 이해할수록 우리는 이에 기초해 세계를 더 잘 이해할 수 있게 된다." "(생태학이 주는 지식, 즉) 객관적 지식을 통해 우리는 개체성이 갖는 의미를 더 잘 이해할 수 있고, 이로부터 각각의 유기체가 목적론적 생명의 중심이자, 자신의 보전을 위해 애쓰는 존재로서 이해되고, 자신의 고유한 방식으로 자신의 선을 실현하려는 존재라는 사실을 이해하게 된다."

하지만 개별 동식물을 이와 같이 이해한다고 해서 이것들에 대해 거짓된 인격화나 의인화를 시도하려는 것은 아닌가 하고 의심할 필요는 없다. 왜냐하면 테일러에게 의식의 존재 유무는 도덕적 고려의 기준으로 적절하지 않기 때문이다. 그에게 중요한 것은 목적 지향적 생명이라는 사실이다. 따라서 선과 악, 바람직한 것과 바람직하지 않은 것에 대한 의식을 지닌 도덕 행위자인 인간은 자신들의 이익이 아니라 생명이 있는 존재 자신들의 선을 증진하고 보호하려는 태도나 성향을 자신들의 도덕적 의무로 받아들여야 한다.

자주 미적 창의성, 자율성이나 자기 결정 능력, 도덕 능력 같은 이성적 존재로서 인간이 갖는 빼어난 특성(장점)이 동식물보다 우월한 요소로 당연하게 간주되곤 한다. 하지만 "우월감이란 무엇이며, 왜 그런 능력이 우월감의 기준이 되어야 한다고 주장할 수 있는가? 또 그렇게 가치 평가하는 것은 누구이며, 어떤 근거에서인가? 만약에 우리가 이것을 기준으로 수용하게 된다면, 우리는 각각의 개별 존재들이 지닌 특성들 간에 위계가 존재한다고 스스로 인정하는 셈이 된다." 하지만 각각의 유기체들은 자신의 선을 증진하려는 것을 목적으로 삼기 때문에 이것에 대해 가치 평가 및 서열을 정한다는 것은 근거 없는 시도이다. 이것은 '선결 문제 요구의 오류(Begging the question)'[5]에 해당한다. 다시 말해, 다른 존재

5 "논점을 미리 취하는(가정하는) 오류"로 증명되어야 할 것이라는 뜻과 동일하다. 이것은 먼저 문제가 되는 것을 증명하지도 않고 '미리 진실인 것으로' 사용하는 오류를 말한다. 테일러는 이러한 오류의 사례들로 인간의 이성 능력을 강조하는 전통적인 그리스의 인

보다 단지 뛰어난 속성(장점, 특성)을 지녔다는 점, 특히 인간의 도덕적 행위 능력(자유의지, 심사숙고, 실천이성 능력 등)만이 어떻게 우월성에 대한 진정한 기준이 될 수 있겠는가?

테일러는 '호모 사피엔스'라는 인간의 특성 또는 장점이 동물이나 식물에 똑같이 적용될 수 없으며, 따라서 동물이나 식물에 대해 좋은(나쁜) 과학자, 훌륭한 비평가라는 표현을 사용하는 것은 무의미하다고 말한다. 또한 그렇기 때문에 인간이 이들보다 '도덕적으로 우월하다'고 주장하면서 위계를 설정하려는 시도는 그릇된 것이다. 왜냐하면 치타의 빠른 달리기 능력은 자신의 종(種)이 지닌 내재적 선(善)을 실현하기 위한 것이지, 이것이 이런 능력을 결여한 인간이나 다른 생명들과 비교해 차별이나 지배를 정당화하는 가치 기준이 될 수는 없기 때문이다. 모든 생명은 자신에게 고유한 방식으로 자신의 보전과 자신의 선을 실현하려고 애쓰는 존재로 파악되어야 한다. 각각의 생명은 저마다의 방식으로 '목적론적 생명의 중심'이기 때문이다.

테일러는 생명에 관한 이러한 논의에 기초해 생활 속에서 우리가 실천해야 할 네 가지 규칙(의무)을 제시한다.[6] 첫째, 유기체의

본주의, 근대 데카르트의 실체 이원론, 그리고 기독교의 인간 중심적 세계관과 존재의 위계서열 논리를 제시한다.

6 한편, 테일러는 생명 중심적 세계관을 다음 네 가지로 제시한다.
① 다른 생명체와 마찬가지로 인간은 지구 생명 공동체의 한 구성원이다.

선을 해치는 행위를 금지하는 해악 금지의 규칙(의무), 둘째 유기체와 생명 공동체에 대해 간섭이나 제약을 가하지 않아야 한다는 불간섭의 규칙(의무), 셋째 우리에게 속임을 당할 수 있는 동물의 서식지를 파괴하지 않아야 한다는 충실(성실)의 규칙(의무), 넷째 도덕적 행위자와 도덕적 배려를 받을 생명체들 사이에 균형이 깨졌을 때 도덕적 행위자가 이를 떠맡아야 한다는 복원의 규칙(의무)이다.

또 테일러는 인간과 자연 사이의 갈등을 회피할 수 있는 방안에 대해서는 다섯 가지 우선성의 원칙을 제시하는데, 그것은 자기 방어와 비례(균형)의 원칙, 최소악과 분배 정의의 원칙, 그리고 보상적(복원적) 정의의 원칙이다. 먼저, 자기 방어의 원칙이란 도덕적 행위자에게 자신을 지키고 보호할 수 있도록 승인하는 것으로, 위험하거나 위협적인 유기체들에 대항해 도덕 행위자가 그들을 파괴함으로써 자신을 지키는 것을 말한다. 비례의 원칙이란 인간의 부차적인 이해관계(명품 소비를 위한 동물 가죽)와 동식물의 기본적인 이해관계(생존)가 충돌할 경우 후자를 우선한다는 원칙이다.

② 다른 생명체와 마찬가지로 인간 또한 상호의존체계의 한 구성원이며, 상호의존체계에서 각 생명의 생존은 환경적 · 물리적 조건은 물론, 그들 상호 간의 관계에 의해 결정된다.
③ 모든 생명체는 자기 나름의 선(善)을 추구하기 때문에 목적론적 생명(삶)의 중심을 차지한다.
④ 우리 인간은 다른 생명체보다 내재적으로 더 우월하지 않다.

그리고 최소악의 원칙이란 인간의 부차적 이해관계이지만 문명 사회에서 가치 있는 고유한 것으로 가치 평가해 온 것들과 동식물의 기본적 이해관계가 충돌할 경우, 열린 자세로 동식물의 이해관계를 고려해 그 피해를 최소화할 대안을 검토해야 한다는 원칙이다. 분배적 정의의 원칙이란 인간의 기본적 이해관계와 동식물의 기본적 이해관계가 충돌할 때, 불가피하게 동식물의 이용을 허용하는 원칙이다. 물론, 이 경우에도 육식보다는 채식을 더 바람직한 것으로 본다. 마지막으로 보상적(복원적) 정의의 원칙이란 최소악과 분배 정의의 원칙이 적용될 때, 비인간인 유기체들에 대해 어떤 형태로든 반드시 이에 대한 보상이 반드시 뒤따라야 한다는 원칙이다.

테일러의 이와 같은 설명 방식을 [도표]로 제시하면 다음과 같다.

<table>
<tr><td>야생동물과 식물</td><td>인간에게 해로움</td><td colspan="2">인간에게 해롭지 않음
(또는 인간의 해로움은 이성적으로 회피될 수 있음)
기본적 이해관계</td><td>기본적 이해관계</td></tr>
<tr><td>· 충돌 ·</td><td></td><td colspan="2">· · · · · · · · 충돌 · · · · · · · ·</td><td>· · · 충돌 · · ·</td></tr>
<tr><td>인간</td><td></td><td colspan="2">부차적 이해관계</td><td>기본적 이해관계</td></tr>
<tr><td></td><td></td><td>내재적으로 자연에 대한 존중과 조화를 이룰 수 없음</td><td>내재적으로 자연에 대한 존중과 조화를 이룰 수 있지만, 비내재적으로 야생과 자연의 생태계에 불이익(손해)을 줌</td><td></td></tr>
<tr><td rowspan="2">우선성의 원리</td><td rowspan="2">(1)
자기 방어</td><td rowspan="2">(2) 비례 균형</td><td>(3) 최소악</td><td>(4) 분배적 정의</td></tr>
<tr><td colspan="2">(3) 또는 (4)의 원리가 적용되는 경우
(5) 복원적 정의</td></tr>
</table>

[우선성의 원리들 사이의 관계]

싱어의 동물 해방과 레건의 동물 권리, 그리고 지금까지 검토한 테일러의 자연에 대한 존중과 생명 중심적 환경 윤리는 모두 개체론적 관점이라는 공통점을 갖고 있다. 그리고 개체론적 환경 윤리는 다음과 같은 점들을 서로 공유하고 있다. 가장 중요한 공통점은 도덕적 고려의 대상과 근거를 각각의 '개체'에 두고 있다는 점이다. 싱어와 레건은 이것을 고통에 관한 감각 능력을 지닌 동물들 중에서 상대적으로 상위의 위계를 차지하는 동물에게서 찾으며, 테일러는 모래나 기계와 같은 생명이 없는 존재들을 제외한 모든 야생의 동물과 식물 등 생명 존재로부터 발견한다.

따라서 환경 윤리 이론에서 개체론적(개체주의적) 관점은 생명 존재들의 망을 형성하는 터전으로서 생태계 그 자체 개념이나 각각의 개별 종들의 집합으로서 종(種) 그 자체 개념은 도덕적 고려의 범주에서 배제된다. 그들이 관심을 갖는 주제는 생명이 있는 개체이지, 추상적 실재로서 생태계 그 자체는 아니기 때문이다. 개체주의적 환경 윤리 이론의 이와 같은 성격은 싱어의 고통의 감각 능력, 레건의 삶의 주체로서 도덕 수동자(무능력자) 개념, 그리고 테일러의 각각의 생명이 본래부터 갖고 있는 목적론적 중심 개념에 잘 표현되어 있다.

개체주의 환경 윤리 이론의 또 다른 공통점은 인간의 음식 문화에 관하여 비록 지지하는 배경에는 차이가 있다고 할지라도, 궁극적으로 채식주의를 지지하고 있다는 점이다. 싱어는 현재와 같은 기업형 가축 농장에서 불필요한 고통을 겪고 있는 동물들을 해방시켜 주고, 전 세계의 식량 배분에서의 정의를 실현하기 위해 채식주의를 지지하며, 레건 또한 삶의 주체로서 동물에 대한 권리를 주장한다는 점에서 채식주의에 대한 긍정적인 전망을 가능하게 한다.

한편, 테일러는 생명체에 대한 인간의 조건부 의무를 강조하면서, 우리가 식량을 위해 동물을 도살하는 것은 그것이 동물에게 고통을 초래하기 때문이 아니라 동물을 수단으로 소비하기 위해 이러한 의무를 저버리기 때문에 그릇된 것이라고 주장한다. 그는 인간의 기본적인 이해관계와 부차적 이해관계를 동물과 식물의 기본적인 이해관계와 대비시키면서, 인간과 동물, 그리고 식물이 모두 생명으로서 목적론적 중심을 차지한다는 점에서 동등한 가치를 지니기 때문에 자연에 대한 존중의 태도를 지닌 사람이라면, 누구나 채식주의를 지지하게 될 것이라고 주장한다. 더불어 테일러는 스스로 "나는 동식물의 도덕적 권리 또는 합법적 권리를 주장하는 것은 아니다."라고 말하면서, "생명 중심적 관점은 건전한 정신과 편견 없는 공정함을 지닌 사람, 그리고 계몽된 사람이라면 누구나 받아들일 수 있는 신념과 인식의 체계에 관한 것"으로 목적론적 생명에 대한 우리의 존중의 태도 또는 성향에 관한 것임을 명확히 한다.

13

레오폴드

1887 - 1948

핵심 주제어

대지 윤리 : 생명 공동체, '산과 같은 생각', 먹이사슬(생태피라미드), 평범한 구성원, 안정성, 통합성, 아름다움, 전일주의

대지 윤리 :
생명 공동체, 평범한 구성원, 안정성, 통합성, 아름다움, 전일주의

오직 경제적 이익에만 바탕을 둔 보전 체계(경제적 이용 가치가 있는 대상만을 보전하고 나머지에 대해서는 관심을 두지 않음)는 한쪽으로 치우쳐 있다. 그것은 상업적 가치는 없을지라도 대지 공동체의 건강한 기능을 위해서는 반드시 필요한 많은 요소들을 무시하고, 결국에는 멸절시켜 버리는 경향이 있다. 하지만 대지 윤리는 생태학적 도덕의식의 존재를 반영하며, 생태학적 도덕의식은 대지의 건강에 대한 개인의 책임에 대한 확신을 반영한다. 그리고 건강은 대지(토지)의 자기-회복 능력을 말하고, 보전이란 이 능력을 이해하고 유지하려는 우리의 노력을 말한다.[1]

윤리는 상호의존적인 개인 또는 집단이 협동을 발전시키려는 성향에서 시작하는데, 생태학자들은 이것을 '공생'이라고 말한다. 그런데 아직까지 인간과 '대지(토지) 또는 그 위에서 살아가는 동식물들'과의 관계를 다루는 윤리는 없었다. 대지는 오디세우스의 여자 노예들처럼 아직 재산이며, 인간의 대지에 대한 관계는 여전히 경제적인 관점에서만 이해되어 인간에게는 특권만을 의미할 뿐 의무를 의미하지 않는다. 하지만 최초의 윤리가 모세의 황

1 레오폴드 지음, 송명규 옮김, 『모래 군의 열두 달』, 서울 : 따님, 2000. 256, 263쪽.

금률처럼 개인 간의 윤리에서 개인을 사회(공동체)에 통합하려는 윤리로 확장했다. 그러나 아직 대지와 대지 위의 동식물과의 관계를 다루는 윤리는 없다. 이제 윤리가 세 번째 단계로 확장하리라는 것은 진화론적 가능성(대지 윤리로 진화하리라는 것)이며 또한 생태학적 필연성(대지 윤리 외에 다른 방향이 없다는 것)이다.[2]

레오폴드를 '현대 환경 윤리의 아버지'로 부르는 이유는 그의 주장이 이전까지 도덕적 고려의 대상으로 여겨지지 않았던 '대지(the land)' 그 자체를 도덕의 영역으로 끌어들임으로써 '전일주의적(전체론적) 관점'을 환경 윤리가 지향해야 할 궁극적 이념으로 제시했다고 평가받기 때문이다.

산림학자이면서 생태학자였던 그는 정부로부터 미국 전역에 있는 늑대를 없애기 위한 과학적이고 합리적인 정책을 개발하도록 임명받았다. 그리고 이 늑대에 대한 인간의 간섭 정책은 늑대가 사냥꾼(놀이 삼아 사냥하는 사람들)과 사슴들 사이에서 서로 경쟁 관계에 있다는 것으로 정당화되었다. 사슴의 포식자로서 늑대와 사냥꾼은 상호 경쟁 관계에 놓여 있기 때문에 더 적은 수의 늑대는 사냥꾼들에게 더 많은 사슴을 의미했다. 이때까지만 해도 레오폴드는 인간이 나머지 자연에 비해서 우월하고 가치 있다는 자신의

2 위의 책, 245쪽.

생각을 전혀 의심하지 않았다. 따라서 인간의 복지를 최대화하기 위해 필요할 경우 자연에 대한 간섭은 도덕적으로 문제되지 않는다고 생각했다.

그러던 어느 날 아침, 레오폴드는 친구들과 밖으로 나가 산속을 걷고 있었다. 그들은 늑대를 사냥하는 사냥꾼으로서 저마다 총을 가지고 있었다. 이윽고 버드나무 숲에서 6마리의 늑대가 서로 꼬리를 흔들면서 장난치는 모습을 발견하였다. 그들은 조심스럽게 총을 집어 들었고, 무리를 향하여 방아쇠를 당겼다. 늙은 늑대 한 마리가 빗나간 총알에 맞았고, 새끼 한 마리는 빠져나갈 수 없는 돌무더기를 향해 필사적으로 다리를 끌고 있었다. 레오폴드는 죽어 가는 늙은 늑대에게로 만족스러운 듯이 뛰어갔다. 그렇지만 그가 만난 것은 격렬하지만 창백하게 빛을 발하면서 죽어 가는 늙은 늑대의 눈빛이었다.

그는 이것을 자신의 『모래군의 열두 달』의 "산과 같은 생각"에서 다음과 같이 쓰고 있다. "그 늑대의 눈빛에는 나를 향한 어떤 새로운 것이 있었다. 그리고 오직 그 늑대를 통해서만 체험할 수 있는 어떤 것이 있었으며, 또 오직 산을 통해서만 알려진 어떤 것이 있었다. 나는 한순간도 이를 잊은 적이 없다. 당시 나는 젊었고, 나의 손가락은 방아쇠를 참기 어려운 나이였다. 나는 한층 적은 수의 늑대는 더 많은 사슴을 의미하는 것이라고, 그리고 늑대가 사라진다는 것은 사냥꾼들에게 더 많은 사슴을 의미하기 때문에 천국과도 같은 세상이라고 생각했었다. 그렇지만 늑대의 죽어 가는 창백한 눈빛을 본 이후, 나는 늑대도 그리고 산도 이러한 나의 생각에 동의하지 않으리라는 것을 깨달았다."

하지만 레오폴드는 계속해서 사냥의 결과로 늑대가 사라진 산에는 사슴이 번성하게 되지만, "사슴에게 뜯긴 풀과 어린 나무들은 생기를 잃고 죽어 간다. 이런 산은 마치 신(神)이 가지치기를 위한 가위를 건넨 다음 아무 일도 하지 못하게 한 나머지, 결국은 사슴들을 굶겨 죽게 만드는 것", 즉 최종적으로 먹이사슬[3]의 생태 질서를 깨뜨리게 된다고 주장한다. 레오폴드에 의하면, "이제 산은 사슴 떼가 늑대에 대한 두려움 속에서 살듯이, 산 또한 사슴에 대한 두려움 속에 사는 처지에 놓이게 된다. 더욱 심각한 문제는 늑대에게 잡아먹힌 사슴은 2-3년이면 회복되지만, 사슴에 황폐화시킨 산은 20-30년이 지나도 회복이 쉽지 않다는 점이다." 레오폴드의 '늑대의 절규'와 '산과 같은 생각'에는 인간이 좀처럼 알지 못하는 소로의 가르침, 즉 "야생에 세상의 구원이 있다."고 우리를 일깨운다.

우리는 레오폴드가 늙은 늑대의 죽어 가는 창백한 눈빛을 보면

3 레오폴드는 먹이사슬(대지 피라미드)의 예를 '토양-참나무-사슴-인디언'의 관계로 든다. 이에 따르면, 인간을 포함한 각각의 종은 많은 사슬의 한 고리이다. 사슴은 참나무 외에도 백 가지의 식물을 먹으며, 젖소도 옥수수 외에 백 가지의 식물을 먹는다. 그렇다면 사슴과 젖소는 백 가지 사슬의 고리인 셈이다. 이 피라미드는 너무나 복잡해서 무질서한 것처럼 보여 사슬들이 뒤엉켜 있는 것으로 보이지만, 사실은 그 체계가 매우 잘 짜인 안정적 구조라는 것을 입증하는 것이다. 이 안정적 구조는 다양한 구성 요소들 사이의 경쟁과 협동의 원리에 의존한다. 위의 책, 258쪽.

서 '늑대도 그리고 산도 그와 같이 생각하는 것에 대해서 동의하지 않는다는 것을 깨달았다.'는 문장에 주목해야 한다. 왜냐하면 그의 이 심오한 체험은 곧 생태학적 관점에서 '전일주의적인' 깨달음을 의미하기 때문이다. 따라서 그가 '늑대'와 '산'이라는 용어를 사용했을 때, 그것은 단순히 사물을 가리키는 명사가 아니라 야생의 생태계 전체에 대한 은유로서의 의미를 담고 있다고 볼 수 있다. 이것은 전체성으로서, 그리고 생명이 있는 존재로서, 또 그 생명으로서 사슴과 늑대는 물론 다른 동물들과 그 무리들, 더 나아가 토양, 개울, 강, 산 등을 모두 포함하는 생태계 전체에 대한 은유로서 이해할 수 있다.

레오폴드는 늙은 늑대와의 인연을 계기로 바로 이 '생태학적 실재'라는 심오한 체험을 한 것이다. 달리 말해, 생태계를 하나의 '위대한 존재'로서, 그리고 그 자체로서 존엄하고 가치 있는 존재로서 깨달았음을 의미한다. 이것은 동시에 그가 야생의 자연에 대해 갖고 있었던 이전까지의 편협한 사고, 즉 자연을 죽은 기계라고 믿었던 사고방식에서 벗어나 진실로 영적이며 종교적인 체험을 했음을 의미한다.

한편, 레오폴드의 이와 같은 체험이 강제 또는 의식적인 탐구에 의한 것이 아니라 자연발생적이었다는 점도 매우 중요하다. 이러한 체험을 통해서 레오폴드는 인간이 "생명 공동체의 평범한 구성원(또는 '다른 생물들의 동료 항해자일 뿐')"이라는 수준에까지 이른다. 그리고 이러한 깨달음은 "어떤 것이 생물 공동체의 아름다움과 안정성 그리고 통합성을 보전하려는 경향이 있을 때 그것은 옳고, 그것이 그와 반대되는 방향으로 나아가려는 경향이 있을 때 그릇되다."라는 명제로 확립된다. 레오폴드는 이 주장을 통해 그가 인간이 아닌 생명과 나아가 생태계 그 자체에 대해 폭넓은 동일시 또는 강화된 감정이입 의식이 이루어졌음을 보여 준다.

레오폴드의 환경에 관한 이와 같은 전체론적 관점의 배경에는 위의 늙은 늑대로부터의 체험 이외에도 이러한 깨달음을 가능하게 해 준 이론적 배경도 무의식의 흐름 속에서 영향을 미치고 있는 것으로 보인다. 왜냐하면 그는 사상적으로 헨리 데이비드 소로(1817-1862), 존 뮤어(1838-1914), 외에도 진화론의 찰스 다윈, 자연 유기체론의 우스펜스키(1878-1947), 생명 공동체론의 엘튼(1900-1991) 등으로부터 많은 영향을 받았기 때문이다.[4] 이러한 영향 속에서 늙은 늑대로부터의 체험은 전일주의적 관점으로의 전환에 결정적 계기가 되었던 것으로 보인다. 이제 그의 대지 윤리를 체계화시켜 살펴보기로 하자.

4 레오폴드는 다윈의 이론, 즉 도덕으로서 동정심은 진화의 산물이며, 그 범위는 모든 인간으로부터 동물에 이르기까지 점점 확장될 것이라는 주장의 영향을 받았다. 또 그는 생태학자였던 엘튼의 이론, 즉 먹이사슬과 에너지의 순환, 생태적 지위, 생물 피라미드, 군집으로서 생명 공동체 같은 생태학적 개념의 영향을 받았다. 이와 함께 그는 러시아의 신비주의 철학자 우스펜스키의 이론, 즉 "토양, 산, 하천, 대기와 같은 지구의 일부는 각각 정해진 기능을 수행하는 어떤 통합된 전체의 기관으로 간주할 수 있다. 지구는 살아 있는 존재로서 존중받을 수 있다. '죽은' 지구라는 개념이 아니라 지구가 어느 정도의 생명성을 지닌 하나의 유기체라고 보아야 한다."는 주장으로부터 중요한 영감을 받았다.

우리가 그의 대지 윤리에서 우선 관심을 가져야 할 개념은 '공동체' 개념이다. 왜냐하면 레오폴드는 '공동체' 개념을 전통적인 지역적 · 민족적 차원에 제한시키는 것이 아니라 '대지'로 확장함으로써 '대지'를 곧 '공동체'로 파악하고 있기 때문이다. "모든 윤리는 하나의 공통된 전제를 갖고 있으며, 개인 또한 상호의존적인 부분들로 이루어진 공동체의 한 구성원이다. 그런데 대지 윤리는 이 공동체의 범위를 토양, 물, 식물과 동물을 포괄하는 대지까지 포함하도록 확장한다. 대지 윤리는 인간의 역할을 대지 공동체의 지배자로부터 대지 공동체를 이루는 시민 또는 평범한 구성원으로 변화시키려 한다. 따라서 대지 윤리는 인간으로 하여금 동료 구성원에 대한 존중과 공동체에 대한 존중을 요구한다."[5]

이처럼 엘튼과 마찬가지로 레오폴드에게 공동체란 지역성에 기초한 배타적인 인간 집단을 의미하지 않으며, 그렇다고 가치나 규범처럼 문화양식을 공유하고 있는 인간 집단을 의미하지도 않는다. 그에게 공동체란 '대지(the land)'이며, 이 대지의 범위에는 토양 · 물 · 식물 · 동물 등이 모두 포함된다. 그리고 이 안에서 인간이란 단지 이 '대지 공동체'를 이루고 있는 '평범한 하나의 구성원'으로서의 지위를 가질 뿐이다. 이로써 윤리는 인간과 인간의 관계를 규정짓는 전통적인 의미의 '인간의 윤리'를 넘어 자연 또는 생태계 그 자체를 도덕적 고려 영역으로 확장할 수 있게 된다.

5 A. 레오폴드, 『모래 군의 열두 달』, 송명규 옮김, 서울 : 따님, 246-247쪽.

레오폴드의 대지 윤리를 구성하는 제1원리라고 할 수 있는 위의 짧은 문단은 인간의 지위를 생명 공동체의 정복자가 아닌 평범한 구성원으로 규정하면서 생명 공동체를 이루고 있는 동료 구성원들에 대해서는 존중의 의무를 부과하고 있다. 만약에 우리 인간이 이 의무를 수용한다면, 인류는 지금까지의 상업적 또는 경제적 동기에 기초하여 바라보았던 대지에 대한 이해를 생명 공동체 또는 통합성에 기초하는 관점으로 전환할 수 있다. 이렇게 볼 때, 대지 윤리는 인간에게 생태학적 도덕의식을 요구하며, 생태학적 도덕의식은 인간에게 대지의 건강을 위한 책임 있는 행동을 요구하게 된다.

레오폴드는 대지 윤리의 공동체 범위를 토양, 물, 식물과 동물을 모두 포괄하는 대지로 확장한 다음, 이제 대지를 윤리적 · 심미적 관점에서 바라볼 것을 제안한다. 이것은 그의 대지 윤리의 제2원리를 구성하면서, 대지 윤리의 제3원리를 이끌어 낼 수 있는 계기로 작용한다. 인간의 "대지에 대한 윤리적 관계는 대지에 대한 사랑과 존중, 그리고 흠모(감탄)가 없다면, 그리고 대지의 가치에 대한 깊은 이해가 없다면 형성될 수 없다. 이 가치란 단순한 경제적 가치를 넘어선 다른 어떤 가치를 의미하는데, 그것은 철학적 의미에서의 가치이다."

레오폴드의 이 말은 대지 또는 생명 공동체는 인간의 이기적 · 경제적 유용성의 가치를 초월한 철학적, 즉 그 자체로서 본래적 가치를 지닌다는 의미로 이해할 수 있다. 레오폴드는 대지에 대한 이와 같은 입장에 기초해 인간의 구체적인 행동 원리를 최종적인 도덕 명제로 제시하기에 이른다. 대지 윤리의 제3원리를 구성하는 이것은 그의 대지 윤리를 이야기할 때 가장 일반적으로 인용되는 것이기도 하다. "어떤 것은 그것이 생명 공동체의 통합성, 안정성, 그리고 아름다움을 보전하려는 경향이 있을 때 옳으며, 그와 반대되는 경향이 있을 때 그릇되다."

대지 윤리에서 가장 중심을 이루고 있는 이 주장을 통해 우리는 그가 생명 공동체로서 대지를 도덕적 고려와 배려의 대상으로 주장하고 있음을 확인할 수 있다. 또한 그의 이와 같은 윤리적 관점이 개체주의(동물 중심, 생명 중심)가 아니라 전일주의를 주장하고 있다는 점도 알 수 있다. 하지만 이 최종적 결론은 대지 윤리의 가장 핵심적 주장이면서 동시에 윤리적 해석에서 논쟁을 제공하는 단서가 되기도 한다.

예컨대 우리가 '생명 공동체의 안정성, 통합성, 그리고 아름다움'을 가치 있고 소중하게 여겨야 하는 이유를 어떻게 설명할 수 있는가 하는 문제이다. 이에 대해 그것은 생명 공동체(즉, 대지)가 구성원인 개체들의 복지에 기여하기 때문이라고 대답한다면, 이것은 생명 공동체가 도구적 성격을 지닌 것으로 이해되기 때문에 레오폴드의 '생명 공동체' 자체에 대한 도덕적 고려라는 입장과 정면으로 배치된다. 그렇다면 이를 전일주의적 관점에서는 어떻게 대응을 할 수 있을까? 만약에 전일주의적 대응 또한 어렵다면, 이는 그의 주장이 도덕적으로 정당화되기 어렵다는 의미가 된다.

마찬가지로 어떤 것이 (도덕적) 가치 있기 위해서는 그것이 생명 공동체의 '안정성과 통합성, 아름다움'을 보전하려는 경향이 있어야 한다는 이른바 '공동체-기능 모델'의 설명이 적절한 것인가에 대해서도 의문을 품을 수 있다. 다시 말해, 인간을 포함한 각 개체들은 과거부터 자신의 그러한 행동이 자신을 둘러싸고 있는 환경에 적응하는 데 유익했기 때문에 오늘날 자신의 구체적인 '어떤 행위'를 가치 있다고 여기는 것이지, 레오폴드의 주장처럼 생명 공동체의 안정성과 통합성에 기여하기 때문에 자신의 행위가 유익하다고 생각하는 것은 아닐지 모르기 때문이다. 이것은 생태학적인 사실 그 자체는 도덕과는 무관한 사실적인 문제일 뿐이라는 의미도 된다.('자연주의 오류')

계속 제기되는 윤리적인 문제는 레오폴드의 '대지 윤리'가 선 또는 옳음의 기준에 대해서 '생명 공동체의 선(안정성 · 통합성 · 아름다움)'이라는 매우 단순화된 기준을 제시하고 있다는 점이다. 예를 들어 사슴 사냥이 생명 공동체를 위해서 필요하다면, 사슴 사냥은 도덕적으로 정당화된다. 반면에 사슴 사냥이 자연 상태의 포식자들에 대한 소멸을 가져온다면, 사슴 사냥은 생태계(생명 공동체)에 해가 되기 때문에 도덕적으로 그릇된 행위가 된다. 하지만 도덕 기준에 대한 이와 같은 단순화는 도덕에 관한 일반적인 직관과 충돌을 빚는다.

예를 들어, 이미 60억 명을 넘어선 인구 증가는 자연 생태의 서식지 파괴를 가져오고 있으며, 이는 종(種)의 대량 소멸과 생태계의 단순화를 초래하는 가장 심각한 요인으로 지목되고 있다. 그렇다면 인구 증가로 초래되는 서식지 파괴와 감소로부터 생태계(생명 공동체)를 보전하기 위해 어떤 선택과 결정을 해야 하는가? 만약 생태계를 보전하기 위해 사슴을 선별하는 선택을 해야 한다면, 그리고 우리의 유일한 도덕 지침이 생명 공동체의 안정 및 강화라면, 우리는 사슴에 대해서 했던 것과 마찬가지로 인구 조절을 위해 사람을 선별해야 할 것이다.

하지만 우리의 직관은 이와 같은 결정이 인간의 기본권을 심각하게 위협하는 야만적이고 비도덕적인 조치라고 판단한다. 바로 이와 같은 이유 때문에 동물의 권리를 주장한 레건은 전일주의적(전체론적) 관점(개체들의 권리보다 집단의 선을 보다 강조하는 것)을 '환경(생태) 파시즘'이라고 비판한다. 이 같은 문제는 우리가 도덕적 고려 대상을 인간 또는 개체로부터 대지라는 생명 공동체, 즉 전일주의적 확장을 시도할 경우 필연적으로 부딪칠 수밖에 없는 어려움이기도 하다.

아무튼 우리가 지금까지 검토한 것처럼, 전일주의적 관점을 채택하고 있는 레오폴드의 대지 윤리가 주장하는 세 가지 원리에 따르면, 첫째 인간은 생태학적 공동체의 협력적 구성원이며, 둘째 그렇기 때문에 인간은 대지를 존중하고 사랑해야 하며, 셋째 대지에 대한 인간의 책임성은 생명 공동체(biotic community)의 통합성과 안정성, 그리고 아름다움을 파괴하는 행위는 옳지 않다는 명제로 구체화된다.[6] 이처럼 대지 윤리는 도덕의식에서의 진화론적 가능성과 생태학적 필연성을 정당화하면서 대지에 대한 인간의 책임성을 명령하고 있다.

6 Karen J. Warren, "The Legacy of Leopold' The Land Ethic", Reflection Special Issue 3, August, Oregon State University, 1998.

14

네스

1912 - 2009

핵심 주제어

심층 생태주의 : 생태학적 지혜, 큰 자아실현, 전일주의, 생태지혜T, 공생, 생명 다양성, 스피노자, 범신론, 불교, 도가, 기독교, 큰 것으로부터 위대함으로, 가치관·세계관의 근본 변화

심층 생태주의 :
생태학적 지혜, 큰 자아실현, 전일주의, 위대함

N1: 큰 자아실현(Self-realization)을 하라.

H1: 한층 높은 자아실현은 다른 모든 것들과 자기를 보다 넓고, 보다 심층적인 동일시를 할수록 누구에게서나 실현된다.
H2: 한층 높은 수준의 자아실현은 다른 모든 것들과의 상호 의존이 증가하면 할수록 누구에게서나 실현된다.

인간을 포함한 모든 동식물의 복지와 번영은 본래적 가치를 지니며, 이것은 인간의 쓰임과는 무관하다. 생명 형태의 풍요와 다양성은 이들의 가치 실현에 기여하며, 또한 그 자체로서 본래적 가치를 지닌다. 인류는 필수적인 욕구(필요)의 충족만을 제외하면, 이런 풍요와 다양성을 해칠 어떤 권리도 없다. 동식물의 번영을 위해서는 인구가 줄어야 한다. 거대함에서 위대함으로의 깨달음을 얻고, 이에 동의하는 사람들은 변화를 실천하기 위한 노력의 의무가 있다.[1]

1 A. Naess, Ecology, Community and Lifestyle: Outline of an Ecosophy, Cambridge University, 1989. 36, 197-199쪽; 위에서 N은 '규준'을, H는 '가설'의 약자이다.

네스의 삶은 처음부터 전일주의적(전체론적) 관점에서 도덕적 고려 대상을 조망할 수 있는 배경을 갖고 있었다. 그는 철학자들 중에서는 드물게 노르웨이 출신이며, 전문 산악인이기도 하다. 네스는 세계 여러 지역에서 산을 오르는 경험을 즐기면서 동시에 각 지역의 서로 다른 문화와 관습의 다양성을 경험하였다. 특히 노르웨이의 남부 할링스카르베트의 트베르가스타인(Tvergastein) 지역에 지은 소박한 오두막집에서의 생활은 그가 자연과의 심층적인 소통과 체험을 할 수 있는 중요한 기회를 제공해 주었다. 그는 자신의 삶 중에서 십 년 이상을 그곳에서 보냈으며, 드넓게 펼쳐진 야생의 삶 속에서 간디와 스피노자, 그리고 산스크리트어를 연구했다. 이렇게 보면, 그의 삶은 이미 인간과 자연과의 관계에서 '심층적(deep)'이었다.

일반적으로 '생태학'이란 생명이 있는 존재들이 다른 존재들 및 주변 환경과 어떻게 서로 작용하고 있는지를 연구하는 생물학에서 출발했다. 그런데 생태학 자체는 사실에 관한 과학이기 때문에 우리가 어떤 삶을 살아야 하는지에 대해서 묻는 윤리학적 물음에 대해서는 만족스런 답을 제공해 주지 못한다. 그런데 우리가 목표로 하는 것이 '생태학적 지혜'를 얻는 것이라면, 우리는 생태학이 제공해 주는 지식을 배경으로 '심층적인' 체험을 통해 깨달음을 얻어야 한다. 즉, 생태학적 지식에 기초해 심층적 체험을 하게 됨으로써 우리가 목표로 하는 '어떻게 살아야 하는가?'라는 윤리적 물음에 대답할 수 있는 것이다. 이것은 심층 생태주의가 생태학과 긴밀한 관계에 놓여 있음을 보여 주는 것이기도 한데, 네스는 이것을 '에코소피T(ecosophyT)'라고 명명한다.[2]

철학의 목적이 지혜에 이르는 것이라고 한다면, 생태철학의 목적은 생태학적 지혜에 있다고 할 수 있다. 네스는 생태학적 지혜를 이렇게 정의한다. "나에게 생태학적 지혜란 생태학적 조화와 균형에 관한 철학을 의미하며, 어떤 것에 관한 지혜로서 철학은 규범적이다. 이것은 우리 우주에서 일어나는 사태들에 대한 규준, 규칙, 근본 원리, 우선적인 가치에 대한 공표와 가정 등을 모두 포함한다. 지혜란 단순히 과학에 기초한 설명과 예측만을 의미하지 않으며, 정책과 수단에서 그리고 예측에서의 지혜를 의미한다. 따라서 생태학적 지혜는 오염, 자원, 인구 등과 같은 '사실들'에 대한 설명은 물론, 한층 중요한 가치들에서의 의미 있는 변화를 보여 주게 될 것이다."[3]

이러한 생태 철학은 근대 철학이 자연에 대해서 가정하고 있는 인간중심주의적인 도구적 관점들을 생태학적인 전일주의적 관점에서 전복한다. 이것은 도덕적 고려 대상을 심층적 체험과 새로운 깨달음을 통해 '전체(whole)', 즉 모든 존재들에 대해 평등한 본래

2 S. Harding, "What is Deep Ecology?", Resurgence Magazine On-Line, vol. 185.

3 Drengson Alan and Yuchi Inoue, The Deep Ecology Movement: An Introductory Anthology, Berkeley: North Atalantic Publishers, 1995. 8쪽.

적 가치를 주장하는 것으로 확장한다. 한마디로, 생태 철학은 전일주의적이고 포괄적인 관점에서 도덕적 고려 대상을 조망하는 것이다.

네스에 의하면, 우리는 언제나 한층 심층적(근본적)인 문제의식을 지녀야 하며, 이를 통해 궁극적인 최고 수준의 규준(전제)인 제1수준을 지향해야 하며, 정책들의 구체적인 적용은 생태 철학의 궁극적 지향점인 이것의 구체적인 표현이어야 한다고 주장한다. 제2수준은 근본 지침이 되는 원리들을 실현하는 데 도움이 되는 현실의 다양한 문화적 양식들을 말한다. 우리는 제2수준에서도 심층적인 물음을 던짐으로써 우리 자신의 에코소피를 추구해야 한다. 이것은 범신론(자연숭배) 또는 기독교적 세계관이나 종교에 그 기초를 둘 수도 있다. 따라서 이것은 제1수준을 요청하며, 여기에는 다양한 에코소피가 존재할 수 있다.

우리는 제2수준 단계에서 구체적인 정책들을 권고하며, 제3수준 단계에서는 정책을 공식화하고 개발하게 된다. 이제 제3수준에 따라 정책들을 적용하는데, 이것은 우리를 실질적인 행위(제4수준)로 유도한다. 제3수준에서 다양한 정책들이 가능하듯이 제4수준에서는 다양한 실천적 행위들이 가능하다. 이처럼 문제 제기와 명료화에 관한 일련의 상호 순환 과정은 아래의 [표]로 제시할 수 있다.[4]

4 Drengson Alan and Yuchi Inoue, The Deep Ecology Movement: An Introductory

제1수준	제1원리 (최고 원리)	불교, 도가, 기독교, 힌두이즘, 생태학적 지혜T 등
제2수준	원리 지침에 따른 운동	평화 운동, 심층 생태 운동, 사회 정의 운동 등
제3수준	정책들	A, B, C, D··· 등
제4수준	실천적 행위들	W, X, Y, Z··· 등

[에코소피T의 각 수준별 구조]

이처럼 한층 근원적이고 궁극적인 것을 향한 심층적인 물음과 문제의식을 통해서 궁극적인 제1수준의 전제와 규준을 마련할 수 있으며, 이로부터 다시 상호 유도와 적용의 과정을 통해서 우리는 근본 지침을 지지하는 방향으로 옮겨 가고, 정책들을 개발하며, 구체적인 실천 행위를 할 수 있다. 이와 같은 상호 순환의 되먹임 작용을 통해 우리의 이해와 실천은 더욱 깊어지고 지속되며, 세계와 조화를 이루게 된다.

그렇지만 우리가 지구 위에 존재하는 공동체와 지구의 이익을 위해 협력적인 참여를 한다고 해서 모두가 똑같은 제1원리(궁극적 생태 철학)를 가져야 할 필요는 없다. 우리들 각각은 전체로서 생명의 보다 높은 질을 실현할 수 있는 각각의 가치들을 가지고 있기 때문에 우리는 서로 다양한 최고 원리를 통해서 다양한 방식으로

Anthology, Berkeley: North Atlantic Publishers, 1995. 10–12쪽. 이것은 네스의 앞치마 다이어그램을 단순화시킨 것이다.

참여하면 된다.

자신의 '생태 지혜T'에서 '고향의 정서'를 의식하는 네스는 이것을 궁극적인 규준, 즉 '큰(위대한) 자아(Self)실현'으로 삼는다. 그는 이 용어를 전통적인 개인주의에서 사용하는 좁은 자기중심적인 자아(egoistic self)의 의미로 사용하지 않으며, 오히려 포괄적이고 확장시킨 '큰 자아(Self)'라는 의미로 사용한다. 따라서 그에게 이 용어는 동양의 아트만(Atman: 내면의 참된 자아, 생명의 근원, 대아)이란 용어와 같은 의미로 이해된다. 이것은 불교의 비폭력의 원리와 생명에 대한 경외, 그리고 불살생의 원리와 통하며, 도가의 도(道), 무위자연의 가르침과도 다르지 않다.[5]

네스는 자신의 궁극적 규준을 장기적이고 우주적인 관점에서 '자아를 극대화하라.'는 것으로 제시하면서, 이를 다시 보다 일상적인 표현인 '생명이 있는 것을 그대로 두라.'는 것으로 유도해 나간다. 그는 다시 만약에 이러한 표현이 부적절하다면, 이 표현을 '보편적이며 우주적인 공생을 하라.'로 대체할 수 있다고 본다. 왜냐하면, 자신의 '큰 자아실현'이란 개체의 독자적인 특성에 집중하는 것이 아니라 모든 생명체에 대한 태도와 신념의 표현으로서 총체성을 강조하기 때문이다.

5 A. Naess, "The Deep Ecological Movement: Some Philosophical Perspectives", R. Botzler, 위의 책, 445쪽.

이로부터 다시 '다양성을 극대화하라.'는 명제가 유도된다. 이 증대된 자아-동일성 안에서 다른 존재와의 동일시, 즉 이타주의는 자연스런 결과이다. 이러한 유도 과정을 통해 우리는 우리 자신을 점점 다른 존재들과의 관계 속에서 이해할 수 있으며, 우리 자신 안에서 그들을 바라볼 수 있다.

이처럼 네스의 생태학적 지혜는 근원적인 것으로의 심층적 문제제기를 통해 궁극적인 신념에 이르며, 다시 이 신념으로부터 하위 수준들을 유도하는 체계이다. 위에서 언급한 것처럼, 그는 이것을 '에코소피T'[6]라고 명명한다. 그의 에코소피T는 형식적으로는 '심층 생태론(심층 생태주의, 근본 생태론)'이라고 정의되며, 다음과 같은 형식(N: 규준, H: 가설)으로 표현된다.[7]

N1: 큰 자아실현(Self-realization)을 하라.

H1: 한층 높은 자아실현은 다른 모든 것들과 자기를 보다 넓고, 보다 심층적인 동일시를 할수록 누구에게서나 실현된다.

H: 한층 높은 수준의 자아실현은 다른 모든 것들과의 상호 의존이 증가하면 할수록 누구에게서나 실현된다.

6 A. Naess, Ecology, Community and Lifestyle: Outline of an Ecosophy, Cambridge University, 1989. 36쪽.

7 A. Naess, 위의 책, 197-199쪽.

H3: 누구에게나 완전한 자아실현은 다른 모든 것들의 자아실현에 의존한다.

N2: 생명이 있는 모든 존재들을 위한 자아실현을 하라.

H4: 생명의 다양성은 자아실현의 가능성을 증대시킨다.

N3: 생명의 다양성을 증대시켜라.

H5: 생명의 복잡성은 자아실현의 가능성을 증대시킨다.

N4: 복잡성을 극대화하라.

H6: 지구의 생명 자원은 유한하다.

H7: 한정된 자원 조건 아래서 공생은 자아실현 가능성을 극대화한다.

N5: 공생하라.

이처럼 우리는 한층 심층적인 문제 제기를 통해서 보다 높은 수준의 규준과 최종적으로 궁극적인 규준에 이를 수 있고, 또 최고 수준의 규준을 통해서 구체적인 정책과 행동을 이끌어 낼 수 있다. 네스의 '에코소피T'는 최고 규준인 '큰 자아실현'과 동일시되며, 이 궁극적인 목적으로서 자아실현의 범위에는 생명이 있는 모든 것들이 포함된다. 따라서 자아실현은 이 모든 것들이 상호의존 관계에 놓여 있을 때 가장 잘 실현된다.

그뿐만 아니라 이러한 상호의존성은 모든 생명의 다양성과 복잡성을 증대시키며, 이 증대된 의식 안에서 생명 있는 모든 것들의 상호 공생(symbiosis)은 자아실현에 한층 더 기여한다. 결론적으로 우리는 "자아실현을 하라!"는 궁극적 전제에서 "모든 존재들을 위한 자아실현을 하라!", "생명의 다양성을 증대시켜라!", "복잡성을 증대시켜라!", "공생하라!"는 등의 규준들을 유도해 낼 수 있다.

이제 우리는 네스의 에코소피T로부터 그가 기초하고 있는 몇 가지 신념들을 도출할 수 있다.

첫째, '자아실현'이다. 생태적으로 (지혜로운) 자아는 자신의 자아를 오직 개인적인 에고(ego)에만 한정시키지 않으며, 자신을 모든 생명에 대한 진정한 일부로서 체험하는 자아이다. 따라서 각각의 생명이 있는 존재들은 그 자체가 하나의 목적으로서 이해된다. 이러한 생태권적 평등에 기초한 동일시의 사례는 캘리포니아 인디언들의 정령숭배적인 신화에서도 발견된다.

만약에 배가 고프다면, 우리는 은밀히 다가가 우리와 형제인 토끼를 잡을 수 있을 것이다. "같은 형제여! 오, 그렇지만 나는 영양이 필요하구나!" 지구상의 많은 문화에서 사냥을 둘러싼 복잡한 의식들은 인간이 다른 존재들과 얼마나 친밀하게 결속되어 있는가를 잘 보여 준다. 그리고 그것은 우리가 다른 것들에 대해 해를 입힐 때, 이것은 또한 우리가 우리들 자신에게 해를 입히는 것이라는 점을 잘 보여 준다. 비도구적인 행위가 도구적인 행위를 낳는

것이다.[8]

따라서 궁극적 기준으로서 자아실현은 이기적인 자아실현과는 구별된다. 대문자 'S'로서의 자아실현이란 이기적인 자아(ego self)처럼 자기(개인)에게 한정되는 것이 아니라 우리의 몸과 마음이 세계 내에 존재하는 모든 존재들을 향해 끊임없이 확장되는 과정에서 존재하는 위대한 생태학적 자아이다. 따라서 만약에 우리가 '열대림을 살린다.'라고 한다면, 그것은 옳지 않으며, 나 자신과 열대림을 동일시하여 '내 자신의 일부를 살린다.'는 깨달음을 갖는 것이 옳은 것이다. 이것은 비인간인 존재에 대한 관심을 하나의 고려 영역으로 확장한 '폭넓은 동일시'인 것이다. 이것은 개체(individual)에 대한 존중이 아니라 전체(whole)에 대한 존중이며, 이와 같은 동일시의 확장은 여러 가지 방식으로 실현된다.

칸트의 정언명법의 확장(수단이 아닌 목적적 대우)[9]이자 불교적 색채가 짙은 이와 같은 자아실현에 대해 폭스는 개인 또는 자아의식을 초월한 심리 상태로 명상과 선, 요가와 같은 영적 체험을 강조하는 초월 생태학으로 이해한다. 궁극적인 기준으로서 자아실현은 우리가 가지고 있는 것이 무엇인가의 문제는 중요하지 않으

8 A. Naess, Economy, Community and Lifestyle, Cambridge University, 1989, 178–179쪽.

9 I. 칸트, 위의 책, 222쪽.

며, 우리가 그것에 대해서 어떻게 느끼고 있으며, 그것과 어떻게 관계를 맺고 있느냐가 중요한 문제이다. 이것은 자연 또는 세계와의 '피상적인(shallow)' 관계 맺음이 아니라 일체화라는 '심층적인(deep)' 관계 맺음을 통해 현재와 같은 물질중심주의 삶의 양식을 전체론적인 삶의 양식으로 전환할 것을 요구한다.

둘째, 모든 존재들에 대해 본래적으로 평등한 가치를 부여하고 있다. 이것은 '종(種) 평등주의'를 함의하는 것으로 존재하는 모든 것들은 자신의 존재에 대해서 평등한 가치를 지닌다는 의미이다. 이것은 어떤 존재가 다른 존재와의 관계 속에서 수동적인 지위로부터 유래하는 도구적이며 유용성으로서의 가치와는 구별되는 가치이다. 이러한 관점을 따른다면, 인간은 단지 자신의 욕구를 만족시키기 위해서가 아니라 생명 유지 활동에 반드시 필요한 경우에 한해서만 다른 존재에 대해서 간섭할 수 있다. 또 비생명 존재인 강과 산 또한 본래적 가치를 지니기 때문에 가치의 등급은 존재하지 않는다.

셋째, 에코소피T는 전일주의적(전체론적)이다. 우리는 세계 안에서 지혜롭게 살아가기 위한 우리 자신의 철학을 구성하고, 또 이에 기초해 사고해야 한다. 생태학(ecology)과 필로소피(philosophy)의 합성어로서 '에코소피'는 우리에게 생태적인 삶을 위한 지혜를 제공해 준다. 우리가 이것을 논리적 절차에 따라 구체적으로 명시할 수는 없지만, 우리는 이것을 직관적으로 깨닫고, 근본 신념(또는 궁극적 원리)으로서 받아들인다. 따라서 이것은 불교, 기독교, 인본주의 등으로 다양할 수 있지만, 이들 안에서 발견되는 공통된 궁극적 원리는 "모든 생명을 존중하라!(Respect all life!)"이다.

에코소피T의 자아실현은 앞에서 언급한 것처럼 다른 모든 것들과의 상호의존성을 증대할수록, 그리고 다른 모든 것들이 다양할수록 더욱더 잘 실현될 수 있다. 이것은 인간은 물론 존재하는 모든 것들이 전체적인 관계의 망(web) 또는 장(field) 안에서 공생을 통해 자아실현의 가능성을 높인다는 것을 의미한다. 즉, 존재의 장에서는 명확한 존재론적인 구분이 불가능하기 때문에 인간과 비인간 영역 사이에는 실재에서의 이분법적인 구분 또한 불가능하다. 그렇기 때문에 우리는 생태학적 깨달음에서 비롯된 전체론적 관점에서 바라보아야 한다는 것이다.

넷째, 에코소피T는 규범적 유도 체계를 하고 있으며, 실천을 공약하고 있다. 네스의 에코소피는 앞에서 검토한 것처럼 네 수준의 구조로 이루어져 있으며, 이 궁극적 전제로부터 심층 생태주의의 8개 근본 지침이 유도된다.[10] 우리가 추구해야 할 삶의 양식들은

10 B. Devall & G. Sessions, Deep Ecology, Salt Lake: Peregrine Smith, 1985. 70쪽. 이 근본지침은 ① 인간을 포함한 모든 생명(동식물)의 복지와 번영이라는 본래적 가치, ② 생명의 풍요와 다양성이라는 그 자체로서의 본래적 가치, ③ 이에 대한 인간의 불필요한 간섭 권리의 배제, 그리고 ④ 동식물에 대한 인간의 과잉 간섭에 따른 상황의 악화, ⑤ 인류의 삶과 번영 및 동식물의 번영을 위한 인구 감소의 필요성, ⑥ 인간의 과도한 간섭 축소와 이념 · 정치 · 과학 기술 구조의 변화를 위한 정책 필요, ⑦ 생활 향상 같은 큰 것(big)이 아닌 위대한 것(great)을 중시하는 삶의 질의 강조, 마지막으로 ⑧ 이 모든 것들에 대한 참여의 의무를 강조하고 있다. 우리는 이와 같은 근본지침 ①-③이 궁

바로 이 근본 지침들에서 나오며, 최종적으로 구체적인 행동과 실천이 드러나게 된다. 따라서 전체적인 구조는 하나의 궁극적 전제로부터 적절한 원리와 행동들을 유도해 내는 구조로 되어 있다.

그런데 이것은 형식3단 논증 구조처럼 엄격한 추론 형식을 하고 있지는 않다. 오히려 규준과 가설 사이에는 '느슨한 유도' 관계를 이루고 있다. 심층 생태적 과정은 전체론적 관점에 대해서 체계적으로 파악할 수 있도록 해 주는 하나의 도구인 셈이다. 따라서 여기에는 신념과 문화적 차이에 따라 다양한 형식과 실천이 존재할 수 있다.

심층 생태주의는 철학일 뿐만 아니라 하나의 운동이다. 심층 생태주의가 제시하는 8가지 근본 지침은 서로 다른 철학적 관점과 행동에 대해서 지지를 표현하고 있다. 심층 생태주의는 주로 평화 운동과 사회 정의 실천 운동을 지지하며, 기아와 남성지배 그리고 전쟁 등에 대해서는 반대하는 운동을 지지한다. 그렇기 때문에 심층 생태주의는 부정의가 없이 지속될 수 있는 보편화된 삶의 양식을 주장한다. 심층 생태주의 의하면, 모든 가치의 문제를 인류(인간)와 관계 짓는 것은 인간중심주의의 한 형태이며, 따라서 이것은 철학적으로 지지될 수 없다.

극적인 기준(또는 본래적 가치), 즉 포괄적 동일시에 맞닿아 있으며, ④-⑦이 궁극적 기준과 개인적 삶의 가교역할을 하며, 마지막 ⑧은 우리가 이 세계 속에서 구체적인 행동을 할 것을 요청하고 있는 것으로 이해할 수 있다.

따라서 심층 생태주의적 관점에서 볼 때, 인간의 본성은 인간이 성숙하는 만큼 생명 그 자체의 다양성과 풍요로움을 보호할 가능성 또한 그만큼 커진다. 결과적으로 어떤 것이 피상적이고 좁은 의미에서 쓸모없다는 것은 보다 넓은 의미에서 쓸모 있음을 의미하는 것일 수 있다. 즉, 인간의 필요를 만족시켜 주는 것이 될지도 모른다. 자연 그 자체를 위해서 자연을 보호한다는 것은 이에 해당하는 좋은 보기일 수 있다.

도덕적 고려의 대상을 자아실현이라는 원리에 기초하여 존재하는 모든 것으로 확장시킨 네스의 에코소피T는 지금까지 생태 문제의 근원으로 지목되어 온 지배적인 인간중심주의 가치관과 세계관을 전면적으로 부정하고 있다[11]는 점 때문에, 그리고 오늘날 산업 자본주의의 폐해와 생태 문제의 심각성이 고조된 상황에서 출현했다는 점 때문에 지식인은 물론 대중들에게 큰 반향과 지지를 불러일으켰다.

11 A. Naess, "The Deep Ecological Movement: Some Philosophical Perspectives", in R. Botzler, Environmental Ethics, 1984. 441-444쪽 참조: 네스는 자신의 심층 생태주의를 표층 생태주의(shallow ecology)와 구분한다. 표층 생태주의는 선진국 국민의 건강과 풍요를 보호하는 것인 반면, 심층 생태주의는 전일주의적이고 비인간중심주의적인 관점을 취한다. 예를 들어 오염 문제의 경우, 전자는 기술 개발과 법적인 규제 또는 오염 산업의 후진국으로의 이동을 통해서 해결하려는 반면, 후자는 모든 종의 동식물과 생태계 전반의 생존 조건에 초점을 맞춤으로써 근본 원인에 대한 접근을 강조한다. 또 인구 문제의 경우에도 전자는 인구 과잉을 후진국의 문제로 돌리는 반면, 후자는 대량 소비 등이 선진국에 의해 이루어지는 만큼 선진국의 인구 감축에 우선순위를 부여하려 한다. 이로 미루어 볼 때, 표층 생태주의 운동은 단기적이고 인간중심주의적인 반면, 심층 생태주의 운동은 장기적(또는 심층적)이고 근원적이며 생태 중심주의적이라고 규정할 수 있다.

하지만 심층 생태주의를 동의하지 않는 사람들은 네스의 '큰 자아실현' 개념이 종교적 직관과 신비주의적 요소를 지니고 있으며, 낭만적이고 유사 종교적 성향을 지닌다고 비판한다. 또 심층 생태주의의 생명 평등적 요소는 인간과 비인간 사이의 존재론적 구분을 인정하지 않으려는 동양의 도가와 불교의 서구적 변형이라고 비판하기도 한다. 이에 따르면 개미의 사회성을 인간의 사회성과 동일시할 수 없으며, 새들의 비행 능력을 인간의 항공 기술과 동일하게 생각할 수는 없다는 것이다. 이외에도 심층 생태주의는 반문화적이고 반문명적인 정령 숭배와 자연 숭배 같은 신비적이고 범신론적 경향에 의해 지배되고 있다는 비판도 있다.

레오폴드의 대지 윤리처럼 생태 파시즘이라는 비판을 받는 심층 생태주의는 인간 중심의 지배적 가치관과 세계관을 비판하는 데 집중한 나머지 마치 모든 인간이 생태 문제의 근본 요인인 것처럼 생각하는 경향이 강하다. 그리고 이 때문에 인간을 생태 구성원의 '평범한 지위'로 끌어내리고 있다. 하지만 이와 같은 생태 중심주의가 그대로 실행된다면, 저개발국의 가난한 농민과 원주민들은 생명 평등과 생태 중심적 가치 기준의 적용을 받게 되어 자신들의 삶의 터전인 야생의 자연환경에서 쫓겨날 수밖에 없을지도 모른다.

15

요나스

1903 - 1993

핵심 주제어

책임의 원칙 : 비호혜적 책임, 기술 지배 권력 비판, 공포의 발견술, 예견적 책임, 자연 생명과 미래 세대에 대한 책임, 전통 윤리학의 인간 중심주의 붕괴, 베이컨과 마르크스 비판

생명 : 자기 목적성, 초월적 자유

소극적 우생학과 적극적 우생학 : 무지할 권리

책임의 원칙 :
비호혜적 책임, 기술 지배 권력 비판, 공포의 발견술, 예견적 책임, 자연 생명과 미래 세대에 대한 책임

프로메테우스는 이제까지 전혀 알려지지 않았던 힘을 과학으로부터, 그리고 끊임없는 충동을 경제로부터 부여받아 마침내 사슬로부터 풀려나게 되었다. 프로메테우스는 자신의 힘(권력)이 인간에게 불행이 되지 않도록 자발적인 통제를 통해 자신의 힘을 제어할 수 있는 하나의 윤리학을 요청받고 있다. 이 책은 근대 과학 기술의 약속이 위협으로 변질되지 않도록, 또는 적어도 과학 기술이 윤리학과 밀접하게 연결되어 있음을 출발점으로 삼는다.[1]

호혜성에 기초하고 있는 전통적인 이념에 따르면 나의 의무는 다른 사람의 권리이며, 또 다른 사람의 권리는 나의 권리와 동일한 것으로 파악된다. 하지만 이러한 이념은 우리의 목적(책임의 원칙)에 대해 아무런 쓸모가 없다. 왜냐하면 권리를 주장하는 사람만이 권리를 요청할 수 있다고 보기 때문이다. 이 때문에 앞으로 존재할 것이라는 가능성을 근거로 권리를 말하지는 않는다. 우리가 탐구하는 윤리는 아직 존재하고 있지 않는 것과 연관되어 있

1 요나스 지음, 이진우 옮김, 『책임의 원칙』, 서울 : 서광사, 1994. 5쪽. 요나스는 과학 기술 시대에 생명에 대한 경외와 파괴된 생명 자체의 내재적 가치를 회복하고, 생명이 지닌 본래적 가치를 복원하는 윤리로서 책임 윤리를 주장한다.

으며, 이 책임 윤리는 권리와 호혜성의 모든 이념과는 상관이 없다. 따라서 '미래는 나의 권리를 존중하는가?'와 같은 물음은 더 이상 아무런 문제가 되지 않는다.[2]

지난 100년 동안 세계의 평균 기온은 0.7℃ 오른 반면, 우리나라는 1.5℃가 올라 세계의 평균 기온보다 두 배 이상 상승했다. 덕분에 열대 과일로 알려진 패션프루츠, 망고, 구아바, 용과, 파인애플, 파파야, 아보카도 등이 고소득 작물로 인식되어 남부 지방에서 재배되고 있다. 하지만 이와 같은 상황이 지속되어 2060년쯤이 되면 우리에게 가장 익숙한 사과는 강원도 일부 지역에서만 생산 가능하고, 포도는 우리나라 거의 모든 지역에서 재배가 가능할 것이라고 한다.

이 모든 변화의 중심에는 기후 온난화가 있다. 유엔 기후변화위원회(2009)에 의하면, 2020년이 되면 전 세계 약 4-17억 명이 물 부족으로 고통받을 것으로 예측하고 있다. 요나스는 현재와 같이 인간이 자연에 대해 지속적인 지배력을 행사할 경우 미래에 지구적 재앙은 자명한 현실이 될 것이라고 진단하면서 '책임의 윤리'를 주장한다. 그는『책임의 원칙』서문에서 과학 기술에 의한 지배력과 그에 따른 윤리학적 성찰을 그리스 신화의 프로메테우스를 인

2 위의 책, 84쪽.

용하는 것으로 시작한다. 그리고 그가 주장하는 '책임'이 현시대를 살아가는 사람들과 자연환경은 물론, 시공간적으로 멀리 떨어져 있는 '미래 세대에 대한 책임'까지를 포함한다고 주장한다.

요나스는 먼저, 전통 윤리학의 성격과 한계를 지적하는 것으로 자신의 '책임의 원칙'을 전개해 나간다. "올바른 행동에 관한 전통적 지혜는 모두 과거의 경험을 전제로 했다. 따라서 완전히 새로운 모습의 권력과 이러한 권력을 통제할 수 있는 선과 악에 관한 규범에 대해 전통 윤리학은 아무것도 제시해 주지 못한다." 일반적으로 전통 윤리학은 다음과 같은 성격과 한계를 지닌다.

첫째, 전통 윤리학은 인간 외적인 세계와의 관계에서 윤리적으로 중립적이다. 달리 말해, 비인간인 대상은 윤리적으로 중요한 의미를 지니지 않는다.
둘째, 전통 윤리학에서 윤리적 의미란 자기 자신과의 관계를 포함하며, 인간과 인간의 직접적인 관계를 말한다. 이 점에서 모든 전통 윤리학은 인간 중심적이다.
셋째, (인간 중심적인) 전통 윤리학은 인간이라는 '실체'와 그 본질을 '불변하는' 것으로 파악한다. 따라서 인간의 본질을 기술의 대상으로 파악하지 않는다.
넷째, 전통 윤리학에서 행복과 불행은 행위와 매우 가까이 있었다. 따라서 행위의 직접적인 범위 밖에 있는 영역은 고려하지 않아도 되었다. 행동이 미치는 영향의 범위는 작았고, 시간적으로 예측할 수 있는 목표는 짧았으며, 상황에 대한 통제는 제한적이었다. 행동이 미치는 범위가 시간·공간적으로 한정적이었기 때문에 장기적인 진행 과정은 우연이나 행운에 맡기면 되는 것이었다. 결국 윤리학은 '지금' 그리고 '여기'와 관련된 것이었고, 인간 관계에서 일어나는 일들과 관련된 것들이었다.[3]

이렇게 전통 윤리학의 모든 도덕적 명령과 격률들은 행위가 직접적으로 미치는 범위에 한정되고 적용되었다. 예를 들어 "네 이웃을 너 자신과 같이 사랑하라.", "다른 사람이 너에게 행하기를 바라는 대로 너 또한 그렇게 행하라.", "네 이웃을 수단으로 대하지 말고, 항상 목적 그 자체로 대우하라."와 같은 도덕 명령들에 등장하는 '타인'들은 모두 공통적으로 지금 여기에서 관련되는 사람들이라는 점이다. 따라서 전통 윤리학이 대상으로 하는 것은 지금 여기에 살고 있는 현재 세대들이었으며, 도덕적 판단의 여부는 곧 행위가 미치는 구체적인 범위로 한정되는 특성이 있었다. 이 점에서 "인간에게 선(善)의 완전한 장소는 항상 여기(현재)였다."[4]

이처럼 전통 윤리는 기본적으로 호혜성에 기초하고 있다. 그것은 지금 여기 있는 당사자 또는 권리를 주장할 수 있는 사람을 전

3 요나스 지음, 이진우 옮김, 『책임의 원칙』, 서울 : 서광사, 1994. 29-30쪽.

4 위의 책, 32쪽.

제로 성립했다. 따라서 나에게 의무란 지금 여기의 다른 사람에게는 권리를 의미했고, 다른 사람의 권리는 나의 권리와 동등하다는 것을 전제로 하는 것이었다. 그렇지만 미래에 대한 책임의 윤리는 아직 존재하고 있지 않은 것과 관련되며, 따라서 권리와 호혜성의 이념은 문제되지 않는다. 책임 윤리는 앞으로 존재할 가능성(미래)을 근거로 이야기하기 때문이다.

이와 같은 '비호혜성', 즉 지금 여기의 독립적인 성인들의 관계가 아니라 독립적이지 않은 미래 세대와의 관계가 책임 윤리의 기초를 형성한다. 이에 따르면, 미래 세대의 인류에게는 지금 현세대의 경박한 행동이 초래한 불행에 대해 "당신들은 불행의 창시자예요!"라고 비난할 권리가 있다고 주장한다. 따라서 현세대는 아직 존재하지 않는 미래 세대의 이러한 권리(즉 "미래 세대는 실존해야 한다.")에 대해 응답할 의무가 있으며, 그것은 책임의 형태로 나타난다는 것이다. 다시 말해, 미래 세대와의 유대성, 공감, 공정성, 동정의 윤리에 기초해 현재 세대는 일종의 '허구적 동시성'을 깨달으며, 이를 근거로 미래 세대의 권리를 인정하고, 현재 세대에게는 의무와 책임이 부과되어야 한다는 것이다.

이렇게 기술 시대의 도래와 함께 모든 것이 바뀌었다.[5] 현대의

5 요나스는 과학 기술 시대의 출발점을 베이컨의 근대 과학 기술주의와 유토피아의 결합

기술은 너무나 새롭고 너무나 많은 것들을 만들어 냈으며, 그 결과 전통 윤리학으로는 현대의 기술적 행위들이 초래하는 문제들을 설명하기 어려워졌다. 무엇보다 가장 근본적인 변화는 인간의 기술에 의한 자연 침해 가능성이 일상화되었다는 점이다. 그런데 이것은 기술에 의한 침해로 자연이 완전히 파괴되고 훼손되었다는 사실을 인식하기 전에는 그 심각성을 전혀 상상할 수 없다는 것이 더욱 심각한 문제이다. 이것은 사실상 인간 행위의 본질이 변했다는 의미이기도 하다. 이 때문에 자연은 인간에게 책임의 영역이 되었으며, 윤리가 심사숙고해야 할 '새로운 것'이 되었다.

앞에서 보았듯이 전통 윤리는 인간다운 삶을 위한 전 지구적 조건, 그리고 종의 먼 미래와 실존에 대해 관심을 가질 필요가 없었다. 하지만 윤리가 인간의 거대 권력에 대한 자기 통제를 안내하고 지도하는 것이어야 한다면, 이제 윤리는 인간의 권리와 의무에 관한 새로운 견해를 제시해 주어야 한다. 오늘날 인간은 전체로서 생명 영역이 자신의 권력에 예속되어 있다고 당연하게 전제를 하고 있는 것은 아닌지, 나아가 생명 영역이 독자적인 권리를 갖고

에서 발견한다. 그는 베이컨의 유토피아 기획이 자본주의와 결합함으로써 그 합리성을 상실했다고 주장한다. 한편, 요나스는 자연에 대한 권력의 증대를 통해 유토피아를 실현하려 했던 베이컨의 방식과 달리 무계급 사회를 통한 유토피아의 건설이라는 마르크스의 방식에 대해서도 비판한다. 그에 따르면, 마르크스의 방식은 베이컨적인 방식을 전제하고 있다. 즉, 자연 지배 사상을 사회 개혁의 원리와 결합하고 있다는 지적이다. 요나스는 마르크스가 생산력의 발전을 기반으로 유토피아(공산 사회)를 주장한다는 점에서 기술 권력의 찬양이라는 '기술적 낙관주의'를 채택하고 있다고 비판하면서, 이러한 방식은 베이컨의 생각과 다르지 않다고 지적한다.

있는 것은 아닌지에 대한 윤리에서의 근본적인 사고의 전환과 탐구를 해야 한다.

만약에 그렇다면, 이것은 인간의 선은 물론, 인간 외적인 자연의 선에 대한 탐구를 요구하며, 목적 자체의 개념을 인간의 영역을 넘어 미래 세대와 자연 생명으로까지 확장해야 한다는 것을 의미한다. '호모 사피엔스'에 대한 '호모 파베르'의 승리, 즉 기술 지배 권력은 책임의 본질적 지평을 동시대의 공간을 넘어 불확정적 미래로 확장할 것을 요청하고 있다.

근대 칸트의 정언 명령에 의하면, 도덕성을 규정하는 행동 규칙은 "너의 의지의 격률이 일반적인 법칙이 되기를 원할 수 있는 그러한 행위를 하라."[6]였다. 하지만 새로운 종류의 도덕 명령은 구체적인 시대와의 연관성과 상관없이 추상된 칸트의 정언 명령과 달리 구체적인 내용을 담고 있으며, 불확정적 미래를 가리키는 것이어야 한다. 그것은 생태적 관점에 기초해 정립된 다음과 같은 명령의 형식(정언 명령)이 될 것이다.[7]

6 칸트의 정언 명법은 ① 보편 법칙의 정식, ② 목적 자체의 정식, ③ 목적 왕국의 정식으로 구체화된다. 보편 법칙의 정식이란 '준칙의 보편화'이고, 목적 자체의 정식이란 자신의 인격은 물론, 다른 모든 사람의 인격을 단순히 수단으로서만이 아니라 동시에 항상 목적으로서 대하는 행위를 하라는 것이며, 목적 왕국의 정식이란 준칙이 항상 보편적 목적의 왕국을 세우는 구성원일 수 있도록 하는 행위여야 한다는 것이다. 양해림, 『한스 요나스의 생태학적 사유 읽기』, 충남대학교출판문화원, 2013, 82쪽.

7 위의 책, 40쪽.

너의 행위의 결과가 지상에서의 진정한 인간적 삶의 지속(인간 생명의 영속)과 조화를 이루도록(양립할 수 있도록) 행위 하라.

너의 행위의 결과(효과)가 인간 생명의 미래 가능성에 대해 파괴적이지 않도록 행위 하라.

지상에서 인류의 무한한 존속을 가능하게 하는 모든 조건을 위협하지 마라.

미래 인간에 대한 불가침성을 네가 함께 바라는 대상이 되도록 지금 여기에서의 선택에 포함시켜라.

칸트를 포함한 전통 윤리학이 집단적 행위가 아니라 개인적 행위를, 미래가 아니라 현재를 문제 삼는 반면, 요나스의 책임 윤리는 이처럼 인류의 지속적인 삶의 터전에 대해 말하고 있다. 즉, 자신의 행위가 초래할 결과가 인간의 미래 존속과 양립할 것을 요구하는 책임이기 때문에 다음 세대에 대한 책임과 의무를 강조한다. 이 점에서 요나스의 새로운 정언 명령은 자기만족을 위한 '짧은 불꽃놀이'를 위해 인류 미래의 생명을 위태롭게 해서는 안 된다고 주장한다. 이것은 현재 세대가 존재하기 위해 아직 존재하지 않는 미래 세대의 이익을 담보로 해서는 안 된다는 명령이며, 또 현재 세대에게는 그럴 권리가 없다는 선언이기도 하다. 즉, 미래는 우리에게 책임의 영역이라는 뜻이다. 책임은 동시대를 살아가는 이웃이나 가까운 자연환경은 물론, 시공간적으로 멀리 떨어져 있는 미래 세대에 대한 책임까지 포함한다.

그런데 현재의 기술 지배 권력은 비인간적 영역은 물론, 매우 적극적으로 인간 자신을 향하고 있으며, 그 결과 인간 스스로가 기술의 대상으로 전락하고 있다. 예를 들어 분자 생물학의 발전은 인류에게 노화의 과정을 늦추고 생명의 활동을 연장하는 데 큰 도움을 줌으로써 '더 오래 사는 삶'이라는 인류의 오랜 소망을 실현해 주고 있다. 하지만 더 오래 살게 되었다는 말 속에는 새로운 생명의 출현이 그만큼 더 줄어들게 되었다는 의미도 내포되어 있다.

극단적으로 말하면, 죽음이 폐지된다면 번식 또한 폐지된다. '되풀이되는 결말로서 죽음'이라는 희생을 통해 '되풀이되는 시작으로서 생명'이 있는 것이다. 그리고 이것이 우리의 삶을 권태로운 일상에 빠지지 않도록 해 주는 보호막이 되고, 삶을 더욱 가치 있게 만들도록 이끄는 힘이 된다. "너는 죽을 수밖에 없는 존재라는 사실을 기억하라."는 죽음의 경고가 우리의 삶에 주는 의미를 성찰할 줄 알아야 한다. 그럼에도 인류는 스스로의 기획에 따라 인류를 개선하고 변화시키고자 하며, 스스로 진화의 모든 과정에 기술적 개입을 서두르고 있다.

인간은 행위를 하는 존재이며, 윤리는 행위를 규제하는 성격을 갖고 있다. 따라서 행위가 미칠 힘이 크면 클수록 윤리의 필요성은 더욱 클 수밖에 없다. 그리고 현재의 기술 지배 권력, 즉 새로운 종류의 행위 능력은 그에 합당한 새로운 윤리의 기준을 요구하고 있으며, 그것은 책임의 윤리이다. 우리는 이것을 '공포의 발견술'을 통해 '예견적(예방적) 책임'의 윤리로 구체화해야 한다.

만약에 살인이 없었다면, 생명의 신성함을 알지 못했을 것이고, 또 '살인하지 마라.'는 신성한 도덕 명령을 분명하게 보여 주지 못했을지도 모른다. 또 거짓이 없었다면 진실의 가치를 알지 못했을지 모르고, 부자유가 없었다면 자유의 가치를 알지 못했을지도 모른다. 마찬가지로 우리가 찾고 있는 미래에 대한 책임 윤리는 우리의 잘못된 판단으로 이런 일을 당하지 않도록 미리 예방하고 지켜 줄 수 있는 인간 개념을 발전시킬 수 있도록 해 준다.

그런데 위협이 무엇인지를 알지 못한다면, 무엇을 보호해야 하는지도 알지 못한다. 확실한 것은 악을 인식하는 것이 선을 인식하는 것보다 훨씬 쉽고, 무엇이 악인지에 대해서 인식하는 문제는 직접적이고 명확하여 의견의 차이가 별로 없다는 점이다. 파렴치한 행위를 보지 않고서 어떻게 진실을 찬양할 수 있으며, 전쟁의 참상을 보지 않고서 어떻게 평화를 찬양할 수 있겠는가?

우리는 원하는 것보다 원하지 않는 것에 대해 훨씬 더 명확하게 잘 안다. 따라서 우리가 무엇을 보호해야 하는지를 알고자 한다면, 먼저 도덕 철학은 우리가 원하는 것(희망)보다는 원하지 않는 것(공포)을 이야기해야 한다. 무엇이 도덕적인지를 탐구하려고 할 때, 이와 같은 '공포의 발견술'[8]이 매우 유익한 출발점이 된다는 사

8 위의 책, 66쪽.

실은 틀림없다.

'파스칼의 도박'을 생각해 보자. 당신은 '신이 존재한다.'에 돈을 걸 수도 있지만, '존재하지 않는다.'에 걸 수도 있다. 먼저, 신이 존재한다는 믿음을 가지고 순결한 생활을 했지만, 불행히도 신이 존재하지 않는 것으로 밝혀진다고 하더라도 당신이 잃는 것은 거의 없다. 하지만 신이 존재하지 않는다는 믿음을 갖고 온갖 방탕한 생활로 쾌락을 탐닉했는데, 신이 정말로 존재하는 것으로 밝혀지면 당신은 지옥에서 영원한 고통을 감수해야 할 수도 있다. 만약에 우리가 짧고 불확실한 현세의 삶이 주는 행복, 그리고 내세에서의 영원한 행복과 불행의 가능성이라는 내기에서 최상의 작은 것을 얻고 그 대가로 무한한 모든 것을 잃을지, 아니면 유한한 작은 것을 잃고 무한한 것을 획득할지를 선택해야 한다면, 우리는 후자를 선택하는 것이 지혜롭다.

마찬가지로 '공포의 발견술(heuristics of fear)' 또한 우리가 수용해야 할 책임이 어떤 것인지를 명확하게 알려 준다. 결정은 최고의 선을 획득하기 위해서가 아니라, 최고의 악을 회피하기 위한 쪽으로 이루어져야 한다. 이것만이 언제나 우선권을 가지며, 필연성을 형성한다. 왜냐하면 사람은 최고의 선 없이는 살 수 있지만, 최고의 악으로는 살 수 없기 때문이다. 그러므로 현재 세대는 물론, 미래 세대의 실존, 그리고 자연 생명 그 자체가 내기의 담보물이 되어서는 안 된다.

이렇게 '공포의 발견술'은 새로운 도덕적 관심을 일깨우고, '책임의 윤리'가 시작되는 지점이 된다. '공포와 전율', 즉 '두려워함' 그 자체는 '책임 윤리'의 원천이자, 예방을 위한 희망이 되며, 실천해야 할 의무가 된다.('예견적 책임') 또한 이것은 우리가 잃어버렸던 경외심(놀라움)을 존중하는 마음을 갖도록 해 준다. 경외심은 우리에게 '신성한 것', 즉 어떤 경우에도 결코 훼손되어서는 안 되는 것을 드러내 보여 주기 때문에 현재를 희생하여 미래와 거래하지 못하도록 막아 줄 수 있다.

이와 관련해 이제 막 태어난 아이(신생아)의 모습은 우리에게 경외와 모든 책임의 원형을 구성하는 하나의 사례로 적절하다. 우리는 갓 태어난 아이를 보면서 모든 생명체의 무제한적인 자기 목적과 그 목적에 일치하게 이끄는 생명 능력이 그 속에 있음을 인식한다. 또 이 아이가 내쉬는 숨소리를 통해 이 아이가 존재'해야 한다'는 내재적 당위성을 깨닫고, 그에 맞는 행동을 우리의 책임과 의무로서 인식하게 된다.

> 타자들은 그렇게 전달된 요청을 받아들여 도움을 주며, 신생아의 요청에 포함된 목적론적 약속의 점진적 이행을 가능하게 해준다. 타자들은 신생아와의 목적론적 약속이 이행되어 그들이 약속의 이행으로부터 해방될 때까지 지속적으로 이 일을 수행해

야 한다.[9]

따라서 우리가 아이에 대해 지고 있는 책임은 총체적인 것이라는 점에서 동포에 대한 인류애적 의무 그 이상의 것이라 할 수 있다. 이처럼 신생아로부터 표현되는 '당위(의무)'는 의심의 여지없이 명증성과 구체성, 절박성을 띠고 있다. 즉, 신생아에게서 드러나는 책임의 근거에는 죽음(파멸)으로부터 위협받는 존재라는 사실이 자리하고 있다. 매 순간 지속적으로 높은 위험 수위에 놓여 있는 이 존재의 훼손 가능성은 매 순간 책임의 연속성을 구성한다. 그리고 이와 같은 책임의 본보기는 같은 조건에 놓인 모든 존재들, 즉 아이처럼 소멸성에 직면해 있는 인류와 미래 세대, 그리고 자연 생명에 대해서도 책임의 지평을 확장할 것을 요청하며, 이를 기반으로 책임의 윤리를 규정하게 된다.

어린아이에 대한 부모의 의무, 곧 책임은 본능적으로 무조건적인 것이며[10], 인격적으로는 가장 강렬한 것이다. 왜냐하면 그 책임은 (아이의) 전체성, (생명의) 연속성, (아이의) 미래와의 연관성이라는 성격을 지니기 때문이다. 이에 기초해 책임 윤리는 책임의 범위를 인간은 물론, 생명 공동체로 확장해야 한다고 주장한다.

9 위의 책, 66쪽.

10 "인간에 대한 인간의 책임이 일차적이다." 즉 "모든 책임의 원형은 인간에 대한 인간의 책임이다."

왜냐하면 이들 또한 아이처럼 불안정하고, 훼손될 수 있으며, 취소(소멸)될 수 있는 존재이기 때문이다.

> 모든 생명체는 자신에 대해 더 이상의 정당화를 필요로 하지 않는 고유한 목적이다. 이 점에서 인간은 다른 생명체에 대해 우선권을 가지지 않는다. 단지 인간만이 생명들에 대해서, 즉 생명들의 자기 목적을 보호하기 위해서 책임을 질 수 있다는 것만은 예외이다. 그렇더라도 모든 책임의 원형은 인간에 대한 인간의 책임이다. 책임 관계에서 이것은 의심의 여지가 없다. 모든 사람이 부모의 보호를 원천적으로 경험한다는 것은 명확하다. 이것은 결핍 때문에 위험한 상황 속에서 살아가는 생명체만이 책임의 대상이 될 수 있다는 말이다. 즉, 생명체로서의 존재가 책임의 전제 조건이라는 뜻이다.[11]

요나스는 현대 거대 과학 기술이 윤리적 차원에서 성찰의 대상이 되어야 하는 이유에 대해, 첫째 그 기술이 미래에 어떤 결과를 가져올지 예측할 수 없기 때문에(결과의 모호성), 둘째 다른 종류의 능력이나 지식과 달리 그 실천적 적용의 압력에서 자유롭지 못하기 때문에(적용의 강제성), 셋째 기술의 결과가 전 지구의 미래와 관련되기 때문에(시 · 공간적 광역성), 넷째 기술의 발달이 전

11 위의 책, 179–180쪽.

통적인 인간중심주의 윤리를 무너뜨렸기 때문(인간중심주의의 붕괴)[12]이라고 주장한다. 그리고 이에 근거해 그는 현대 거대 기술의 지배 권력에 대한 새로운 윤리를 당위로서 필연이라고 주장하면서 자신의 책임 윤리를 주장하고 있는 것이다.

"위험은 실패보다 성공 안에 도사리고 있다." 과학 기술에서의 지속적인 성공과 이에 따른 새로운 가능성은 인간의 모든 새로운 욕구를 당연하게 부추김으로써 마침내 지속적인 욕구 자체를 당연한 하나의 삶의 방식으로 자리 잡게 만들고 있다. 이런 지속적인 과정을 통해 과학 기술의 힘은 더욱 커지고, 마침내 과학 기술 자체가 전제적 권력이 되어 인간까지 도구화하는 단계에 이르고 있다.

하지만 인류의 지속적 생존(미래 세대)이 정언 명령이라면, 그리고 오랜 진화의 과정을 통해 이루어진 풍부한 유전자 풀의 보호(모든 생명의 보존) 또한 우리가 따라야 할 당위로서 정언 명령이라면, '적정량의 도덕(책임 윤리)'은 기술 윤리의 핵심이 된다. 즉, 우리가 기계의 소유물로 전락하지 않고, 우리 스스로에 대해 주인으로 남아 인간으로서 자율과 존엄을 지키기 위해서는 기술이 나아가는 방향을 기술 스스로 통제할 수 있도록 해서는 안 된다.

12 한스 요나스 지음, 이유택 옮김, 『기술 의학 윤리』, 서울 : 솔, 2005. 41-48쪽.

생명 :
자기 목적성, 초월적 자유

> 생명이 있는(살아 있는) 것은 그것의 가장 낮은 단계의 구성물에서도 이미 정신적인 것을 형성하고 있으며, 정신은 그것의 가장 높은 단계에서도 유기체의 일부로 남는다.[13] 또 생명체는 자기의 고유한, 즉 어떤 정당화도 필요로 하지 않는 목적이며, 이 점에서 인간은 다른 생명체에 비해 어떤 우선권도 가지지 않는다.[14]

요나스에게 생명이란 본성적으로 자기 안에 내재적이이며 객관적인 목적을 지닌 존재라는 의미이다. 그에게 생명의 이와 같은 자기 목적성은 증명할 필요가 없는 일종의 공리, 즉 '존재론적 공리'에 해당한다. 그리고 생명의 이러한 자기 목적성은 '생명체는 살려고 애쓰는(분투하는) 존재'라는 객관적인 사실을 통해 드러난다. 모든 생명은 자신의 생명 보존을 목적으로 하며, 따라서 모든 생명체에게 산다는 것은 동시에 살 만한 가치가 있다는 의미로 이해될 수 있다. 그런데 생명의 본질은 또한 죽음이기도 하기 때문에 생명은 자신의 죽음을 부정하고, 생명으로서 자신의 존재 자체

13 요나스는 정신과 물질을 상호 독립적 실체로 보는 근대의 이원론을 거부한다. 그에게 정신과 물질은 둘이 아니라 하나이다. 즉, 모든 정신은 어떤 형태로든 유기체적 특성을 지닌다.

14 이진우 외 지음, 『인간 복제에 관한 철학적 성찰』, 서울 : 문예출판사, 2002. 168쪽.

를 긍정하려고 애쓴다. 이처럼 생명의 자기 목적성은 선택의 문제가 아니라 생명 안에 내재하는 자연적 본성의 문제이다.[15]

생명의 이러한 본질적 특성은 생명을 근대의 생명관, 즉 기계론적이고 환원주의적이며, 이원론적 관점(정신 대 물질, 육체 대 영혼)에서 생명을 이해하려는 데카르트적 생명관을 정면으로 부정한다. 요나스에게 생명이란 물질 또는 정신으로 환원될 수 없는 하나의 전체라는 점이 중요하다. 그에 의하면, "생명이란 아무리 낮은 물질의 형태를 취하고 있더라도 정신을 담지하고 있으며, 아무리 고상한 정신일지라도 물질 속에 있는 것이다.('심리-물질적 통합체')" 생명 안에 본질적으로 내재하고 있는 이와 같은 '내면적' 속성은 "살려고 애쓰는 것은 물론, 쾌감과 고통, 관심 및 욕망의 현상과 관련된 감각, 인식, 의지 능력, 추상적 가치를 창조하는 도덕적인 능력에 이르기까지"[16] 다양하게 나타난다.

요나스는 생명들이 실현하고자 하는 이와 같은 자기 목적성의 성질을 '초월적 자유'라고 규정한다. 즉, 자기 목적을 지닌 생명들은 끊임없이 자신을 유지하고, 자신의 한계를 넘어서 자신을 더 높은 단계로 고양하고자 하는 자유를 지니는데, 이것을 가리켜 '초월적 자유'라고 할 수 있다는 것이다. 이렇게 볼 때, 요나스에게 생명이란 자기 긍정을 통한 자기 목적성의 실현을 위해 애쓰는 존

15 최소인, 「한스 요나스의 생명 철학과 책임 윤리」, 2006.

16 요나스 지음, 한정선 옮김, 『생명의 원리』, 서울: 아카넷, 2001. 200쪽.

재이며, 이러한 존재는 전체성과 초월적 자유라는 특성을 지니는 것으로 규정할 수 있다. 그리고 이에 기초해 요나스는 생명의 존엄과 가치라는 도덕적 가치를 이끌어 내고, 이것을 생명에 대한 경외, 즉 책임 윤리로 확장시켜 나간다.

결론적으로, 요나스에게 생명이란 '목적론'적 관점에서 이해할 때 제대로 드러난다. 그것은 자연의 모든 유기체는 어떤 목적을 자신 안에 지닌다는 내재적 목적론(아리스토텔레스의 목적론)이며, 자연의 흐름을 아랫단계로부터 고등의 단계로 나아가는 과정으로 보는 형상적 목적론의 결합으로 설명된다. 그리고 인간과 자연은 '살아 있다(유기적 생명체)'는 점에서 동일하며, 생명인 한 아메바 같은 가장 원시적인 형태의 생명이든, 아니면 가장 고등의 생명체가 지닌 정신이든 유기체의 형태를 지니지 않을 수 없다. 따라서 인간과 자연은 상호 대립하는 개념일 수 없다.[17]

소극적 우생학과 적극적 우생학 :
무지할 권리

유전자 기술의 목적은 보존, 개선, 창조로 나뉜다. 이들 중 창조적 목표는 미래 유전 공학의 발전 여부에 달려 있다. 결국 유전자 조

17 이진우 외 지음, 위의 책, 153쪽.

작은 약한 형태에서 강한 형태로, 겸손한 의도에서 오만한 의도로 진행되어 갈 것이다. 유전자 재구성과 같은 인간의 생물학적 구조에 대한 기술적 폭력은 모든 기존 기술의 공리주의적 의미 규정을 거부한다.[18]

생식 작용은 어떤 결과가 나올지 전혀 예측할 수 없는 일종의 제비뽑기와 같다. 이것은 마치 유전학적으로 동일한 두 개의 개체가 존재할 수 없는 것과 같다. 자연과 우연을 방해하려는 조작은 복제라는 기술적 수단에 의해 이루어진다.(무엇보다 복제 인간의 문제는) 무지할 권리가 결코 허용되지 않는다는 점이다. 무지야말로 자유의 전제 조건이다. 새롭게 던져진 주사위처럼 존재하게 된 인간은 아무런 인도자 없이 자기 자신을 스스로 발견하고, 자기의 최초이자 유일무이한 삶을 살아가기 위해 애쓰지 않으면 안 된다. 즉, 자기 자신이 되어 가는 것이다.(자연의 우연인) 쌍둥이는 앞선 자에 의해 고통받지 않는다.[19]

새로운 윤리학의 기초를 자연과 생명에서 찾으려는 요나스의 책임 윤리는 생명 공학 영역으로 그 논의를 확장해 나간다. 먼저 그

18 이유택 옮김, 위의 책, 164, 166쪽.

19 위의 책, 173, 182–183쪽.

는 생명 공학 기술이 일반적인 분야의 기술[20]과 근본적으로 다르다는 점에 주목한다. 즉, 생명 공학 기술은 인간 생명 그 자체를 기술의 대상으로 삼고, 생명에 대한 조작과 변형을 통해 새로운 생명을 '제작(창조)'하려 한다는 점에서 자연의 물리적 대상을 인간에게 유용하도록 변형해 왔던 이전의 일반적인 기술과 그 성격이 전혀 다르다는 것이다. 그에게 생명과 감정을 지닌 존재가 실험과 조작의 대상이 된다는 사실은 도덕적 책임과 양심의 문제를 제기하기 때문에 결코 가치중립적인 것이 될 수 없다. 그에게는 생명 자체가 가치와 당위의 문제이기 때문이다. 자기 활동성을 지닌 생명을 대상으로 하는 기술은 일반적인 기술에서 나타나는 가공과 조립이 아닌 간섭의 의미를 지니기 때문에 더욱 윤리적 문제를 제기한다.

또 일반적인 기술이 지닌 예측 가능성과 달리 생명을 대상으로 하는 기술은 생명체가 지닌 자기 활동성 때문에 결과에 대한 예측이 불가능한 도박의 성격을 지닌다는 점도 심각한 윤리 문제를 제기한다. 그뿐만 아니라 생명을 대상으로 하는 기술의 결과로서 새로운 생명의 창조는 곧바로 실제 행위로 이어지는 문제이기 때문에 단순한 실험적 행위가 아니라 실제 행위와 직결되는 문제이다.

20 즉 '조립'을 중심으로 이뤄지는 도구적 가공품을 만드는 기술이 지닌 최종 목적은 언제나 그것을 사용하는 자의 유용성, 즉 인간의 선(善)을 위한 것이었다. 비인간적인 재료를 사용하는 이 기술의 사용에서 인간은 언제나 주체였고, '자연'은 기술적 지배의 대상이었다. 이유택 옮김, 위의 책, 159-163쪽.

즉, 실험이 곧 실제 행위인 것이다. 생명을 대상으로 하는 기술에서 나타나는 이러한 특성들은 생명 공학 기술이 가역적이지 않고, 불가역적이라는 성질부터 초래되는 문제들이다.

언뜻 보기에 인간의 자기 본성에 대한 자기 통제는 인간이 갖고 있는 기술 권력의 위대한 승리처럼 보일 수도 있다. 하지만 우생학으로서 생명 공학 기술은 기술의 주인이었던 인간을 한순간에 기술의 지배 아래 놓이게 하여 인간을 자연의 일부(기술의 대상)로 만들어 버림으로써 '장차 태어날 자들에 대해 권력을 행사하는 것'으로 구체화된다. 즉, "이들은 현재를 살아가는 우리의 계획과 결정에 완전히 무방비 상태로 노출되어 있는 대상이다. 또 권력의 행사 방향은 지극히 일방적이어서 기술 권력의 산물인 인간 주체들의 모든 행위는 그것을 다스리는 권력이 부과하는 규칙을 따라야 할 뿐이다." 비록 이 기술이 어떤 목적(예를 들어 생식의 자유와 공리주의적 목적)을 지향하고 있다고 할지라도, 본질적으로 맹목적이다. 왜냐하면 생명체라는 복잡성의 영역에서 완벽한 분석과 예측이란 불가능하기 때문이다.

우생학과 관련해 요나스가 우선 주목하는 것은 '소극적 우생학'이다. 특정 질병과 예방을 목적으로 행해지는 생물학적 조작으로서 소극적 우생학은 인도주의와 진화론적 논리로 정당화되기도 하기 때문이다. 요나스에 의하면, 자식의 동의를 구하지 않고 일방적으로 행해진 소극적 우생학은 가능한 고통의 예방이라는 일종의 동정의 윤리로 정당화될 수 있는 것처럼 보인다. 또 해로운 유전 형질의 증가가 인류를 위협하지 않도록 예방적 의학 차원에서 소극적 우생학이 정당화될 수 있는 것처럼 보인다.

그럼에도 요나스가 염려하는 것은 질병의 예방이라는 목적으로 행해지는 이와 같은 소극적 우생학일지라도 그 안에는 어찌 되었든 유전자 전체에 대한 조작과 변형이라는 의미가 담겨 있으며, 종(種)의 이익이라는 전체의 이익을 명분으로 한 개체의 포기를 강요한다는 점 때문이다. 즉, 소극적 우생학일지라도 특정 유전자의 '보존 또는 배제'라는 선별을 전제로 하고 있는 한, 소극적 우생학과 적극적 우생학 사이의 구별은 모호하거나 불가능하다고 할 수 있다.

무엇보다 심각한 문제를 제기하는 것은 '적극적 우생학'이다. 요나스에 의하면, "모든 표준화는 일시적인(또는 잠깐 동안의) 선호에 기초한 성급한 규정으로 아직 규정되지 않은 미지(미래)의 영역을 제거해 버리는 것이며, 특정 소수를 위해 불특정 다수를 배제함으로써 특정 유형의 인간을 사육해 내려는 시도"이다. 그러므로 "초인에 대한 소망은 궁핍이 아닌 오만에서 나온다."는 것이 그의 진단이다. 그에게 적극적 우생학이란 인간 사육의 목적을 실현하기 위해 "성(性) 관계를 탈인격화하며, 사랑과 생식 및 결혼, 그리고 자발적으로 부모가 되는 것을 격리시키는 것이며, 인간에게 자연이 허락해 준 가장 내밀한 동반 관계를 비밀스럽게 그려 내게 하는 미래에 대해 공권력(즉 기술 권력)이 불순하게 간섭하는 것"이라 할 수 있다.

이에 대해 요나스는 자연의 우연에 의해 주어지는 자신의 삶에 대해 '무지할 권리'를 근거로 인간 복제를 비판한다. 이 권리는 "타자의 사본으로서 존재하는 자에게는 결코 허용되지 않는 권리"이며, "누구와도 공유될 수 없는 오직 자기만의 일회적인 유전자형에 대한 각자의 선험적 권리 개념(천부적 권리)이다." "요컨대 복제를 통해 만들어진 산물로서 인간은 무지의 보호 아래에서만 커나갈 수 있는 자유를 처음부터 박탈당하고 만다. 한 인간이 지닌 미래를 향한 자유를 박탈하는 것은 용서받지 못할 범죄 행위로, 단 한 번이라도 행해져서는 안 된다."[21]

무지할 권리는 자기의 고유한 길을 찾아갈 권리이며, 자신에게 놀라워할 수 있는 인간다운 삶에 관한 권리이기 때문에 마땅히 존중받아야 할 권리라는 것이 요나스의 결론이다.

21 위의 책, 186쪽.

16

소로

1817 - 1862

핵심 주제어

시민 불복종 : 양심에 기초한 불복종, 법에 대한 존경심보다 정의에 대한 존경심, 처벌의 감수

시민 불복종 :
양심에 기초한 정의, 법에 대한 존경심보다 정의에 대한 존경심, 처벌의 감수

> 정부란 사람들이 그것을 통해 방해받지 않고 서로 잘 살아갈 수 있도록 하기 위한 편의적 기관일 뿐이다. (따라서) 먼저 사람이 되고, 그다음 국민이 되어야 한다. 법은 사람을 도덕적으로 만들지 못한다.[1]

> 단 한 명의 정직한 사람이라도 노예 소유를 그만두고 실제로 공범자의 입장에서 물러나 그 때문에 감옥에 갇힌다면, 그것이야말로 미국에서 노예제가 폐지되는 것이다. 시작이 얼마나 작아 보이는가는 전혀 중요하지 않다. 단 한 명이라도 부당하게 감옥에 가두는 정부 밑에서 정의로운 사람이 있을 곳은 감옥뿐이다.[2]

우리에게 『시민 불복종』(1866)으로 익숙한 이 책은 원래 소로가 "정부에 대한 개인의 권리와 의무"(1848)라는 주제로 매사추세츠

1 앤드류 커크 지음, 유강은 옮김, 『시민 불복종』, 서울 : 그린비, 2011, 54쪽; "법의 독단을 따르지 말고, 자신의 순수한 양심에 따라 저항하라." "(국민을 노예로 부리고, 멕시코와의 전쟁을 서슴지 않는) 저 정치 조직체를 내 정부로 인정할 수 없다. 사람은 누구나 혁명권을 인정한다. 그것은 폭정이나 무능에 충성하기를 거부하고 저항할 권리이다."

2 위의 책, 62쪽.

주 콩코드 회관에서 행한 연설문이며, 처음 출간될 당시의 제목도 "시민정부에 대한 저항"이었을 뿐만 아니라 책 속에서도 "시민 불복종"이란 표현은 한 번도 나오지 않는다. 이 책의 바탕에는 미국의 독립선언서와 헌법 정신이 깊이 배어 있고, 직접적인 사회 · 정치적 배경에는 노예제도에 대한 혐오와 반감, 그리고 멕시코 전쟁(1846-1847)[3]이 있다. 당시 미국의 노예제[4]는 북부와 남부가 대립하는 근본 원인이었고, 멕시코 전쟁은 연방제 내에서 노예제를 둘러싸고 벌어진 파벌 간 충돌이었다.

이 때문에 소로는 다수결의 원리라는 공리주의적 방식을 따르는 선거에 의한 변화를 기대할 수 없다고 인식하고, 오직 개인의 양심과 도덕이라는 정의에 호소하는 불복종의 길을 선택한다.[5] 즉, 영국의 공리주의자이자 부주교인 윌리엄 페일리는 "그리스도가 이 세상에 온 이유는 우리의 행동이 최대 다수의 최대 행복을 만족

3 미국의 영토 야심으로 발발된 미국과 멕시코 간의 전쟁. 미국은 목화 재배 확대를 원하는 남부 대농장주들의 요구에 따라 1846년에 발생한 양국 간의 국경 무장충돌을 전쟁으로 확대시켜 무력으로 뉴멕시코와 캘리포니아를 점령한 데 이어 멕시코시티까지 함락시킴으로써 오늘날의 미국의 영토를 만든다. 멕시코는 미국과 '과달루페-이달고 조약(1848)을 체결하고, 텍사스를 비롯한 캘리포니아, 뉴멕시코, 애리조나, 네바다, 유타, 콜로라도 등 영토의 반 이상을 미국에 넘겨주어야만 했다. 그 결과 정치적으로는 남부의 발언권이 증대되고, 노예제를 둘러싼 논쟁이 더욱 격화되었다.

4 당시 30개 주 가운데 15개 주가 노예주였는데, 이를 인정하는 헌법을 수정하기 위해서는 전체 주 4분의 3의 비준이 필요했다. 이 때문에 노예제를 폐지할 유일한 방법인 헌법 수정안의 통과는 사실상 기대할 수 없었다. 특히 남부와 북부가 대립하는 상황에서 민주적 선거와 절차라는 장치는 소로에게 '일종의 도박'으로밖에 간주되지 않았다.

5 그의 이와 같은 신념의 바탕에는 스스로 말했듯이, "어떤 나무이든 자신의 천성에 따라 살지 못하면 죽는다. 사람도 이와 마찬가지"라는 믿음이 자리 잡고 있다.

시키지 못하면, 우리 모두가 지옥에 떨어지게 될 것이라고 말하기 위해서였다."고 주장한다. 그는 계속해서, 그러므로 정부가 사회 전체의 이익을 보장해 주는 한, 국민은 정부에 순종해야 하며, 혁명과 저항은 우리가 원하지 않는 결과를 초래하기 때문에 회피해야 한다고 주장한다. 그에게 정부란 우리 모두를 위해 매우 유용한 '편의'적 장치였지만, 소로는 바로 이러한 생각에 전혀 동의하지 않았다.

소로는 우리 모두(또는 사회 전체)를 위한 편의적 장치로서 정부란 사실 힘센 다수에 의한 통치일 뿐이기 때문에 양도될 수 없는 양심적 정의와 충돌한다고 생각했다. 그에게 정부란 독립선언서의 내용처럼 양도할 수 없는 평등한 권리를 지닌 개인들이 자신의 생명 · 자유 · 행복에 대한 추구권을 위해 "인민의 동의"를 기반으로 조직한 (사회 계약의) 결과물일 뿐이다. 따라서 각 개인은 "국민의 동의에 의존하고 있는 정부가 무슨 일을 하고 있는지를 알아야 하며, 정부는 국민인 각 개인이 정부가 마땅히 행해야 한다고 생각하는 바를 행해야 한다."

"투표는 단지 옳음과 그름 같은 도덕의 문제를 놓고 벌이는 일종의 도박이다. 그러나 투표자의 인격을 거는 것은 아니다. 아마 나는 내가 옳다고 생각하는 쪽에 표를 던지겠지만, 옳은 쪽이 반드시 이겨야 한다고 목숨을 걸지는 않는다. 나는 기꺼이 다수결에 맡길 뿐이다." 하지만 투표와 정치의 속성이 그렇기 때문에 우리가 투표를 마치는 것으로 자신의 의무와 책임을 다했다고 생각해서는 안 된다는 것이 소로의 생각이다. 소로는 "악을 뿌리 뽑는 데 자신의 모든 것을 바치는 것이 한 사람의 당연한 의무는 아니다. 사람은 다른 수많은 문제들에 대해 관심을 갖고 그것들을 추구할 수 있다. 그러나 적어도 악에서 손을 떼고, 악에 관심을 두지 않는다 하더라도, 실제로 악을 뒷받침하는 일은 하지 않는 것이 사람의 의무"라고 주장한다.

이것은 인두세(각 개인에게 매기는 세금)가 노예제도와 멕시코와의 전쟁을 정당화시켜 주는 수단으로 활용되기 때문에 이를 거부(불복종)해야 한다는 논거가 된다. 즉, 자신이 내는 세금이 정의롭지 못한 정부의 정책과 전쟁에 쓰이도록 내버려 두는 것은 "실제로 악을 뒷받침하는 일을 해서는 안 된다는 사람의 의무"를 저버린 행동이라는 뜻이다. 따라서 이것은 그의 불복종이 정당한 목적이라는 공공적 성격을 지닌다는 의미로 해석할 수 있다.

소로는 "정의롭지 못한 법"을 지닌 정부에 대해 우리들 각자가 "원칙에 따른 행동, 즉 정의를 알고 실천"해야 한다고 일깨운다. 그에 의하면, "우리는 먼저 인간이어야 하고, 그다음 국민이어야 한다. 법에 대한 존경심에 우선하여 정의에 대한 존경심을 갖는 것이 바람직하다. 내가 떠맡을 유일한 의무는 어느 때든 내가 옳다고 생각하는 바를 행하는 것이다. 우리는 단체에는 양심이 없다는 말을 충분히 들어 왔다. 그러나 양심적인 사람들로 이루어진

단체는 양심을 가진 단체이다. 법이 사람을 조금이라도 정의롭게 만든 적은 한 번도 없다. 오히려 법에 대한 존경심 때문에 선량한 사람까지도 매일 불의의 하수인이 되고 있다."

그렇다고 소로가 불복종을 선언한다고 해서 그가 곧 무정부주의자라는 뜻은 아니다. 그가 토마스 제퍼슨의 말을 인용해 "가장 좋은 정부는 가장 적게 다스리는 정부"라 말하고, "혁명의 권리를 인정한다."고 주장하지만, 그 스스로 밝히듯이 나는 "무정부주의자들과 달리, 지금 당장 정부를 폐지하자고 하는 것이 아니라. 다만 지금 당장 더 나은 정부를 요구하고 있는 것이다." 즉 "지금 당장 더 나은 정부"에 대한 요구가 좌절되었을 때 그 정부에 대한 불복종은 정당화되며, 그 불복종의 결과가 감옥에 갇히는 것이라면, 이것은 "노예의 나라에서 자유로운 인간이 명예롭게 거주할 수 있는 유일한 공간 역시 감옥"이라는 점을 보여 준다. "감옥의 담장 안에서는 정부의 적이 되지 못할 것이라고 생각하는 사람이 있다면, 이런 사람들은 진리가 오류보다 얼마나 더 강한 것인지를 모르는 사람들이다."

소로는 당시 노예제도와 멕시코 전쟁을 불복종과 연결 지어 "단 한 명이라도 부당하게 감옥에 가두는 정부 밑에서 정의로운 사람이 있을 곳은 감옥뿐이다. 비록 정부가 법에 따라 이들을 감옥에 가두었을지라도, 이 사람들은 사실 자신의 원칙에 따라 스스로를 감옥에 넣은 것이다." 그러므로 "평화적인 혁명이 가능하다면, 이것이야말로 평화적인 혁명이다." 정의롭지 못한 정부는 한 개인

(인간)을 대할 때 그의 육체, 그의 감각만을 상대하려고 할 뿐, 한 개인의 지성이나 도덕을 상대하려고 하지 않는다. 이 때문에 이런 사람은 정부에 대한 복종이 오히려 자신의 가치를 스스로 떨어뜨리는 행동이라고 받아들인다. "그러므로 이런 정부에 복종하는 것보다 불복종하여 처벌받는 것이 훨씬 더 잃는 것이 적다." 이처럼 불복종은 정의롭지 못한 일부 법에 대해 공개적이면서도 처벌을 감수하는 위법 행동을 하면서 정의롭지 못한 법을 올바로 잡으려는 자발적인 행위이다.

소로는 자신의 불복종의 이념을 "국가가 자신의 권력과 권위의 원천으로서 개인을 더욱 고귀하고 독립된 힘으로 인정하고, 그에 합당한 대우를 함으로써 진정으로 자유롭고 계몽된 국가"의 실현에 두었다. 그리하여 마침내 "모든 사람을 공정하게 대하고, 개인을 한 이웃으로 존중할 수 있는 국가를 상상"했다. 그가 인용하는 공자의 말처럼, 소로는 "나라에 도(道)가 행해지고 있는데도 가난하고 천하게 사는 것은 수치스런 일이며, 나라에 도가 행해지지고 있지 않는데도 부귀를 누린다면 이 또한 수치스런 일"이라고 생각했기 때문에 당시의 정의롭지 못한 정부에 순종하는 것보다 불복종함으로써 처벌을 받는 것이 자신의 가치를 떨어뜨리지 않을 유일한 방법이라고 생각했다.

소로 이후 시민 불복종은 그의 영향을 깊이 받은 간디, 그리고 간디의 영향을 깊이 받은 마틴 루서 킹 목사의 시민 불복종으로 이어졌다. 그리고 시민 불복종에 대한 구체적인 의미와 이해는 롤스를 통해 더욱 명확해진다. 그 결과 어떤 행동이 '시민 불복종'인지를 알게 해 주는 몇 가지 공통된 요소들에 대해서도 일치를 보게 되었다.

무엇보다 시민 불복종이 성립하기 위해서는 먼저 정의롭지 못한 법과 정부의 정책이 있어야 한다. 왜냐하면 시민 불복종은 정의롭지 못한 법이나 정책을 바꿀 목적으로 하기 때문이다. 다음으로 시민 불복종은 정의롭지 못한 상황을 바로잡기 위한 방법으로 법을 위반하는 행동을 선택한다. 따라서 법질서 전체를 부정하는 것이 아니라, 의도적으로 일부 특정 법률을 위반한다. 예를 들어, 인종 차별법에 항의하기 위해 의도적으로 백인 전용 출입구를 이용하는 방식이다. 또 시민 불복종은 정치권력을 쥐고 있는 다수자에게 항의한다는 점에서 정치적 행위이다. 따라서 롤스의 지적처럼 개인의 도덕적 · 종교적 신념으로 불복종하는 것과는 구별된다.[6] 또한 이 점에서 시민 불복종은 공익과 공개성을 염두에 둔 공공적 행위이다.

한편, 시민 불복종은 법에 대한 충성을 지닌 사람들에 의한 위

6 '양심적 거부(conscientious refusal)'와 '시민 불복종(civil disobedience)'은 모두 비폭력적이고 처벌을 감수한다는 점에서 공통적이다. 하지만 종교적 신념에 따른 국기에 대한 경례나 집총 거부 같은 '양심적 거부'는 법률이 객관적으로 옳지 않다는 것을 증명하는 것이 아니라 "종교적 · 도덕적 · 평화주의적 사상에 기초해 비폭력적이다." 반면, '시민 불복종'은 "법률에 대한 충성의 한계 내에서 불복종하는 행위이면서 비폭력적이다."

법 행위이기 때문에 비폭력적일 뿐만 아니라 법이 부과하는 처벌을 기꺼이 감수하는 태도를 보인다. 이 점에서 시민 불복종은 위법 행위이기는 하지만 옳다는 확신을 갖고 하는(정의에 기초한) 양심적 행위이다. 마지막으로, 시민 불복종은 법질서 전반을 존중하는 토대 위에서 부정의를 제거하기 위한 합법적인 수단을 동원하였음에도 불구하고, 이 모든 노력이 아무런 효과를 거두지 못했을 때 비로소 전개된다는 점에서 최후 수단이라는 의미를 지닌다.

결론적으로, 시민 불복종은 사회 정의를 훼손하는 법과 공익을 전제로 한다는 점에서 목적은 정당해야 하며, 그 방식은 비폭력적이면서 의도적으로 법을 위반함으로써 처벌을 감수하는 긴급한 최후의 수단이다. 시민 불복종의 이러한 성격에 기초해 롤스는 시민 불복종을 "법이나 정부의 정책에 변화를 주기 위해 공공적이고, 비폭력적이며, 평화적이기는 하지만, 법에 반하는 정치적 행위"라고 정의한다.

한편, 드워킨은 우리에게 불복종을 일으키는 법이 있다면, 그 법은 대부분 '헌법 정신'에 비추어 볼 때 의문의 여지가 있기 때문이라는 점을 강조한다. 즉, 헌법이란 전통적으로 정치 도덕의 근본을 이루는 것인데, 이것을 해치는 법이 있다면 그와 같은 법의 헌법적 지위는 의심받을 수밖에 없다는 뜻이다. 그러므로 그에 의하면, 시민 불복종은 특정한 '법 자체의 타당성(validity, 정당성 · 유효성)'이 의심스러울 경우에 발생한다.

17

하이데거

1889 - 1976

핵심 주제어

현대 과학 기술 : 탈은폐, 닦달, 인과율, 기술 지배 사회

거주함과 건축함 : 땅(대지), 하늘, 신적인 것(신), 죽을 자들, 소중히 보살핌, 다리 대 댐, 고향, 고향 상실, 시적으로 거주하기

현존재 : 죽음에 이르는 존재, 죽음으로의 선구, 양심의 소리, 결의(결단), 참된 실존

현대 과학 기술 문명의 본질 :
탈은폐, 닦달

현대 기술에서 지배적인 탈은폐 방식은 일종의 닦달(심하게 을박질러 기를 꺾는 것)이며, 자연에게 에너지를 내놓으라고 강요한다. 어떤 특정한 자연의 장소는 석탄과 광물을 내놓도록 닦달을 당한다. 지구는 이제 채탄장으로서, 대지는 이제 한낱 광물의 저장고로서 드러난다. 하지만 농부들에게 밭을 경작하는 일은 키우고 돌보는 것이었다. 그것은 닦달이 아니라 씨앗을 자신의 생명력에 맡기고, 그것이 잘 자라도록 보호하는 것이었다. 그러나 오늘날의 경작은 자연을 닦달하는 기계화된 식품 공업일 뿐이다.[1]

(모든 것을 계산 가능한 에너지로 이해하는 인간은) 더 이상 아무런 '양심의 가책'을 느낄 필요가 없다. 왜냐하면 사물을 생명이 있는 고유한 어떤 것으로 보던 세계도, 사물이 자신의 창조된 위상으로 인해 절대자, 최고의 지배자, 성스러운 자를 지시하던 세계도 사라져 버렸기 때문이다.[2]

1 하이데거 지음, 이기상 외 옮김, 『강연과 논문』, 서울 : 이학사, 2015. 21쪽; 박찬국, 『들길의 사상가, 하이데거』, 서울 : 동녘, 2004. 190쪽.

2 위의 책, 192쪽.

하이데거는 현대 과학 기술의 지배적인 특성을 '탈은폐'와 '도발적 요청'으로 규정한다. 여기서 '도발적'이란 국어사전에 의하면, '함부로 건드려 참견함으로써 어떤 일이 일어나게 하다'는 정도의 의미이고, '탈은폐'란 "은폐된 것을 밖으로 끌어내 앞에 내어놓음"을 의미한다. 이 점에서 모든 기술은 '탈은폐'의 한 방식이며, 특히 현대 과학 기술은 도발적 요청과 탈은폐가 어느 때보다 강하게 결합한 특성을 드러낸다. 왜냐하면 현대 과학 기술은 자연을 에너지의 저장고로 보고, 자연에게 에너지를 내놓으라고 무리하게 요구(닦달, 몰아세우다)하기 때문이다.[3]

그렇다면 현대 과학 기술은 전통 과학 기술과 어떤 점에서 다른가? 이에 대해 하이데거는 풍차의 날개는 바람의 힘으로 돌아가며 바람에 자신의 모든 것을 맡기기 때문에 에너지를 저장하기 위해 개발된 것이 아니지만, 현대 과학 기술은 "자연을 주요 에너지원의 저장고"로서 이해한다는 점에서 다르다고 주장한다. 즉, 오늘날의 자연 과학 기술은 자연을 계산 가능한 힘과의 연관성(인과율) 속에서 파악하고, 몰아세우는 것(닦달)을 그 본질로 한다는 것이다.

그 결과 "오늘날 인간은 실제로 어느 곳에서도 더 이상 자신을, 다시 말해 자신의 본질과 대면하지 못하고 있으며", 마침내 "자신마저도 그저 한낱 부품으로서 받아들여질 수밖에 없는" 상황에 놓

3 앞의 책, 21쪽.

이도록 초래했다. 즉, 우리들 자신이 기술적으로 조직되고 지배되는 상황에 처하게 되었는데, 그 이유는 과학 기술 사회에서는 인간 또한 통제 가능한 하나의 대상일 뿐이도록 기술에 내맡겨져 있기 때문이다. 기술을 중립적인 것으로 바라봄으로써 인간은 더 이상 주체가 아니라 기술적 체계에 구속된 요소일 뿐으로 전락하게 되었다. 기술이 지배적인 힘을 지닌 시대에 인간은 합리적인 세계에서 생활하고 있는 것처럼 보이지만, 사실은 가장 비합리적인 기술적 세계의 지배 아래에서 생활하고 있다.

거주함과 건축함 :
대지, 하늘, 신적인 것, 죽을 자

땅(대지)을 구원하는 가운데, 하늘을 받아들이는 가운데, 신적인 것들을 기다리는 가운데, 죽을 자들을 인도하는 가운데, 거주함은 사방[4]의 사중적인 보살핌을 통해 스스로 일어난다. 그러므로 거주함은 사방을 소중히(참되게) 보살핀다(보존한다)는 의미이

4 하이데거는 사방[사역, 즉 땅(대지), 하늘, 신적인 것, 죽을 자들의 네 부분으로 이루어짐]을 네 가지 요소들이 하나로 어우러지는 곳(근원적인 세계)으로 이해한다. 따라서 죽을 자들은 사방 안에 거주하며, 이 안에서 자신의 본질을 실현하며, 이를 위해 이 모든 것들을 소중히 보살피는 방식으로 대지에 거주해야 한다.

> 다.[5]
>
> 우리의 위험스런 시대에 거주함은 어떤 상태로 있는가? 사람들은 언제나 주택 부족에 대해 이야기한다. 그리고 주택 건설과 공급을 통해 이 문제를 극복하려 한다. 우리는 거주의 본래적인 문제를 아직도 전혀 숙고하지 않는다는 점에서 고향을 상실한 삶을 살아가고 있다. 하지만 우리가 고향 상실을 숙고하자마자 고향 상실은 이미 더 이상 서글픔이 아니다.[6]

기술 문명사회에 대한 비판[7]과 함께 하이데거는 '거주'[8]와 관련해서도 주목해야 할 사상가이다. 그는 자신의 『건축함, 거주함, 사유함』에서 "우리는 '건축함'을 통해 비로소 '거주함'에 이른다."고 강조한다. 이 말은 모든 건축함의 목적이 거주함(머물러 삶)이라는 뜻이다. 그렇다고 해서 건축함과 거주함을 단지 수단과 목적의 관계로만 보아서는 안 되며, 이렇게 보는 것은 오히려 둘의 관계를 왜곡한다고 주장한다. 왜냐하면 그에게 "건축함 자체는 이미

5 위의 책, 193쪽.

6 위의 책, 208-209쪽.

7 하이데거는 과학 기술적 세계관에 의해 인간을 포함한 모든 자연적 존재자의 가치와 의미의 상실이 일어났으며, 이로 인해 우리 인간이 허무주의에 직면하고 있다고 진단한다. 모든 종류의 허무주의는 가치관의 부재, 가치관의 혼돈, 가치관의 몰락으로부터 귀결된다. 최소인, 「한스 요나스의 생명철학과 책임 윤리」, 2006.

8 거주(居住)란 국어사전적 의미로는 주거와 같은 개념이며 '일정한 곳에 자리를 잡고 머물러 삶'을 의미한다.

거주함"이기 때문이다. 이 말의 의미를 풀어내기 위해 그는 이들 단어가 어떤 의미를 지녔는지 그 기원을 통해 설명하려 시도한다.

그는 고대 독일어 'buan'은 '거주함', '머물러 있음'인데, 이 단어의 동사형이 '건축하다', '거주하다'라는 의미임을 상기시킨다. 따라서 그에 따르면, 이 두 단어의 의미 연관을 고려할 때 건축함과 거주함이 서로 분리된 용어일 수 없으며, 우리가 거주함을 말하고자 할 때 동시에 건축함도 함께 떠올려야 하며, 이를 통해 우리는 거주함의 본래적인 의미를 제대로 이해할 수 있게 된다. "건축함이란 근원적으로 거주함"이기 때문이다. 또 거주함이란 우리가 "인간으로서 이 땅(대지) 위에 있는 방식"이며, '인간으로 있다'는 말은 우리가 "죽을 자로서 이 땅위에 있음(거주함)"을 의미한다. 이를 토대로 하이데거는 "건축함은 본래 거주함이며, 거주함이란 죽을 자들이 이 땅(대지) 위에 존재하는 방식이다. 그리고 거주함의 의미로서 건축함은 성장을 돌본다(보호한다)와 건축물을 짓는다.(육성한다)"는 세 가지 의미를 함축한다고 주장한다.

한편, 하이데거는 여기서 조금 더 나아가 거주함과 건축함에 '평화롭게 됨', '본래적인 보살핌', '소중히 보살핌' 같은 의미를 추가할 것을 제안한다. 왜냐하면 짓는 행위로서 울타리를 치는 행위는 '해악과 위협으로부터 보호'라는 '평화'를 의미하는데, 이를 통해 '거주함'의 근본 특성인 '보살핌'이 함께 실현되기 때문이다. 이제 거주함과 건축함을 통해 우리는 인간의 본질이 "이 땅 위에 죽을 자로서 머물고 있음"임을 알게 되었다.

건축함과 거주함에 대한 기초 작업을 통해 자연스럽게 제기되는 새로운 물음은 "그렇다면 인간은 죽을 자로서 이 땅 위에 어떻게 머물러야 하는가?"이다. 하이데거는 이 물음에 대해 네 가지 요소들(사방 또는 사역), 즉 땅(대지), 하늘, 신적인 것, 그리고 죽을 자들이 하나로 귀속되는 것이라는 해답을 제시한다. 그는 자신의 제안을 우리가 이해하기 쉽도록 현대 과학 기술이 만들어 낸 댐을 전통적인 다리와 대비시켜 설명한다.

> (가로막고 봉쇄하는 댐과 달리) 다리는 강 위에서 가벼우면서도 힘차게 흔들린다. 다리는 눈앞에 있는 서로 다른 강가를 단지 결합하는 것에 지나지 않는 것이 아니다. 다리를 건널 때 강가는 비로소 강가로서 자신을 드러낸다. 또 다리는 강가의 배후에 펼쳐진 이곳저곳의 풍경을 강으로 가져오면서 강, 강가, 그리고 토지를 서로 이웃이 되도록 엮어 준다. 다리는 강 주변의 풍경인 땅을 서로 결집해 하나로 모아들인다. 아치 모양의 다리는 강물이 자신이 가야 할 방향으로 흐르도록 허용하며, 변화무쌍한 날씨의 변화에도 그것을 맞이할 준비를 하고 있다. 다리는 강의 흐름을 받아들였다가 다시금 자유롭게 흘러가게 함으로써 강의 흐름이 하늘을 향하게 한다.[9]

9 위의 책, 195쪽.

이처럼 댐과 달리 다리는 강을 받아들이면서 강이 자신의 길을 따라 자유롭게 흘러가도록 허용하며, 우리 죽을 자들에게는 강의 양쪽 땅(토지)을 자유롭게 오갈 수 있도록 길을 허용(마련)해 준다. 마찬가지로 각양각색의 다리들은 저마다 각자의 방식으로 강과 강을 가로지르며 하늘과 땅(대지)과 죽을 자들을 신적인 것(성스러운 구원의 손길) 앞으로 모아들인다(한곳으로 모이게 하다).

다리의 비유에서 알 수 있듯이 "'죽을 자들'은 땅을 구원하는 한에서만 제대로 거주한다."고 할 수 있다.[10] 이 말을 이해하기 위해서는 먼저 구원의 뜻이 어떤 것을 위험으로부터 보호하여 그것의 본질을 드러내도록 자유롭게 놓아두는 것임을 알아야 한다. 따라서 '땅을 구원한다'는 말은 땅(대지)을 무리하게 부리고 혹사시켜 지배하고 복종하게 하는 행위를 부정하고 땅이 땅의 본질로서 존재하도록 보살핀다는 의미로 이해할 수 있다. 땅은 봉사하고 떠받치며 견디어 내는 자이다. 또 "죽을 자들은 하늘을 하늘로서 받아들이는 한에서만 거주한다."고 할 때, 이는 죽을 자들이 태양과 달, 별, 사계절, 즉 자연의 운행 과정을 자연에 맡겨 밤을 낮으로 만들거나 낮을 고달픈 시간으로 만들지 않는다는 의미이다.

그리고 "죽을 자들은 신적인 것들을 신적인 것들로 갈구하는 한에서만 거주한다."고 할 때, '신적인 것'이란 우리가 이룰 수 없고,

10 위의 책, 190-193쪽 참조.

막을 수 없는 불행한 일들로부터 우리 자신을 보호받고자 갈구하는 것을 상징한다. 따라서 죽을 자들은 신적인 것들이 도래하는 눈짓을 기다리며 구원받아 치유되는 건강한 삶의 회복을 갈망한다. 마지막으로 "죽을 자들은 자신의 고유한 본질, 즉 죽음을 죽음으로서 기꺼이 맞이할 능력이 있다는 것, 바로 이 능력을 사용하여 자신의 죽음이 훌륭한 죽음이도록 이끄는 한에서만 거주한다." 이에 따라 죽음은 헛되고 공허한 것도 아니며 맹목적인 종말도 아니다.

참된 거주함의 본질을 실현하는 행위로서 "건축함은 인간이 머물 장소들을 짓는 것이기 때문에 이에 알맞은 공간을 수립하고 이어 나가는(접합) 활동이어야 한다." 따라서 건축함은 사방의 모든 것에 터전을 마련(허용)하는 일, 즉 땅과 하늘, 그리고 신적인 것들과 죽을 자들이 서로에게 함께 속해 있다는 것(포개져 있다는 것)을 따르는 활동이다. 결론적으로 건축물은 사방을 참되게 보존하는 것을 본질로 해야 한다.

"건축물들은 사방을 저마다의 고유한 방식으로 소중히 보살피는 사물들이다. 즉 땅을 구원하고, 하늘을 받아들이며, 신적인 것들을 기다리며, 죽을 자들을 인도하는 것이다. 그리고 이렇게 사중적인 소중한 보살핌이 거주함의 단순하고 소박한 본질이다. 그러므로 진정한 건축물은 거주함의 이러한 본질을 또렷하게 드러내고 허용해야 한다." 이 모든 것을 종합할 때, 우리는 진정으로 거주할 능력이 있을 때에만 비로소 진정으로 건축할 수 있다. 그리고 죽을 자들은 "거주함에 입각해 건축하고 거주함을 위해 사유할 때 참된 거주함의 본질의 과업을 성취할 수 있다."

하이데거는 위에서 들었던 다리의 사례와 함께 오래된 한 농가의 비유를 통해 건축함의 본질이 거주함임을 다시금 일깨우고, 거주할 능력이 있을 때에야 비로소 건축할 수 있음을 다시 상기시킨다. 즉, 그는 독일 남서부 라인 강의 동쪽에 있는 침엽수림 지대이며 도나우강의 발원지인 슈바르츠발트(검은 숲)의 오래된 전통 농가가 거주함과 건축함에 대한 하나의 전형적인 사례가 될 수 있다고 말한다.

하이데거에 의하면, 이곳의 농가는 땅과 하늘, 신적인 것들과 죽을 자들을 하나로 포개려는 간절한 마음을 보여 준다. 농가는 샘이 가까운 목장들 사이로 남향을 바라보게 지어졌는데, 이를 통해 산허리의 바람을 막을 수 있게 되어 있다. 또 적절한 경사의 판자 지붕은 눈이 쌓이지 않도록 하면서 긴 겨울의 세찬 바람으로부터 방들을 보호해 준다. 농가는 식탁 뒤로 신앙(십자가상)을 위한 자리를 마련해 놓았고, 출산과 신위(죽은 사람의 영혼이 의지할 자리)를 위한 성스런 공간을 마련해 두었다.

하이데거에 의하면, 이로써 농가는 여러 세대들의 삶과 역사를 간직하는 곳이 되었고, 거주함에서 비롯된 건축물이 될 수 있었다. 하이데거가 농가의 사례를 통해 우리에게 이와 같은 농가를 오늘날 다시 지어야 한다고 말하려는 것은 아니다. 그가 말하려는 것은 거주함과 건축함의 긴밀성, 그리고 건축함은 거주함으로부터 자신의 본질을 받아들이고 있음을 보여 주는 것이라는 점, 따라서 건축은 이러한 거주함의 정신을 회복하는 일이어야 한다는 것이다.

하이데거가 현대인을 향해 '고향 상실'이라는 용어를 사용할 때, '고향'은 하늘과 땅(대지), 죽을 자로서 인간과 신적인 것, 그리고 모든 사물이 각자의 고유성을 유지하면서 하나로 포개지는 곳으로서의 의미를 지닌다. 즉, 진정으로 거주할 때 참된 건축함이 가능하며, 건축의 행위는 거주의 참된 의미를 실현하는 일이어야 한다는 뜻이다.

또 이를 위해 하이데거는 우리에게 '시적으로 거주'하기를 제안한다.[11] 왜냐하면 시적인 태도를 통해 일상적인 삶에서는 보지 못했던 존재하는 것들의 빛을 비로소 볼 수 있기 때문이다. 우리가 인간답게 시적으로 거주할 때 단순한 사물들은 빛을 발하면서 경

11 위의 책, 268쪽. "인간의 삶은 거주하는 삶이다."; 박찬국, 『들길의 사상가, 하이데거』, 서울 : 동녘, 2004. 256, 95쪽: "너무나 오래 신어서 헐거워진 구두의 안쪽 어둔 틈을 통해 들일을 나서는 발걸음의 힘겨움을 엿볼 수 있다. 든든한 구두의 무게에는 넓게 펼쳐진 밭고랑을 천천히 걷는 강인함이 쌓여 있다. 구두 가죽에는 대지의 습기와 풍요가 깃들어 있다. 구두창 아래에는 해질녘 들길의 고독이 깃들어 있다. 구두에는 대지의 소리 없는 부름과 무르익은 곡식을 조용히 선사하는 대지의 베풂이 깃들어 있다."이로써 도구로서 구두는 침묵하는 대지의 부름 안에 있으며, 자신의 세계 안에 참되게 거주한다. 반대로 이와 같은 참된 거주를 상실하게 될 때 진부한 일상성, 비본래적인 삶만이 남게 된다.

이로워지며, 전혀 다른 방식으로 새롭게 존재하게 된다.

현존재 :

죽음에 이르는 존재, 죽음으로의 선구[12]

> 현존재는 자신이 죽음에 내맡겨져 있다는 사실, 그리고 이에 따라 죽음이 세계-내-존재에 속한다는 사실을 거의 대부분의 경우 명확하거나 이론적인 지식을 갖고 있지 않다. 현존재가 죽음에 내던져져 있다는 사실은 현존재로 하여금 불안이라는 정황성(情況性)[13] 안에서 더욱 근원적이고 철저하게 드러난다.[14]

> 현존재의 종말로서 죽음은 현존재의 가장 고유하고 확실하며, 그 자체로서 넘어설 수 없는 가능성이다.[15]

'전혀 새롭게 다른 방식으로' 존재하는 것과는 반대로 진부한 일

12 선구(先驅) : 앞서 달려 나아감.

13 정황성 또는 정태성으로 옮기며, 영어로는 'state-of-mind'로 옮긴다. 독일어 정황성은 '처해 있다'는 뜻으로 우리가 어떤 기분에 젖어 있는 상태를 의미한다. 그리고 이때 기분은 우리가 그 이유를 알지는 못하지만, 우리가 어떤 정황에 있는지를 드러내면서 현존재의 근원적 진리(이해) 상태를 말한다.

14 박찬국, 위의 책, 108쪽.

15 소광희, 『존재와 시간 강의』, 서울 : 문예출판사, 2015. 164쪽.

상성과 비본래적인 평균인(평준화된 인간)으로서 삶이 오늘날 우리의 삶인 것이 현실이다. 자신을 비롯한 존재하는 모든 것들과 참된 관계를 상실하고 밖에서 주어진 기준과 양식에 따르는 삶을 당연한 삶으로 받아들이면서 살아가고 있다. 심지어 자기 존재의 완전한 소멸을 뜻하는 죽음에 대해서도 아직 나에게 일어나지 않은 사건으로 생각하는 것은 물론, 다른 사람의 죽음에 대해서도 단지 '그의 죽음', '누군가의 죽음'으로 생각할 뿐 현존재의 삶 전체와 관계 지어 바라보지 못한다. 오히려 자신의 죽음이 아닌 것에 대해 스스로를 위로하면서 평균적인 삶에 충실한다.

하지만 하이데거는 현존재로서 우리 인간이 죽음을 근원적으로 경험할 때, 그리고 단지 현상적으로 죽음을 이해하는 것이 아니라 우리가 언제든 죽음 앞에 내던져져 있다는 사실을 왠지 모를 섬뜩함으로 체험할 때, 모든 것이 달라질 것이라고 주장한다. 이에 따라 "현존재는 종말(끝)에 이르는 존재이다."라는 말에는 현존재는 죽음을 어떻게 받아들여야 하는가라는 말이 포함되어 있다. 이에 대해 하이데거는 죽음으로부터 도피하는 것이 아니라 죽음을 용기 있게 받아들이고(인수하고), 일상적인 것들에 대한 집착에서 벗어남으로써 자신의 본래적인 가능성(실존)을 선택하라고 제안한다. 그는 이것을 '죽음을 자각하고 앞서 달려 나아감', 즉 '죽음으로의 선구'라고 말한다.

하이데거는 '죽음을 자각하고 죽음 앞서 달려 나아감', 즉 '양심의 소리'에 귀 기울이고, 결단[결의(뜻을 정하여 굳게 마음을 먹음)]함으로써 비본래적인 평균인(일상인)으로부터 참된 실존으로서 가능성을 회복할 수 있다고 주장한다. 그렇다면 그가 말하는 '양심의 소리'란 무슨 의미인가? "현존재는 양심 속에서 자신을 부른다. 양심의 소리(부름)란 나신의 내면으로부터 나오지만 자신을 초월한다." 양심의 소리는 외부로부터 오는 것도 아니고, 어느 순간 자기 내면으로부터 불현듯 일어나 자신을 초월해 책임성을 갖고 기투하게 하는 근원적인 힘이다. 따라서 양심의 소리를 통해 현존재는 '가장 고유한 실존'이 되며, "자기 자신을 선택하게 된다." "결단은 현존재를 자신에 대해 가장 독자적인 존재 가능성으로 되돌려 놓는다." 즉, 양심의 소리에 따라 죽음을 선구하는 결단을 내리는 현존재는 비로소 진정한 의미의 실존이 된다.

18

아도르노

1903 - 1969

핵심 주제어

문화산업 : 대중에 대한 기만으로서 계몽, 동질화, 효용, 기술적 합리성, 물신화, 시장 원리, 유흥산업

문화 산업 :

대중의 기만으로서 계몽

> 우리는 현대 대중문화 양식의 지지자들의 공통된 주장, 즉 그것이 대중 자신들로부터 자발적으로 발생하는 문화와 같은 어떤 것이라는 주장을 배제하기 위하여 그 용어를 '문화산업'으로 대신 사용했다.(세상에 나타나고 있는 모든 것에는 예외 없이 문화산업의 확인도장이 찍히기 때문에 문화산업의 흔적을 갖고 있지 않은 것이나 확인도장이 찍히지 않은 것은 어떤 것도 세상에 등장할 수 없다.)[1]

> 대중은 (자본의 기획에 의해) 미리 자신의 수준에 걸맞게 만들어진 대량 생산물을 향해 '자발적'으로 선택하고 행동한다.(문화산업에서) 가치의 유일한 척도는 얼마나 이목을 끄는가 또는 얼마나 포장을 잘하는가에 달려 있다. 가치의 편차는 생산물의 실질적인 가치나 의미와는 아무런 상관이 없다.(이 과정에서) 끊임없는 획일화가 강요된다.[2]

아도르노는 "위대한 예술가란 매끈하고 완전한 양식을 구현한 사람이 아니라 양식을 부정하는 것을 진리로 받아들이고 이를 작

1 호르크하이머, 아도르노 지음, 『계몽의 변증법』, 서울 : 문예출판사, 1996. 179쪽.

2 위의 책, 173쪽.

품 속에 구현한 사람이다. 이들 작품에 표현된 양식은 바로 그것을 통해 어떤 힘을 지니게 된다." 이 때문에 "스스로를 자기부정에까지 이르는 좌절에 노출시키는 위대한 예술 작품의 양식과 달리, 열등한 예술 작품은 '동질성'에 대한 대용물로서 다른 작품과의 유사성에 매달린다." 예술에 관한 그의 이러한 주장에는 동시에 그가 바라보는 '대중문화'로서 문화산업에 대한 비판이 함께 함축되어 있다. 그에게 문화산업의 본질은 모든 것을 '동질화시키는 것'의 다름 아니다.

아도르노의 표현처럼, 위대한 예술가는 이미 확정된 관습적이고 표준적인 양식을 완벽하게 구현하는 사람이 아니라 "양식에 대해 불신감을 갖고 결정적인 부분에서 양식보다 '사물의 논리'를 따르는" 사람이라는 주장을 떠올리면서 다시 그의 문화산업에 대한 논의로 돌아가 보자. 아도르노는 문화산업이 만들어 내는 문화상품은 우리가 "적극적으로 사유하는 것을 불가능하도록 만드는 것"을 기본 속성으로 한다고 주장한다. 왜냐하면 "문화 산업은 하자 없는 규격품을 만들 듯이 인간의 정신을 단순히 재생산하려 하기" 때문이다.

아도르노에게 "문화산업의 전반적인 효과는 계몽이 대중에 대해 속임수가 되고, 의식을 속박하는 수단으로 변질되는 반계몽의 하나이다. 그것은 의식적으로 판단하고 결정하는 자율적이고 독립적인 개인들의 성장을 방해한다. 문화산업은 그 시대의 생산력이 허락하는 한 인간의 성숙한 해방을 방해하는 것"일 뿐이다.

아도르노에게 "모든 것은 의식으로부터 나오지만, 문화산업으로 대체된 대중문화는 (거대 자본의 지배 아래 놓인) 세속적인 제작팀의 의식으로부터 나온다." 이 때문에 가장 최근의 흐름을 주도하는 노래나 드라마, 연기자, 오락물들은 다양한 듯 보이지만 실제로는 중요한 변화가 없는 겉보기만의 변화에 지나지 않는다. 단순한 리듬의 중독성 있는 반복, 드라마의 똑같은 소재와 흐름 전개(예를 들면 불륜, 기억상실, 신데렐라 콤플렉스, 상속, 복수 등)들은 준비된 상투적 방식들이다. "문화산업이 오직 (기술적 합리성만이 지배하는) '효과'에만 매달리게 되면서 마음대로 조작될 수 없는 '효과'가 지닌 고유한 특성이 무시되고, '작품'이라는 관념을 대체한 상투적인 형식이 '효과'를 지배해 버린다." 이런 과정을 통해 '동질화'와 '규격화'라는 문화산업의 근본 속성은 성취된다.

또 "문화산업은 충동을 승화시키는 것이 아니라 억압함"으로써 대중을 끊임없이 기만한다. 문화산업이 대중에게 약속한 '승화'의 좌절은 다음과 같이 작동한다. 몸에 달라붙는 옷과 신체의 특정 부위를 의도적이고 관능적으로 노출시키는 방식, 이를테면 연예인이나 운동선수의 근육질 몸매를 드러내게 보여 줌으로써 승화되지 않는 전희(애무)를 자극하지만, 현실 속에서는 성적 충동의 충족이 불가능하게 함으로써 그러한 전희를 마조히스트적인 것으로 불구화시켜 버린다.

이를 통해 대중(소비자)은 “자신을 영원한 소비자로서, 즉 체계적으로 문화산업의 객체로서 느끼게 된다. 문화산업은 소비자에게 자신들이 무엇을 제공하든 소비자는 그것에 만족해야 한다는 것을 주입시킨다.” 이 점에서 문화산업은 ‘타락’이며, 문화산업이 공고해질수록 문화산업은 소비자의 욕구를 더욱 솜씨 있게 조작함으로써 대중을 기만의 방식으로 계몽한다.(‘대중의 기만으로서 계몽’)

아도르노에 의하면, 문화산업은 “예술도 쓸모 있어야 한다.”는 논리와 정확히 결합한다. “인간이 예술 작품을 통해 얻고 싶은 효용이란 효용이 없는 것의 존재 그 자체인데, (문화산업의 체계 안에서) 이 존재는 효용 속에 완전히 포위됨으로써 폐기되고 만다.” 이 때문에 예술은 효용성의 원리로부터 자유로워야 한다는 원리를 배반하게 된다.

그 결과 “문화상품의 수용에서 사용가치라고 부를 수 있는 것은 교환가치로 대체되며, 표를 사서 공연장에 참석한다는 것 자체가 예술의 향유(누리는 것)를 대신하게 되고, 어떤 예술 분야에 대해 잡다한 정보에 정통하느냐가 더욱 중요한 것으로 간주된다.” 이것은 예술의 존재와 가치가 ‘사용가치’에 의해 지배될 수밖에 없는 ‘물신화’ 현상을 대변한다. 그리고 예술의 물신화 경향은 문화산업이 바로 ‘유흥산업’임을 보여 준다. 문화산업은 ‘시장의 원리’를 통해 자신의 자양분을 지속적으로 제공받기 때문에 대중의 욕구를 충족하면서 이를 지배하려는 유흥산업과 자연스럽게 결합한다. 그 결과 "소비자는 유흥 산업의 체계들로부터 빠져나갈 수 없게 되어 유흥산업의 이데올로기로 이용된다."

지금까지 살핀 것처럼, 아도르노는 '대중문화'를 '문화산업'이란 용어로 대체함으로써 대중문화를 옹호하고 지지하는 사람들의 입장을 처음부터 의도적으로 배제하고 있다. 이는 그가 대중문화가 대중에 의해 자발적으로 생겨난 것이라는 주장, 또는 대중문화가 민중예술의 오늘날의 형태라는 왜곡된 해석을 정확하게 꿰뚫고 있었기 때문이다. 그에게 문화산업은 대중을 역사의식과 계급의식이 결여된 수동적 지위에만 머물게 함으로써 대중의 적극적 사유와 상상력을 마비시키는 방식으로 작동할 뿐이다.

반면, 그에게 진정한 "예술은 잘못된 보편성으로부터 벗어나려는 자유에의 열망을 통해 진정한 보편성에 충실하고자 하는 것이다. 그러므로 삶의 곤궁과 압박으로 말미암아 '진지함'이 조롱거리로만 받아들여지는 사람에게 '진지한 예술'은 낯선 것이다."[3]

3 위의 책, 189쪽.

19

베버

1864 - 1920

핵심 주제어

책임 윤리 : 공적 정치 영역에서 적합한 윤리, 결과에 대한 책임

칼뱅주의 : 금욕적 생활 방식, 예정설, 직업 소명설, 자본주의의 정신

책임 윤리 :

공적 정치 영역에서 적합한 윤리, 결과에 대한 책임

> 목적에 의한 수단의 정당화라는 문제 앞에서 신념 윤리는 좌절할 수밖에 없다. 논리적으로만 보면, 신념 윤리는 도덕적으로 위태로운 수단을 사용하는 모든 행동을 배척하는 길밖에 없기 때문이다.[1]

> 윤리적으로 지향된 모든 행동은 서로 화합할 수 없는 전혀 다른 대립적 원칙 중 어느 하나에 따라 수행된다. 하나는 신념 윤리이고, 다른 하나는 책임 윤리이다. 책임 윤리는 인간의 평균적 결함을 고려하기 때문에 인간의 완전성이나 선을 전제하지 않으며, 대신 예측할 수 있는 한도 내에서 자신의 행동 결과에 대한 책임을 강조한다.[2]

베버는 '정치'라는 말의 의미를 "정치적 조직체의 운영, 또는 이러한 조직체의 운영에 영향을 미치는 활동"으로 규정한 다음, 여기서 말하는 '정치적 조직체'란 곧 '국가'를 의미하는 것이라고 말한다. 그리고 근대적 의미에서 국가가 지닌 특성을 '물리적 강제력

1 막스 베버, 『직업으로서 정치』, 서울 : 나남, 2012. 122쪽.

2 위의 책, 119-120쪽.

(또는 물리적 폭력성)'이라고 정의한다. 정리하면, 베버는 근대적 의미의 국가란 '영토'에 기초해 "정당한 강제력의 독점을 성공적으로 확립한 유일한 인간 공동체"라고 이해하며, 그렇기 때문에 국가만이 '강제력을 사용할 수 있는 권리의 유일한 원천'이라고 주장한다.

한편, 베버는 정치의 수단인 '물리적 강제력'은 반드시 어떤 결과를 수반하며, 그렇기 때문에 정치가에게는 몇 가지 중요한 자질, 특히 '열정, 책임감, 균형감각'의 세 가지 요소가 필요하다고 말한다. 그에게 '열정'이란 '지적으로 흥미로운 것을 추구하는 낭만주의'가 아니라 '대의에 대한 헌신'이다. 따라서 열정이란 내적인 주관적 흥분 상태가 아니라 대의에 대한 '객관적인 태도'를 의미한다. 즉, '대의에 대한 헌신'으로서 열정은 대의에 대해 책임의식을 일깨우는 열정이어야 한다. 이는 우리의 행동을 이끄는 힘이 '책임의식'에 기초한 열정이어야 한다는 뜻이기도 하다.

그리고 이를 위해서 필요한 것이 '균형감각'이다. 이것은 정치가 단지 '경박한 지적 유희'가 되어서는 안 된다는 뜻이다. 균형감각이란 '강한 정신적 자기 통제력'을 의미하기 때문에 내적인 '비창조적 흥분 상태'에 빠져 있는 정치적 아마추어와 '열정적 정치가'는 구분되어야 한다. 진정한 정치가라면, 마땅히 열정, 책임의식, 균형감각을 통해 자신의 '정치적 개성'을 발휘할 수 있다.

그렇다면, 정치와 윤리는 어떤 관계일까? 베버는 이 물음에 답하기 위해 "서로 화합할 수 없는 전혀 다른 대립적인 두 가지 윤리적 원칙", 즉 '신념 윤리(심정 윤리)의 원칙'과 '책임 윤리의 원칙'을 구분해 설명하면서 둘 사이에는 심연(뛰어넘을 수 없는 깊은 간격)과 같은 차이가 존재한다고 주장한다. 왜냐하면 신념 윤리를 종교적 관점에서 예를 들어 설명한다면, "기독교도들은 올바른 행동을 해야 하고, 그 결과는 신에게 맡겨야 한다."는 종교적 신념을 주장하기 때문이다. 반면, 책임 윤리는 "우리는 예견할 수 있는 결과에 대해 책임을 져야 한다."고 주장한다.

이 때문에 "순수한 신념으로부터 나오는 행위의 결과가 나쁠 경우, 신념 윤리에 충실한 사람들은 그것의 책임이 행위자에게 있는 것이 아니라 이 세상, 또는 타인들의 어리석음이나 인간을 어리석도록 창조한 신의 의지에 있는 것"이라고 주장한다. 반면, 책임 윤리는 인간이 갖고 있는 평균적인 결함에 대해 관심을 갖는다. 즉, 인간에게는 완전성이나 선의를 전제할 어떤 권리도 없기 때문에 예측할 수 있는 범위 안에서 자신의 행동이 가져오는 결과를 다른 사람에게 전가해서는 안 된다는 것이다. 따라서 행위의 결과에 대한 "자신의 책임성"을 강조한다. 이 점에서 "신념 윤리와 책임 윤리를 조화시키는 것은 불가능하다."[3]

베버가 볼 때, 신념 윤리는 특정 가치의 절대성을 주장하기 때문에 결과에 대한 책임을 염두에 두고 목적이나 가치를 조정하는 책

3 위의 책, 123쪽.

임 윤리와 양립하기 어렵다. 신념 윤리의 이러한 특성은 어떤 목적을 달성하기 위해 도덕적으로 의심스럽거나 위험한 수단의 사용을 거부하게 한다. 논리적으로 볼 때 신념 윤리는 "도덕적으로 의심스럽거나 위험한 수단을 사용하는 모든 행동을 배척하는 길밖에 없다." 하지만 현실 세계에서는 '선한' 목적을 달성하기 위해 도덕적으로 의심스럽거나 위태로운 수단을 사용할 수밖에 없는 경우가 많다. 심지어 신념 윤리조차도 현실에서는 '폭력이 아니라 사랑'을 설교하면서도 '마지막 폭력'이란 말로 폭력에 호소하기도 한다.

이렇게 볼 때, 신념 윤리는 현실 세계의 '윤리적 비합리성'을 견뎌 내지 못한다는 한계를 지닌다. 특히 정치가의 입장에서 볼 때 '참다운 순수성'을 강조하는 신념 윤리는 정치가로서 수용하기 어려운 윤리이다. 왜냐하면 "정치가의 행위에서는 선한 것에서는 선한 것만이, 악한 것에서는 악한 것만이 나오지 않는 경우가 허다하며, 오히려 그 반대인 경우가 빈번하다는 것을 정치가는 잘 인식하고 있기 때문이다."[4]

이처럼 "목적에 의한 수단의 신성화(정당화)" 문제에 대해 신념 윤리는 좌절할 수밖에 없지만, 정치가의 책임 윤리는 선한 동기가 악한 결과를 산출할 수 있음을 자각하며, '결과에 대해 책임'을 지고자 한다. 이 모든 내용을 종합할 때, '합리화의 시대', '가치 다

4 위의 책, 125쪽.

원주의 시대', '탈주술화의 시대', '과학과 지성의 시대', 그리고 '세계의 윤리적 비합리성'과 관련이 깊은 정치와 공적 영역에 적합한 윤리는 책임 윤리라는 것이 베버의 생각이다.

칼뱅주의 :
금욕적 생활 방식, 예정설, 직업 소명설, 자본주의의 정신

> 금욕적 생활 방식은 자신의 모든 것을 신의 뜻에 맞추어 합리적으로 형성하는 것을 말한다. 그리고 이 금욕은 더 이상 과외활동이 아니라 자신의 구원을 확신하고자 하는 모든 이에게 요구되는 행위이다. '자연적 생활'과 구별되는 종교적으로 특별한 삶은 더 이상 세속 바깥의 수도원에서 이뤄지는 것이 아니라, 세상의 질서 안에서 이뤄진다. 이것이야말로 결정적 의미를 지닌다. 내세를 생각하면서 세상 안에서 자신의 생활방식을 합리적으로 하는 일은 금욕적 프로테스탄티즘의 직업 사상이 낳은 결실이다. 이제 금욕주의는 수도원의 문을 뒤로 하고 삶의 시장으로 걸어 나와 세속적 삶 안에서 합리적 생활로 바뀌어야 한다.[5]

5 막스 베버, 『프로테스탄티즘의 윤리와 자본주의 정신』, 서울 : 문예출판사, 1996. 122쪽.

> 세계는 오직 신의 영광을 드러내기 위해 존재한다. 따라서 선택받은 기독교인은 최선을 다해 신의 명령을 수행함으로써 신의 영광을 높이기 위해 존재하는 것이다. 오직 이것만이 선택받은 기독교인이 존재하는 이유이다. 한편, 신은 자신이 선택한 기독교인의 사회적 실행과 성취를 요구한다. 왜냐하면 신은 사회의 형성이 자신의 율법에 맞게 이루어져서 자신의 목적과 일치하기를 원하기 때문이다. 따라서 세상에 이루어지는 칼뱅주의자의 노동은 오직 '신의 영광을 더하기 위한 노동'이며, 모든 사람이 현세적 삶에 봉사하는 직업 노동도 이러한 성격을 갖는다. 그러므로 노동은 신의 영광을 위해 권장되어야 하는 것이다.[6]

"시간이 돈임을 잊지 마라." 한 시간의 노동으로 15,000원을 벌 수 있는 사람이 4시간 동안 자기 방에서 빈둥거렸거나 산책으로 하는 아무런 일도 하지 않고 보냈다면, 그는 그만큼의 돈을 버린 것과 같다. "신용이 돈임을 잊지 마라." 누군가가 그의 돈을 빌린 나에게 갚아야 할 날짜가 지났는데도 재촉하지 않고 나를 믿고 맡겨 둔다면, 나는 그 돈으로 더 많은 것을 함으로써 이익을 실현할 수 있을 것이다. "돈은 스스로 번식력을 갖고 결실을 맺는다는 것을 잊지 마라." 돈은 돈을 낳기 때문에 10,000원을 사용하지 않고 묵히는 일은 그 돈으로 생산할 수 있는 훨씬 많은 기회들을 없애

6 위의 책, 84쪽.

는 것이다. "신용에 영향을 줄 수 있는 아주 사소한 행동도 조심해라." 아침 일찍부터 일하는 너의 모습과 저녁 늦게까지 일하는 너의 모습은 채권자로 하여금 네가 진 빚을 유예시켜 줄 것이다.

이렇게 근면, 시간 준수, 검소, 신용의 미덕의 가치를 강조하는 인물의 주인공은 벤저민 프랭클린이다. 베버는 프랭클린으로부터 삶에서 지켜야 할 윤리적 원칙(격률 · 에토스)을 발견할 수 있다고 주장한 다음, 이것이 자신이 말하고자 하는 '자본주의 정신'에서 '정신'의 의미라고 말한다. 사실, 프랭클린의 이와 같은 생각은 자본주의 이전 전통 사회에서 '추잡한 탐욕과 매우 상스러운 생각으로 비난'받았었다.

하지만 베버의 생각은 달랐다. 그는 근대 자본주의 사회는 프랭클린의 이러한 생각, 즉 "직업을 통해 체계적이고 합리적으로 정당한 이윤을 추구하려는 정신적 태도"야말로 '자본주의 정신'으로 보아야 한다고 생각했다. 그는 '자본주의적이라 할 수 있는 문화적 특성'을 이루는 요소를 '직업'과 '직업 노동에 대한 헌신', 그리고 이것들을 가능하게 하는 '합리적 사고와 삶의 태도'라고 생각했다.

전통적인 노동과 직업에 관한 인식의 변화는 이처럼 베버가 근대 '자본주의 정신'의 성격을 밝히는 과정을 통해서 새롭게 조명된다. 베버(Max Weber, 1884-1920)는 『프로테스탄티즘의 윤리와 자본주의 정신』(1904)에서 17세기 청교도 목회자인 박스터의 주장을 인용해 직업 노동의 중요성을 추적하고 규명한다. 박스터는 "확실한 직업이 없는 경우 인간의 노동은 불규칙한 우연적 노동에 불과하며, 노동보다는 태만에 더 많은 시간을 낭비한다. 직업 노동자는 자신의 노동에 규칙성을 부여하지만, 그렇지 않은 사람은 끝없는 혼란에 빠져 자신이 일할 장소와 시간을 알지 못한다. 그러므로 확고하고 일정한 직업은 모든 사람에게 최선의 것"이라고 주장한다.

베버는 박스터의 이러한 주장을 인용해 노동이 금욕적 삶을 위한 수단이었음을 설명하는데, 그에 의하면, 이것은 프로테스탄트의 금욕주의와도 긴밀하게 관련된다. 박스터는 일찍이 재산과 부를 향유할 때 수반되는 안주의 위험성을 경계했다. 즉, 재산이 넉넉해짐으로써 태만(게으름)과 정욕이 고개를 들고, 이에 따라 도덕적으로 위험해질 수 있는 상황들이 자주 일어나리라는 것이다. 이 때문에 그는 영원한 안식은 내세에 있으며, 인간이 현세에서 자신의 구원을 확인하기 위해서는 낮 동안에는 자신을 이곳에 보낸 이의 일을 해야 한다고 주장한다.

즉 "신의 뜻에 따라 신의 영광을 드러내는 일에 봉사하면서 살기에는 인생이 너무 짧고 소중하므로 무익한 잡담이나 사교, 사치와 과도한 수면에 의한 시간 낭비는 신의 영광을 위해 봉사해야 할 노동을 줄이는 것이기 때문에 확실히 비난받아야 한다."는 것이다. "낭비된 시간은 모든 죄 중에서도 가장 무거운 죄이고", "낭비된 모든 시간은 신의 영광에 봉사하는 노동에서 제외"되는 시간이다.

이를 종합하면, 직업 노동과 현세에서의 금욕적 노동은 신의 영광을 드러내는 가장 좋은 행위에 해당한다. 베버에 의하면, "세계는 오직 신의 자기 영광에 봉사하도록 정해져 있고, 신의 영광을 각자의 몫만큼 증대하도록 정해져 있다. 세상에서 칼뱅 교도들의 사회적 노동은 오직 '신의 영광을 더하기 위한' 노동일 뿐이다. 또한 모든 이의 현세적 삶에 봉사하는 직업 노동도 마찬가지로 그와 같은 성격을 갖는다." 그러므로 신을 만족시키기 위한 모든 합리적 직업 노동은 "유용한 직업에 종사하라는 일반적인 원리를 따르는" 것이며, 그렇기 때문에 (설령 여러 개의 직업을 갖더라도) "전혀 비난받을 일이 아니다."

따라서 기독교도들은 삶의 구석구석에서 신이 각 개인에게 직업을 통해 이윤 추구의 기회를 준다면, 그 기회를 이용해 신의 부르심에 응해야 한다. "만약에 신이 너에게 너의 영혼이나 타인의 영혼에 해를 주지 않고, 다른 방법보다 더 많은 이익을 거둘 수 있는 합법적인 방법을 지시하는데, 네가 이를 따르지 않고 더 적은 이익을 추구하는 방식을 따른다면, 너는 네 소명(calling)의 목적 하나에 역행하는 것이다. 이것은 신의 집사(대리인)가 되기를 거부하는 것이며, 신의 선물을 받아 신이 요구할 때 그 선물을 그를 위해 사용할 수 있는 기회를 거부하는 것이다. 육체적 욕망과 죄를 위해서가 아니라 진정으로 신을 위해서 부자가 되는 것이라면, 당연히 노동을 해도 괜찮다."

그러므로 "부는 게으른 휴식과 쾌락적인 삶을 유혹하기 위한 수단도 아니지만, 나중에 근심 걱정 없이 안일하게 살기 위한 도구(세속에서의 부유한 삶만을 목적으로 하는 것)도 아니다. 청교도에게 직업이라는 의무의 수행에 따른 부의 추구는 도덕적으로 허용될 뿐만 아니라 명령된 것이기도 하다. 빈곤해지려는 것은 병들려 하는 것과 마찬가지이고, 그것은 신의 영광을 해치는 것으로 비난받아야 한다. 그뿐만 아니라 노동 능력이 있는 자가 구걸하는 것은 죄일 뿐만 아니라 이웃 사랑의 원리에도 위배된다."

이윤 동기를 신의 섭리에 기초해 이해하고, 근대적인 전문 직업을 중시하며, 직업에서의 금욕적 성격과 근면 · 성실을 강조하는 프로테스탄트의 이러한 윤리는 기업가를 신성하게 만드는 데 기여한다. 왜냐하면 정직하게 성공한 기업자(자본가)는 윤리적 평가를 받지만, 영주의 고상한 방종이나 투기, 또는 '모험'을 통해 갑작스럽게 부자가 된 사람의 '천민자본주의적인' 과시적 허세는 모두 신의 섭리와 금욕주의적 직업관에서는 혐오하는 것들이기 때문이다.
이 때문에 베버에 의하면, 청교도의 직업관과 금욕주의적 생활방식은 자본주의적 생활양식이 자리를 잡는 데 중요한 영향을 끼친다. 왜냐하면 "프로테스탄트의 금욕은 재산을 낭비하는 향락에 대해 가장 적극적으로 반대해 왔고, 특히 사치를 목적으로 하는 소비에 대해서는 원천적으로 금지해" 왔기 때문이다. 이 금욕의 윤리는 전통적인 윤리의 압박['노동을 원하는 자'가 아니라 '오락을 원하는 자(부자)'를 보호하는 봉건적 윤리]으로부터 심리적으로 벗어나게 해 주는 결과를 가져왔고, 이익 추구를 신의 뜻과 축복으로 이해하게 하여 정당한 것(합법적인 것)으로 만들어 주었다.

즉 "부단하고 지속적이며 체계적인 세속적 직업 노동을 금욕의 최고 수단이자, 동시에 거듭난 자와 신앙의 진실성에 대한 가장 확실하고 분명한 증명"으로 간주하게 했다. 베버는 일반적으로 부가 증대하면 자만심과 세속적인 것에 대한 애착도 증가해 교만함이 함께 자란다고 본다. 하지만 프로테스탄트의 소명에 의한 금욕은 근면과 절약을 가르쳐 부를 함께 가져오는 종교의 이치를 가장 잘 보여 준다는 것이 베버의 생각이다.

결론적으로, 베버에게 "근대 자본주의 정신, 그리고 근대 문화를 구성하는 한 요소인 직업과 이에 기초한 합리적 생활방식은 기독교적인 금욕의 정신에서 나온 것"인데, 이것은 다음 몇 가지로 요약할 수 있다. 먼저, 자본주의 정신은 중세의 토마스 아퀴나스처럼 이윤 추구를 천박하다고 비난하지 않는다. 오히려 정당한 수단으로 이익을 추구하는 행위는 직업으로서 윤리적 의무로 간주되며, 따라서 합리적이며 효율적으로 이익을 추구해야 한다. 왜냐하면 "직업의 전문화는 노동자의 숙련된 기술을 가능하게 하여 노동의 성과를 양적 · 질적 측면에서 향상시켜 주며, 따라서 가능한 한 많은 사람의 복지와 보편적 복지에 봉사(기여)"하기 때문이다.

다음으로 자본주의 정신은 이익을 추구하지만, 본능과 충동에 따른 무제한적이고 부도덕한 경제 행위('천민자본주의')를 지지하지 않는다. 오히려 엄격한 규율과 훈련에 따른 합리적인 경제 행위를 지지한다. 그렇기 때문에 자본주의 정신은 신분 · 혈연 · 지연이 아니라 합리적인 경제 행위의 토대 위에서 만들어진다. 무엇보다 자본주의 정신 중 가장 중요한 것이 있는데, 그것은 금욕주의적 직업윤리이다. 이것은 프로테스탄트의 칼뱅주의에서 가장 잘 표현된다. 왜냐하면 칼뱅주의는 "합리적인 부르주아 경영과 노동의 합리적 조직화를 수행"하는 것은 물론, 자신의 직업을 신의 소명에 의한 천직으로 받아들이고, 그것에 헌신하는 삶의 방식을 가장 가치 있는 것으로 묘사하기 때문이다.